SEGREDOS do FECHAMENTO de VENDAS

SEGREDOS do FECHAMENTO de VENDAS

Roy Alexander | Charles B. Roth

Sétima Edição Americana
Revisada e Atualizada

M.Books do Brasil Editora Ltda.
Rua Jorge Americano, 61 - Alto da Lapa
05083-130 - São Paulo - SP - Telefones: (11) 3645-0409/(11) 3645-0410
Fax: (11) 3832-0335 - e-mail: vendas@mbooks.com.br

São Paulo – 2008

Dados de Catalogação na Publicação

Roy, Alexander & Roth, Charles B.
Segredos do Fechamento de Vendas – Guia Prático com Segredos e Dicas para o Fechamento de Vendas Passo-a-passo / Alexander Roy & Charles B. Roth
2008 – São Paulo – M.Books do Brasil Editora Ltda.
1. Vendas   2. Administração   3. Marketing

ISBN 978-85-7680-046-0

Do original: Secrets of Closing Sales
©2004 by Alexander Roy & Charles B. Roth
©2008 by M.Books do Brasil Editora Ltda.
Original em inglês publicado por Portfolio
Todos os direitos reservados

EDITOR
MILTON MIRA DE ASSUMPÇÃO FILHO

Tradução
Mônica Rosemberg

Produção Editorial
Renata Truyts e Lucimara Leal

Coordenação Gráfica
Silas Camargo

Editoração e Capa
Crontec

2008
1ª edição
Proibida a reprodução total ou parcial.
Os infratores serão punidos na forma da lei.
Direitos exclusivos cedidos à
M.Books do Brasil Editora Ltda.

Para Paule Von Freihofer

INTRODUÇÃO: Como Segredos Aumentam a Receita e o Lucro

Por que *Segredos do Fechamento de Vendas* tornou-se uma ferramenta necessária para ter sucesso nas vendas? Porque tem como foco o fechamento das vendas. Sem o foco no fechamento não há nem avanço nas negociações nem retorno. É muito triste investir horas na prospecção, agendamento de visitas e conhecimento do cliente só para ver tudo ir por água abaixo. Então, acrescentar constantemente novas e mais sofisticadas maneiras de fechar vendas é o que todos entre os melhores vendedores e vendedoras do mundo estão fazendo.

Este livro foi organizado de maneira que você possa acessar técnicas imediatamente quando precisar delas.

Nesta edição, a venda é abordada por meio de uma maneira consultiva e conversacional, da persuasão de grupos com empatia, de CEO para CEO, do fechamento heterodoxo, do fechamento invertido, dos fechamentos *win-win* (em que todos ganham), da detecção do melhor alvo e também de outras maneiras para penetrar na mente do comprador, descobrindo o que ele tem em mente e se beneficiando disso.

Você aprenderá:

- Como a decisão de comprar é tomada primeiro na mente do vendedor.
- Em que momento permitir que outros façam o fechamento por você.
- Como criar a história certa para o *prospect* certo.
- Como reformular a estratégia de venda quando perceber que um cliente reticente não está entendendo.
- Quando usar tratamento de choque (não ficar parado esperando).
- Como fechar quando você esqueceu sua história e precisa improvisar (pense em Robin Williams).

- Como fazer pessoas astutas fecharem.
- Como lidar com "Vou dar uma pensada" ou "Preciso falar com meu marido" ou "Vou considerar o assunto."
- Como usar o Eco para impedir objeções.
- Como *acompanhar* as mudanças de atitude que levam a fechamentos.

Está lidando com um comprador difícil? O Ostra, o Tagarela, o Louco por Dinheiro, o Do Contra, o No-muro, o Desconfiado? Faça visitas com mestres do fechamento para aprender:

- O segredo duradouro de uma vendedora famosa.
- O princípio do pôquer que dá lucro (H. L. Mencken disse, "Uma gargalhada vale mais que mil silogismos. Não só é mais eficiente, como também muito mais inteligente.").
- Que, às vezes, a audácia funciona; você pode perguntar por um pedido grande e conseguir (Certa vez, um vendedor deixou de fazer isso e quase perdeu uma transação de 4 milhões de dólares!)

Munido desta nova edição, você estará preparado com técnicas consistentemente testadas. Nesta era, fotografar Marte é rotina, a bioengenharia reproduz partes do corpo e a informação pode chegar muito mais rápido do que a velocidade da luz. O pessoal de vendas deve renovar sua maneira de pensar e planejar num mundo totalmente novo.

- Roy Alexander

PREFÁCIO: A Colina Push -´Em Up – Hoje e Amanhã

Fechar vendas é, sem dúvida, a grande habilidade de todos os tempos. O processo lhe permite convencer, influenciar e, então, sair com a anuência do ouvinte. É por isso que o fechamento de vendas tem sido o padrão de medida do sucesso pessoal e empresarial ao longo do tempo.

No entanto, as pessoas não compram produtos e serviços. Elas compram benefícios de seus produtos e serviços. Essa estrutura levou *Segredos do fechamento de vendas* a sete edições nos Estados Unidos. Os especialistas deste livro estão à sua disposição.

Lembre-se do que o sábio disse: "É mais fácil descer uma colina, mas a recompensa vem ao se chegar no topo." Moro numa colina histórica em West Cornwall, Connecticut, chamada de Push -´Em-Up. O nome remonta à Guerra de 1812. Fazer os canhões americanos e a munição subir a Colina Push -´Em-Up era trabalho da infantaria. As colinas ofereciam vantagens aos americanos, mas era preciso levar tudo para cima (push-em up) primeiro. Veja a vida como colinas a conquistar.

Ninguém pensava sobre isso na época, mas essa colina também foi a criadora do pioneiro das vendas nos Estados Unidos: o mascate ianque. A transição do push-em up para as carroças dos mascates foi natural. Os mascates dos séculos 18 e 19 vendiam de tudo, de potes e panelas ao Composto de Lydia Pinkham. Eles e seus filhos criaram uma nova classe de vendas. Esses vendedores pioneiros ajudaram a civilizar a nação, levando os produtos mais recentes a pequenas aldeias e dando suporte ao crescimento da economia. Da época dos ambulantes aos dias de hoje, as vendas percorreram um longo caminho. Os pioneiros estabeleceram técnicas não menos válidas em nosso milênio, movido pelo espaço cibernético e pelo mercado globalizado. As técnicas antigas permanecem: encontrar compradores com quem negociar, entrevistá-los para conhecer suas ansiedades e desejos, apresentar soluções, vencer objeções e assegurar que o atendimento e o suporte sejam constantes.

SEGREDOS DO FECHAMENTO DE VENDAS

O novo século apresenta tanto ameaças quanto oportunidades. As mudanças estão atingindo num ritmo cada vez mais acelerado. Não importa se você está lançando um novo produto, vendendo uma obra de arte de um milhão de dólares ou um piano, *Segredos do fechamento de vendas* é seu guia passo-a-passo, contendo – centenas de *cases*.

O livro apresenta as mudanças sociais mais significativas ocorridas nos últimos tempos – a economia global, a crescente influência das mulheres, a impressionante evolução das comunicações – da internet à intranet, do website ao wireless (sem fio). Atualmente, o fechamento de vendas é mais importante, mas o vendedor deve estar mais preparado psicologicamente, ter mais agilidade e flexibilidade do que nunca.

O mascate é passado. Devemos muito a ele. Seja ao oferecer serviços de uma pequena empresa ou vender produtos de consumo globalizados, *Segredos* vai ajudar você a fechar a venda.

– James A. Newman,
Vice-presidente emérito do Conselho
Booz Allen, Hamilton

SUMÁRIO

Introdução: Como Segredos Aumentam a Receita e o Lucro   vii

Prefácio: A Colina Push -´Em Up – Hoje e Amanhã   ix

PARTE I   FECHANDO VENDAS COM MENTALIZAÇÃO E ENTUSIAMO   1

1. Se Você não Consegue Fechar, não Consegue Vender   3
2. Vendas na Visão do CEO   14
3. Construindo uma Percepção de Vendas Poderosa   26
4. Feche a Venda Primeiro em Sua Mente   38
5. Feche a Venda: Capitalizando nos Pontos Fracos do Comprador   49
6. Como os *Prospects* Dizem Que É Hora de Fechar   64
7. Aprimorando Sua Experiência de Fechamento   78
8. Crie Empatia e Feche Mais Vendas   94
9. Sua Fórmula Mestra: Sete Técnicas de Fechamento   103

PARTE II   CAPITALIZE COM SUA HABILIDADE DE CONTROLAR AMBOS – APRESENTADOR E COMPRADOR   111

10. Fechando com a Chave Sem Sombra de Dúvida   113
11. Usando a Técnica Pergunta Menor   123

12.	Demonstração: A Técnica Faça Alguma Coisa	129
13.	Eventos Iminentes Estimulantes	138
14.	O Poder do Endosso de Terceiros	146
15.	Fechando com Algo por Nada	154
16.	O Básico do Fechamento: Pedir e Obter	165

Parte III   COMO VENDEDORES EXÍMIOS FECHAM GRANDES VENDAS — **175**

17.	Fechamentos Especiais Que Desmontam Proteladores e Casos Difíceis	177
18.	Fechando Quando Tudo Parece Perdido	186
19.	Fechando Mesmo com Objeções Ultrajantes	197
20.	O Campeão em Vendas como Ator Empresarial	213
21.	Palavras Poderosas Que Fecham Vendas	229
22.	Quando o Remorso do Comprador Vem a Galope	245
23.	Poder de Fechamento Via Conversa	254
24.	Negociação: o Fechamento Diplomático	270
25.	Fechando com Grupos	286
26.	O Mestre do Fechamento em Plena Forma	305

Índice Remissivo — 313

PARTE I

FECHANDO VENDAS COM MENTALIZAÇÃO E ENTUSIAMO

Aqueles que fecham vendas – sejam vendedores autônomos ou empresários - têm uma necessidade comum: dominar os fundamentos psicológicos da interação comprador-vendedor. Na Parte I, você aprenderá o que acontece em *sua* mente quando entra no "barco do cliente".

Primeiro você fará uma revisão sobre sua *auto*motivação – depois estenderá esse conhecimento para a motivação do comprador. (Assim como a verdadeira caridade começa em casa, a verdadeira motivação começa com *auto*.)

Em seguida, avançará na seguinte ordem: primeiro para o básico do fechamento como hora da verdade da venda, em seguida para o fechamento segundo a visão de seu CEO, e depois para criação de uma conscientização de fechamento após fazer o fechamento em sua própria mente.

Após dominar o *seu eu interior*, o próximo passo é entender o comprador e de que maneira o cliente fala com você quando fechar. Em pouco tempo você está refinando seu clima de fechamento por meios testados para ouvir, percebendo quando falar e compreendendo como as palavras e o silêncio constroem uma empatia poderosa.

UM

Se Você Não Consegue Fechar, Não Consegue Vender

Você já pensou como a nata de 20% dos melhores vendedores conseguem fechar 80% das vendas? Afinal, eles vendem o mesmo produto ou serviço que os 80% restantes. Eles fecham vendas usando uma ou mais das chaves clássicas de fechamento eficazes em milhares de situações de vendas.

Saber *quando* e *como* usar essas chaves é a *arte* que distingue os 20 melhores do resto. Essas chaves clássicas estão disponíveis para todos que trabalham com vendas. Felizmente, sua aplicação é uma ciência que você pode aprender. Para fazer parte desse grupo seleto de vendedores, comece construindo o conjunto mental certo.

Como primeiro emprego depois de formada, Chiffon Lanier assumiu um posição júnior no departamento de contabilidade de uma empresa de software. Um dos primeiros pagamentos da folha quinzenal que ela processou foi um contracheque no valor de 7.200 dólares.

Curiosa, ela perguntou a sua supervisora: "O homem que está recebendo esse cheque – o que ele faz para a empresa?"

"Ele é nosso melhor vendedor."

"Ele tira isso duas vezes por mês?"

"Bem, nem sempre. Mas você ficaria surpresa com quanto ele ganha. Perderia o fôlego."

"Já perdi," respondeu Chiffon. "Quais são minhas chances de ser transferida para o departamento de vendas?"

A supervisora foi compreensiva, mas não muito encorajadora. Mas, se Chiffon aceitasse ter seu salário diminuído, passando a receber uma comissão, provavelmente seria possível dar um jeito. Após duas semanas de respostas evasivas, ela finalmente conseguiu sua transferência para o programa de treinamento de vendas.

A primeira coisa que Chiffon fez foi alugar o mestre do faturamento para perguntar exatamente como ele procedia.

"É muito fácil," disse o vendedor bem-sucedido. "Tudo o que você precisa fazer é circular, ver as pessoas, contar sua história, ser agradável – e *sempre estar lá, tentando fechar a venda.*"

Hoje, Chiffon Lanier é uma das revendedoras de software de maior sucesso dos Estados Unidos. Na verdade, o representante de seu principal concorrente desistiu e mudou de ramo. Ela literalmente o tirou do negócio. Chiffon Lanier não é um milagre. Ela domina a fase mais importante da venda: o fechamento. Saiba como fechar uma venda e o mundo será seu.

Usando uma Abordagem Totalmente Baseada no Fechamento

Você pode estar imaginando como uma pessoa jovem, vendendo um produto complexo e sofisticado, pode alcançar um recorde desses. Isso acontece em outras áreas também.

Suponha que um vendedor, cansado de seu trabalho no varejo, experimentou algumas outras áreas de vendas para ver se gostava e, por fim, se decidiu por um campo realmente difícil: vender cursos de ensino a distância.

Suponha que ele teve tanto sucesso que, em poucos anos, se tornou o vendedor que mais faturava em sua divisão e, depois, no país. Imagine que ele fechasse cinco de cada seis vendas. Essa pessoa tinha algo que qualquer outro vendedor precisa, você não acha? Existe um vendedor assim: Robert Paceman. Durante anos ele foi ou o primeiro ou o segundo em sua categoria de vendas. Ele é um dos melhores vendedores de todos os tempos. Fechar vendas – sua arma não tão secreta – é a razão de sua vida. Ele não vê sentido em fazer uma visita sem conseguir um pedido.

"É por isso que eu estou lá," ele diz.

Então Paceman baseia toda a sua abordagem em fechar, fechar, fechar. A única vez em que ele falha – lembre-se, uma em seis – é quando o *prospect*, antes de tudo, não é de fato um *prospect*.

Se Você Não Consegue Fechar, Não Consegue Vender

"Mostre-me uma pessoa que se qualifica como um *prospect* de verdade e eu convenço ele ou ela a fechar o negócio", diz esse agradável vendedor.

Porque se você não consegue fechar um negócio, não consegue vender! O fechamento é apenas o último passo de sua apresentação, mas deve ser pavimentado com sustentação. Você deve *conquistar* o direito de *fazer* o pedido e, em seguida, você deve *fazê-lo*!

Digamos que você esteja atravessando o Lago Michigan a nado. Embora seu esforço seja heróico, você fracassa a três metros da doca. Você de fato *fracassou* (*glub, glub, glub*). O mesmo acontece com uma venda. O fechamento é tudo.

O fechamento é o auge da concretização de uma venda. É aqui que seu tempo, dinheiro e esforço são recompensados ou vão por água abaixo. Um fechamento eficaz faz a diferença decisiva. Aprenda com os melhores na ativa que *realmente* fecham vendas. De modo geral, é muito simples. A maioria das vendas é fechada com uma única chave. É uma ciência que você pode aprender.

Ao usar esses princípios básicos, o verdadeiro segredo é aprender *como* eles são aplicados. É como escolher palavras. Afinal, as mesmas palavras estão disponíveis para o autor de best-seller e para o turista que manda cartões postais. A forma como cada um *emprega* essas palavras faz a total diferença!

Oscar Wilde expressou da seguinte forma: "Um cínico é uma pessoa que sabe o preço de *tudo* e o valor de *nada*."

Adaptando seu Produto ao seu *Prospect*

Muitos vendedores são péssimos em fechamento. A empresa de Robert Pachter tem 5 mil vendedores. Desses, quantos ganham dinheiro?

"Isso vai chocá-lo," ele disse, "mas a resposta é apenas 200 dos 5 mil. Os outros eu não chamo de vendedores. Chamo-os de supérfluos. Eles não fecham vendas."

Fechar vendas é tão difícil que só 200 em 5 mil têm capacidade para isso? Não. Fechar não é difícil. É a etapa mais simples e óbvia da venda. Tudo o que se precisa é, primeiro, ter a atitude certa e, segundo, ter a chave de fechamento certa. Adote esses dois princípios de venda através deste livro.

Mas sempre adapte a ferramenta a seu *prospect*! H.D. Gardner, vendedor de primeira linha e consultor de vendas, apresentou um programa de promoção de vendas para Carlos Gonzalez, dono de uma empresa com 100 vendedores.

Gonzalez disse que compraria se Gardner conseguisse convencer seus dois gerentes de vendas. Gardner foi aos gerentes de vendas. Eles se recusaram a comprar porque o chefe os havia instruído secretamente a dizer não. Sem saída!

Gardner, um vendedor corajoso, voltou a procurar Gonzalez e disse, "Estou certo em dizer que mesmo se seus dois gerentes recomendarem meu programa o senhor não o comprará?"

Certíssimo, disse Gonzalez, "Não imaginava que fosse tão caro. Nosso orçamento não permite."

Gardner sabia que um ataque frontal não resolveria; era hora de um movimento pelos flancos. Ele perguntou a Gonzalez como este começou o negócio (sempre uma boa pergunta).

Gonzalez imigrou do México para os Estados Unidos jovem. Ele trabalhou duro, mas nunca esqueceu seus compatriotas do outro lado da fronteira. Na verdade, ele deu muito emprego para seus conterrâneos.

"É uma história fascinante", disse Gardner. "Mas me pergunto se o senhor não deixou passar uma coisa. O senhor tem sido bom para seus compatriotas. Empregou muitos deles. Mas tem dado àqueles que trabalham aqui todos os elementos de que precisam para o sucesso? Tem os ajudado o suficiente para que fiquem *em pé de igualdade* com os concorrentes? É disso que eles não dispõem!"

Gonzales disse, "Eu me equivoquei. Vou comprar seu programa."

Gardner buscou conhecer a experiência de seu cliente para fechar a venda. Criou um alicerce para o fechamento.

Esteja Disposto a Arriscar

O que Lord Chesterfield definiu como "coragem decente" é um ingrediente inestimável do fechamento de vendas. Arnold Gibb, um vendedor de livros religiosos, queria permissão para instalar um mostruário de livros em um igreja. O pastor, Dr. John Marble, estava irredutível. Gibb decidiu forçar a verdade.

Dr. Marble, ele disse, "os pastores recusam-se a permitir um mostruário por uma de duas razões. Ou eles detestam ver o dinheiro para esses livros não ir para a congregação, ou estão preocupados com um comportamento impróprio por parte dos vendedores."

"Como o senhor pode ver, eu sou uma pessoa educada [pausa com um sorriso]. Portanto, não precisa se preocupar com essa questão. Além disso, não mais que duzentos dólares deixarão de ir para sua congregação. Certamente não é tanto assim para causar preocupação."

Ele parou e esperou. O Dr. Marble piscou uma vez e disse, "Bem, não estou preocupado com você. Nem com o dinheiro. Você pode montar seu mostruário."

O Dr. Marble preferiu voltar atrás em sua decisão em vez de deixar Gibb pensar que seus motivos eram tão negativos. A coragem ganhou o dia.

Bob Paceman provou o valor da coragem de forma diferente no fechamento de vendas de uma coleção de livros caros. O *prospect* começou a anotar o que Paceman estava dizendo.

"O que o senhor está escrevendo?"

"Os benefícios que você está enumerando."

"Não precisa escrever," Paceman aconselhou. "Tudo isso está apresentado no formulário do pedido. Por que o senhor não fecha agora?"

E o *prospect* fez exatamente isso.

Coragem implica disposição de arriscar um fracasso como condição. Theodore Roosevelt expressou isso da seguinte forma: "É muito melhor ousar fazer coisas corajosas, amealhar triunfos gloriosamente, embora com risco de fracasso, do que se juntar àqueles pobres de espírito que nem se regozijam tampouco sofrem muito porque vivem na zona cinzenta da ambigüidade que não conhece nem a vitória nem a derrota."

Pró-vendedor *Versus* Pró-comprador

Fechar vendas requer um trabalho profissional. Você está lidando com pessoas experientes que conhecem todos os truques e respostas. Você deve ser mais habilidoso em *fechar* do que eles em *evadir*.

Charles Mandel, editor e força de vendas da *Science Digest*, é um ás na venda de espaço publicitário. Ele ainda se lembra de seu difícil começo e do que aprendeu sobre casar venda profissional com compra profissional.

"Meu primeiro emprego, aos 18 anos, foi como vendedor de publicidade," conta Mandel. "Certo dia, voltei para o escritório e dei a meu gerente uma extensa lista de desculpas sobre por que as pessoas não estavam comprando. O gerente de vendas disse, 'Eles são compradores profissionais. Você é um vendedor profissional. Então como eles não estão comprando e você não está vendendo?'"

"Esta observação mudou minha vida. Daquele dia em diante, as visitas de vendas para mim são o máximo. Gosto de ir para uma visita e dizer, 'Olá, acho que você não me conhece. Meu nome é Charlie Mandel. Deixe-me lhe dizer o que vamos fazer hoje.' Isso é divertido."

"Mesmo que se em um dia os seis primeiros não compram, vou para a sétima visita com exatamente a mesma disposição. Sei que as chances estão do meu lado. Faço isso há muito tempo, sei como funciona."

"Algumas pessoas dizem que nunca comprarão de mim. Elas acham que meu produto não serve, ou que eu tenho mau hálito. Embora eu mais perca do que feche vendas, vendo muito mais do que a maioria dos outros vendedores. Neste ramo você precisa estar disposto a perder para poder ganhar."

A Chave: Procure Fechar cada Venda

O principal segredo é estar disposto a *tentar* fechar todas as vendas. (Voltaremos muitas vezes a este princípio ao longo do livro.) Há pouco tempo, um homem vendendo um produto que eu compro foi a meu escritório. Eu não conhecia sua empresa. Escutei o que ele tinha a dizer educada e atenciosamente. Observei-o cuidadosamente como faço com todos os vendedores. O homem dominava todas as etapas de sua atividade. Ele contou sua história de forma simples, convincente e sucinta. Gostei dele.

Então me decepcionou quando chegou à etapa do fechamento. Ele não fez nada.

"Há algo mais que você queira falar sobre seus produtos?"

"Por que? Não, acho que não."

"Então fica a meu critério comprar ou não," eu disse.

"Acho que sim."

Ele colocou seu destino em minhas mãos. Eu era o juiz, o júri, o dono de seu destino. Se eu decidisse comprar, muito bem. Se eu não comprasse, ele diria a seus colegas, "Não se pode mais confiar em *prospects*. Vender está cada vez mais difícil."

Esse vendedor é uma exceção? *Pelo contrário*. É a regra. Para a maioria dos vendedores, seu negócio é esperar por pedidos e fechar alguns. Eles nunca atingem todo o potencial do que *poderiam* fazer. Não *perguntam* pelo pedido.

A verdade pura e simples é que um vendedor que não consegue fazer um fechamento (as vendas raramente se fecham sozinhas), que não consegue tomar a decisão pelo cliente, que não consegue vencer a protelação nem trazer pedidos, não é um vendedor, mas visitante comercial ou conversador.

Você se torna um exímio vendedor aprendendo técnicas práticas que fazem as pessoas lhe responderem instantânea e favoravelmente. Pratique estes métodos até que se incorporem a você. Só então fechará vendas facilmente, naturalmente, inevitavelmente.

As regras de fechamento apresentadas neste livro vêm de milhares de entrevistas e testes com milhares de profissionais – milhares de horas de experiência reunidas. Neste livro, os vendedores estão organizados por situação e necessidade, de maneira que você pode escolher uma, torná-la sua e começar a usá-la imediatamente.

Gerenciando Você e seu Trabalho

Antes de conseguir influenciar outros, você precisa conhecer a si mesmo, o que muitas vezes é a tarefa mais espinhosa. O poeta escocês Robert Burns pregava: "O wad some Pow'r the giftie gie us/To see ourselves as other see us". (Oh, que dádiva o Poder nos dá/Nos vermos como os outros nos vêem[1].).

Na terapia de grupo moderna, um bom terapeuta dirá, "George melhorou muito desde o ano passado. Ele agora tem uma boa consciência de *quem é*."

Essas percepções são úteis, mas a melhor maneira de gerenciar sua pessoa é também a mais simples: pensamento positivo. Continuamos acreditando nesta teoria há tanto tempo porque ela é basicamente verdade. Estudos médicos recentes indicam que a força do *pensamento* pode de fato curar alguns pacientes de câncer. O treinador de futebol americano de James A. Newman costumava dizer:

Se você pensa que está derrotado, você está.
Se você pensa que não ousa, não faz.
Se você gostaria de ganhar, mas pensa que não consegue, é quase certo que não ganhará.
Se você pensa que vai perder, já perdeu.
Se algo parece muito difícil, você descobrirá que
  O sucesso começa com a vontade de uma pessoa.
Está tudo no estado de espírito.

Newman, que tornou-se vice-chairman da Booz Allen, Hamilton diz, "Eu acreditava nisso naquela época e não vejo razão para não acreditar agora."

Carisma Ajuda, mas Desempenho É Vital

"Tudo bem que a Edna pregue pensamento positivo," disse um vendedor desapontado. "Se eu tivesse o carisma que ela tem também pensaria positivo."

Isso nos lembra a história do indivíduo preocupado com sua inferioridade. Ele procurou um analista. Após seis semanas de terapia, o médico disse, "Descobrimos seu problema. Você *é* realmente inferior."

---

[1] Tradução livre.

Mas voltando ao carisma: *o quanto esse ingrediente é necessário?* Essa qualidade já foi chamada de *personalidade* ou *magnetismo pessoal* e até mesmo de *charme*. Certamente, se você *a* tem (não importa como seja chamada), isso vai ajudar.

Se você tem a sorte de contar com esse charme, acrescente coragem e até ousadia no momento certo.

Stuart Browne, que vende seguros, entrou no escritório de um executivo: "Era elegante. A sala do gerente era forrada com lambris de carvalho e um carpete alto. Quadros originais na parede. Sua mesa ficava no fundo da imensa sala. Vossa iminência estava num trono sobre um estrado iluminado por um foco do teto."

Stuart não se intimidou. Começou a atravessar a sala. No meio do caminho parou, mirou uma lata de lixo distante uns dois metros e tentou acertar uma bola de papel. Errou o alvo e a bola de papel caiu no chão. Ele olhou a sua volta e disse, "Um lixo!"

Sua atitude queria dizer: Essas artimanhas não me impressionam.

Funcionou. O executivo pensou, "Qualquer um tão bizarro assim *deve* sem bom." Mas lembre-se: Stuart era bom. Se você pretende ser ousado é melhor ser bom o bastante para bancar isso.

Se todo lugar a que você vai as pessoas querem fazer algo por você e se você recebe cartas de 50 pessoas assinadas como "Seu melhor amigo," considere-se abençoado. Mas não cometa o erro de muitos carismáticos que se baseiam *unicamente* no charme (e pegam leve no trabalho). Se você fizer isso, será visto como galã de melodrama, não como alguém influente.

E se você não tem carisma, não tente criar isso artificialmente. Concentre-se no desempenho. É mais importante em longo prazo.

O Valor da Persistência

Poucos programas de treinamento falam sobre o valor de persistir. Deveriam.

Um repórter certa vez perguntou a Thomas Edison qual era a sensação de ter falhado dez mil vezes. Edison disse, "Meu jovem, como você está só começando sua vida, vou lhe dizer algo para seu bem. Eu não falhei dez mil vezes. Descobri com sucesso dez mil maneiras que não funcionam." Edison estimou que tinha feito mais de quatorze mil experiências para aperfeiçoar a lâmpada incandescente.

Ray A. Kroc, do McDonald's, era da mesma opinião – e afixou esta máxima em sua parede:

Se Você Não Consegue Fechar, Não Consegue Vender

Nada no mundo pode substituir a persistência.
Nem o talento; nada é mais comum do que homens com talento mal-sucedidos.
Nem a inteligência; gênios sem reconhecimento são quase um provérbio.
Nem a instrução; o mundo está cheio de instruídos marginalizados.
A persistência e a determinação, por si, são onipotentes.

Todo cliente tem um ponto fraco. É possível fechar uma venda com cada um se você tiver a coragem para tentar mais uma vez e motivo suficiente para persistir quando o cliente lhe diz que não vai comprar.

O *não* do comprador não quer dizer que é impossível vender para ele. Pode significar que ele precisa ser pressionado em seu ponto fraco – aquela pressão gentil que é praticamente irresistível se aplicada apropriadamente no momento oportuno. Todo bom vendedor continua tentando fechar uma venda por um longo tempo depois que o cliente anuncia: "Não vou comprar."

Os vendedores excelentes sempre tentam fechar mais uma vez.

A Lei do Menor Esforço

Muitos vendedores são adeptos da lei do menor esforço. Um exemplo típico é o de George Edwards. Ele fechou uma venda importante, então tirou o dia de folga.

"Por que você não está no batente, George?", seu gerente perguntou. "Hoje não é feriado, você sabe."

"Ontem foi o melhor dia de minha vida," George explicou. "Fechei uma venda de 50 mil com a Patterson Company. Vou tirar o dia para comemorar."

Adivinhe quem acabou de perder o lugar na classe dos campeões.

Você sempre pode encontrar um motivo para *não* trabalhar. A maioria das pessoas é adepta dessa filosofia. Os invernos em Wiscosin não são exatamente como em Miami. Em uma semana em que o termômetro não passou do zero, um vendedor de Wiscosin tirou um descanso. Ele arrumou uma desculpa para não trabalhar. Durante 13 dias ficou à toa em casa sem fazer uma única visita: "Ninguém trabalha nesse frio."

Checamos as vendas no varejo e as compensações bancárias em sua cidade durante aquele período. Nenhuma mudança. Somente este vendedor deixou de trabalhar. Como a mãe orgulhosa disse ao observar o filho em um exercício da escola militar, "Todos estão marchando fora do compasso, menos Jim!"

Outra razão que os vendedores encontram para não vender mais: eles se imaginam em meio a crises econômicas. Eles mesmos as causam. Gene Lewis chamou isso de "Falta de um parafuso na cabeça!" Não apague a venda de sua mente. Lembre-se do conselho de Hamlet: "Nada em si é bom ou mau; tudo depende da forma como pensamos."

Forte Desejo de Fechar: Fundamental

Com este livro você irá adquirir um *conhecimento substancial* sobre como os melhores vendedores fecham vendas. Você ganhará a experiência deles. Ganhará também o primeiro elemento fundamental para fechar vendas com sucesso – confiança – disponível para você nos tempos bons e ruins.

Existe outro elemento fundamental de que você precisa: o *desejo* de fechar vendas – um desejo tão forte que tudo o mais em sua vida torna-se insignificante. Este espírito faz nosso exímio vendedor dizer, "Não há nada que eu faria a não ser vender. A perspectiva de fechar uma venda é o leite materno para mim."

Mesmo depois de ganhar todo o dinheiro e fama que almeja, existe algo sobre o fechamento de vendas que continua sendo para o vendedor o desafio mais fascinante do mundo.

Sonhar Alto

Conheço um gerente de vendas que estimula seu pessoal a realizar mais distribuindo miniaturas da estátua de Phillip Sears de um índio atirando flechas nas estrelas.

Cada pessoa que vem trabalhar para meu amigo ganha uma miniatura dessa estátua. "Falo para meu pessoal," ele diz, "esta estátua é a pura essência do sucesso – uma aspiração tão grande, uma meta tão distante, é como atirar flechas nas estrelas. Acreditem, sonhar alto é o que quebra recordes de vendas."

Walter H. Johnson, quando era chairman da Quadrant Marketing Counselors, expressou da seguinte forma sua visão sobre este processo de aquisição de competências:

- O padrão de vida americano é, em grande parte, devido aos conceitos singulares de vendas – o produto de nosso sistema de negócios e da economia de nossos compradores.
- Os vendedores são únicos na comunidade de negócios americana – o último grande elemento não supervisionado da força de trabalho. O sucesso do vendedor depende de atitude, preparação, habilidades e profissionalismo.

Se Você Não Consegue Fechar, Não Consegue Vender

- Toda venda profissional está fundamentada em um conjunto de diretrizes. Seja ela de um produto altamente técnico, que reduza mão-de-obra ou de um objeto de consumo, apresentações bem-sucedidas seguem um padrão lógico de persuasão.
- Não existem médicos, dentistas, advogados, contadores ou vendedores natos. Um vendedor de sucesso conhece o ofício, entende os clientes e suas necessidades e cria apresentações de produtos/serviços que mudam constantemente. O vendedor deve adequar-se psicológica e profissionalmente a essas mudanças.
- O vendedor vive e trabalha no limite da mudança, mas mesmo num mundo em constante transformação certos elementos dos princípios profissionais são comuns e imutáveis.
- Mais importante de tudo: o vendedor deve estar familiarizado com os princípios clássicos do fechamento de vendas.

DOIS

Vendas na Visão do CEO

Os heróis corporativos entram e saem de moda. Duas décadas atrás, o CEO da área da negociação era o herói. Mais tarde, no final da bolha financeira, aqueles das áreas dos números tornaram-se abençoados.

Atualmente, o CEO com orientação para vendas tomou o lugar do cortador de custos no topo do totem corporativo. Nada de positivo acontece quando não há receita. Red Motley, na época em que era CEO da revista *Paradise,* disse isso de forma muito simples: "Nada acontece enquanto alguém não vende alguma coisa." A economia precisa de *mais* oportunidades – não de *menos* – para criar empregos. Fechar vendas traz prosperidade.

Na verdade, o guru Peter Drucker resume todos os negócios a duas funções: *marketing* ou *inovação*. E a *mensagem do marqueteiro* freqüentemente se torna a *inovação* de sua empresa. Os vendedores de hoje devem ser informados e ter sensibilidade. Os compradores estão cada vez mais conscientizados, têm acesso a informações melhores e são muito mais céticos do que há alguns anos.

A empresa trabalha para desenvolver produtos e serviços que geram mudança. O vendedor transforma essa inovação em impulso para o crescimento, para avançar – vital para a prosperidade corporativa, para revitalizar a economia nacional – essencial para o crescimento global.

Não é de surpreender, então, que os vendedores tenham uma ascensão rápida na empresa. Não é de surpreender que muitos, mesmo após chegarem a cargos executivos, continuem fechando as vendas grandes. Não é de surpreender que o aspirante a ascensão na carreira veja o fechamento de vendas como o caminho mais confiável para subir na escada corporativa.

Você pode ver sua experiência corporativa como um potencial para crescimento na carreira. Ou talvez você planeje tornar-se cada vez melhor na mais dinâmica das atividades empresariais: fechar vendas. *De uma forma ou de outra, hoje você deve aprender a ver o fechamento de vendas sob a visão de um CEO.*

Em alguns casos, você é o CEO e, portanto, deve manter suas habilidades de fechamento afiadas para aquelas vendas de porte. Você pode estar atuando como CEO em um território que requer versatilidade no desempenho de funções. Se você planeja crescer na empresa, existe maneira melhor de incrementar seu currículo? *Aja e pense* como um CEO! É o caminho mais fácil e rápido para aumentar responsabilidades, atribuições e para chegar ao sucesso.

O catalizador das vendas, agora mais do que nunca, impulsiona a empresa. Sem o fechamento de vendas, não há movimentação de capital, nem enriquecimento de oportunidades para as pessoas. Aqueles que combinam necessidades e soluções – os vendedores profissionais – mais uma vez ganham notoriedade. Isso coloca o CEO da área de vendas na linha de frente – orgulhoso de seus produtos e serviços.

"Precisamos mais deste espírito," disse o *Wall Street Journal*. "Ele olha para frente. Pode proporcionar a fagulha que ativa a economia, diminui o pessimismo do público, com novas oportunidades proliferando."

Vendedores Versáteis com Perfil Empreendedor

A biotecnologia é vista amplamente como uma indústria em crescimento. Os vendedores neste setor trabalham diariamente com *marketing* e *inovação*. Cada homem ou mulher na linha de fogo *deve* pensar como um CEO; em seus territórios eles *são* a empresa, eles *são* o setor.

Ouça J. D. Brooks enquanto viaja para a região de Dismal Swamp, Estado de Virgínia, com um telefone celular e um copo de plástico com café no banco da frente de seu carro, explicando alegremente como a bactéria do Mycogen destrói o estômago dos escaravelhos da batata.

Brooks, gerente de vendas regional da Mycogen, atravessa a região rural dos Estados Unidos para fechar vendas de produtos agrícolas baseados em divisão genética. *Isso transforma Brooks em um cientista missionário.*

Os vendedores ganham de 50 mil a 90 mil dólares por ano na Mycogen, dependendo de sua experiência e habilidade. Os representantes de pesticidas recebem uma comissão muito pequena ou nenhuma comissão. Quanto aos salários, na Mycogen são provavelmente 25% menores do que os da concorrência," afirma Brooks. "Mas o pessoal de vendas recebe também opções de ações que podem ser lucrativas.

"Se tivermos sucesso, poderei bancar duas faculdades, guardar um pouco para a aposentadoria e fazer alguma diferença para o meio ambiente," diz Brooks. *Esse é o gerente empreendedor falando.*

"Investidores em empresas de capital aberto têm sido atraídos por expectativas de super vacas, plantas mais resistentes, frutas mais saudáveis, pesticidas/fungicidas/herbicidas mais seguros".

"Agora, com uma torrente de produtos aprovados pelo governo jorrando de laboratórios e testes de campo, o processo vender/comprar/experimentar começou a separar vencedores e perdedores." *Esse é o analista do setor falando.*

Qual dessas personalidades predomina quando Brooks fecha uma venda?

As duas entram em ação devido à inovação no setor.

Brooks vê os fazendeiros felizes em *ouvir*. Mas eles não se apressam em confiar parte ou toda sua safra aos cuidados da Mycogen. Os agricultores devem ser convencidos aos poucos. Sua maior preocupação é que as pragas se tornem resistentes aos pesticidas. Muitos aceitam as bactérias e outros produtos orgânicos não como substitutos aos químicos, mas como um meio de diminuir a rapidez de adaptação das pragas.

Esses fatores ditam a extenuante programação de viagem de Brooks para que ele possa investir tempo falando sobre detalhes de alta tecnologia, juntando-se às rodas de conversa e piadas e passando horas enfiado nas plantações e nos celeiros. Brooks fecha vendas sendo um dos funcionários – se oferecendo para dirigir tratores e para ajudar a ensacar batatas na colheita.

Os agricultores tendem a adiar a compra de pesticidas até o momento de aplicá-los. Então, se o distribuidor local não tem o Mycogen em estoque, os agricultores preferem mudar para outro produto em vez de esperar. Conclusão: Brooks gasta boa parte de seu tempo se certificando de que os distribuidores de pesticidas tenham o Mycogen em estoque.

Em resumo, para fechar vendas suficientes para cobrir o custo de seu negócio individual dentro de uma empresa em crescimento, Brooks desempenha vários papéis. Ou, simplificando, ele *pensa e age* como um CEO neste território – do qual ele faz parte.

Vendas na Visão do CEO

Quando os CEOs Põem o Pé na Estrada

Bob Crawford, CEO da Brook Furniture Rental em Arlington Heights, Estado de Illinois, diz, "Esqueça aqueles argumentos 'você é só um' e 'você não pode estar em todos lugares ao mesmo tempo' ou 'o telefone permite estar com mais pessoas de forma mais eficiente.' Discordo disso. É difícil ouvir, entender o contexto por completo, a menos que você veja a pessoa, sinta sua presença. O telefone proporciona apenas uma comunicação diluída."

Outros suspiram e dizem 1:"Estou muito ocupado para ficar fora longos períodos de tempo. Tem muita coisa acontecendo." Ao que retrucamos, "Exatamente! Muita coisa acontecendo – *lá fora*. Um CEO atrás de uma mesa conduzindo os negócios de hoje perderá os negócios de amanhã."

Em 10 anos, Bob Crawford fez a Brook Furniture Rental passar de uma receita anual de 480 mil dólares para 50 milhões. Seus clientes, ele diz, estão sob pressão para tomar decisões mais rápido do que nunca. Sua reação: fique mais tempo *fora* do escritório.

"O CEO deve sentir o mercado para ganhar confiança de que está indo na direção certa," diz Crawford enfaticamente. É extenuante, mas essencial."

Mas quando acompanha o pessoal de vendas em uma visita, Crawford fica na retaguarda.

"Não confundimos as coisas com pessoas demais," ele diz. "Posso entrar na conversa ocasionalmente e dizer, 'Espero que você não se incomode se eu fizer uma pergunta.' Se o cliente começa a se dirigir diretamente a mim, eu digo, 'Acho que Joe tem uma excelente resposta para isso'."

Frank Panetta: Apostando Alto para a Xerox

Frank Panetta, gerente de vendas distrital da Xerox em Ohio, aumentou o lucro operacional em 43% e ganhou o direito de estabelecer seus próprios contratos.

No segmento de copiadoras, a fatia de mercado é determinada pela tropa de infantaria em campo. Panetta, mais entusiasta de esportes do que de negócios, vê o fechamento de vendas como um paralelo aos desportos: os vencedores são claramente definidos. Aqueles que assumem riscos colhem grandes recompensas e o sucesso requer coragem e perseverança.

Eis o conselho de Panetta para vendedores que trabalham com CEOs:

- Prepare as propostas de seus clientes nos finais de semana e à noite.
- Nunca diga não a um cliente. Tudo é negociável.
- Faça com que seus clientes lhe queiram bem, enviando-lhes cartões de felicitação e promoções. Convide-os para almoçar e assistir a jogos.
- Atenda às exigências de seus clientes mesmo que isso signifique ir contra sua própria burocracia.
- Faça coisas para seus clientes pelas quais não será remunerado – tais como resolver problemas de cobrança.
- Conheça o produto de seu concorrente melhor do que ele mesmo.
- Chegue cedo às reuniões.
- Vista-se bem "para parecer um produto superior."
- No final do dia, na hora de ir para casa, faça mais um contato telefônico.
- Se você fica muito tempo no chuveiro de manhã enrolando para ir ao trabalho, arrume outro emprego.

O Segredo das Pequenas Empresas: Não Dê Nada Gratuitamente

Lois Dale, CEO da Barter Advantage, Inc., a principal empresa de negociação de permutas de Nova York, é reconhecida nacionalmente como a rainha da permuta – sua superioridade é atestada pelo *USA Today, Journal of Commerce* e pela revista *US*.

Mas quando Dale começou na Barter Advantage, poucos *prospects* conheciam os benefícios do negócio ("você gera vendas suplementares") e não lhe davam atenção. Dale, uma vendedora de sucesso e bem articulada, estava ávida para estimular a aceitação da permuta – tão ávida que cometeu um erro memorável.

Um agente de viagens queria um trabalho de impressão de U$ 27 mil, lembra Dale. Ele não havia oferecido seus serviços no sistema de permuta *ainda,* mas prometeu fazê-lo. Dale sabia que seus assinantes estavam ansiosos para ter viagens na permuta.

"Consiga a impressão de que precisamos e tudo dará certo," disse a ela o agente persuasivo.

Dale pensou consigo que se tratava de uma venda grande e disse, "Vamos fazer," e estendeu-lhe crédito.

Um dia após a entrega do trabalho de impressão, problemas. O agente não retornava suas ligações. Uma análise de crédito tardia disse, "Cuidado". O agente foi para o Brasil. Sua empresa foi por água abaixo.

"Foi um desastre, mas aprendi com isso," relata Dale. "*Não* vender é melhor do que vender *mal*. Descobri como avaliar um cliente potencial na visão de um CEO e não como um vendedor atrás apenas de mais um lucro rápido."

"Sem essa chacoalhada, eu nunca teria me tornado material para o escritório encostado," afirma Dale. "Agora, continuo *vendendo*, mas sei quando cobrar adiantado – e quando *rejeitar* também."

"Certamente, saber como fechar vendas é vital e excitante, mas saber como escolher *prospects* lucrativos torna você *promovível*. E sua habilidade em fechar vendas continua a ser valiosa em *cada* nível."

Top Sign – Lloyd Allard Vende com uma Única Visita

Lloyd Allard (nenhuma relação com Paul Allard, da Xerox) é um vendedor de *signs* (sinalização visual) por excelência. Ele tem acesso direto aos CEOs, mas, às vezes, o CEO passa a decisão para os de *baixo*.

John Downey gostou da sua proposta, porém "nosso conselho de 12 membros – que toma todas as decisões de compra importantes – se reúne somente nas tardes das quartas-feiras." Era sexta-feira. Lloyd partia no sábado.

"Sinto muito", disse Downey, "regras são regras. Teremos que esperar até quarta para uma decisão como essa."

Após uma pequena pausa, Allard disse, "Eu entendo. Gostaria que tivéssemos feito negócio."

Quando Allard terminou de arrumar suas coisas, acrescentou desejoso, "Sabe, às vezes, damos descontos a empresas pequenas que fecham negócio conosco em uma única visita. Tenho certeza de que isso não interessa a uma companhia grande como a sua, mas em todo caso, vamos fazer as contas". Rabiscando com a caneta e cantarolando "*Garry Owen*," o hino militar do General Custer,[1] ele calculou seu "desconto de visita única." Quando terminou, examinou os números e exclamou, "Uau, é muito dinheiro!".

---

[1] N. da T.: *Garry Owen* é uma canção celta cantada pelos lanceiros da Irlanda, mas foi adotada pelo General Custer como hino do 7º Regimento de Cavalaria, sob seu comando durante as Guerras Indígenas no século XIX.

Allard mostrou a Downey sua planilha e disse, "Bem, este é o preço para a próxima quarta-feira. Mas se você me der um cheque de US$ 2.000 – naquela porta daqui a 15 minutos –, esse será o preço de hoje [era muito menor]. De qualquer forma, obrigado por seu tempo. Allard foi até a cafeteria do hotel."

Alguns minutos depois, a porta se abriu e Downey entregou um cheque de US$ 2.000 a Lloyd, piscou e disse: "Sabemos o que você fez. Você não estava enganando ninguém. Mas que diabos, nós queríamos aquele letreiro, então você facilitou nosso trabalho."

A Técnica de Perdue no Fechamento de Serviços

Antes de Perdue, as pessoas compravam frango genericamente. A genialidade de Frank Perdue criou uma marca para um produto consumido como commodity. Jack C. Davis, gerente regional da First American Title Insurance, em St. Louis, estado de Missouri, fez o mesmo com um *serviço* de commodity. Para seus clientes, agentes imobiliários que utilizavam os serviços de title insurance (seguro de titularidade)[2] da First American, David criou um clube, uma forma eficiente e barata de diferenciar sua empresa de todas as outras.

Em meados de dezembro, Davis enviou um cartão-postal para os CEOs das agências imobiliárias de St. Louis. Na frente, o cartão trazia a figura de uma águia branca sob um fundo prateado e uma única frase: "A águia está chegando!" Nenhuma indicação do remetente atrás. Um segundo cartão, postado no início de janeiro, dizia, "A águia chegará em *breve*!"

Uma terceira correspondência trazia uma brochura com o título: "A águia chegou!" Dentro, havia informações sobre o programa First American Title's Silver Eagle Service Club, mais os serviços e os benefícios para seus associados. Um cartão-resposta (que requeria postagem) estimulava os destinatários a solicitar mais informações.

Das 9 mil correspondências enviadas, Davis fechou contrato com 380 novos agentes, e o volume de negócios nos cinco primeiros meses foi igual ao dos nove primeiros meses no ano anterior.

A essência da idéia de branding do serviço é o estilo cerimonioso da ficha de inscrição. Ela pergunta aos *prospects*: (1) Você deseja que a First American contate di-

---

[2] N. da T.: *Title insurance* é um seguro de titularidade emitido durante o período de transferência de um imóvel, que garante ao comprador o ressarcimento por eventuais prejuízos decorrentes de ação judicial ajuizada com o propósito de anular a transação de venda. É uma prática comum nos Estados Unidos, mas não no Brasil.

retamente compradores e vendedores ou quer sempre ser consultado? (2) Quando e como você deseja que os termos do contrato sejam enviados?

"Finalmente alguém *me* pergunta o que eu quero," disse Joann Britton Gundaker, da agência imobiliária Better Homes and Gardens, de St. Louis.

"É praticamente o que já vínhamos fazendo," disse Davis, "mas agora criamos um pacote de serviços e demos um nome a ele. Quando propus isso, meu chefe disse, 'É a coisa mais estúpida que já ouvi.' 'Eu sei', respondi, 'é por isso que vai funcionar'."

Nota para os vendedores: inovações "estúpidas" freqüentemente têm sucesso.

Lições de Hollywood sobre Fechamento

Nada dessas cerimônias em Hollywood. O fechamento de vendas lá é chamado simplesmente de "pitch," algo como "lançar a idéia". Quando você souber *como* funciona, concordará que uma descrição mais refinada seria pretensiosa.

Um *pitch* – a apresentação verbal da idéia de um filme no intuito de obter financiamento antes mesmo de iniciar o trabalho – é uma aposta de alto risco. Nem sempre faz sentido. Mas *é* o ponto de partida vital para muito do conteúdo das telonas e telinhas.

O pitch é tão parte da indústria do cinema quanto ternos Armani, telefones celulares e fax de carro para carro. Quem é o *pitcher* (lançador)? Pode ser um roteirista, um produtor independente, um diretor ou um artista. A necessidade comum de todos os *pitchers* é o financiamento para uma idéia de filme.

Em um mercado retraído, o *pitch* (uma proposta com 50% de chance mesmo nos melhores tempos) é extremamente arriscado. Para ter sucesso, o clima entre "lançador e apanhador" deve ser estonteante. Assim como todos os encontros em Hollywood, o *pitch* tem regras definidas:

- Ao entrar, nunca se sente no sofá. O comprador então senta numa cadeira e fica mais alto que você.
- Quando a secretária perguntar se você aceita algo para beber, sempre diga sim. Condicione o comprador a dar-lhe o que você quer. Não diga que qualquer coisa está bom; diga "Uma Coca com gelo, por favor." Seja específico. Isso mostra a eles que você sabe o que está fazendo. Determine o tom. Afinal, você espera conseguir uns 200 mil no final da reunião. Brandon Tartikoff, ex-presidente da Paramount, disse, "Se você tem a mercadoria, pode atrair as pessoas num minuto."

- Roger Birnbaum, da 20th Century-Fox, acredita que um bom *pitch* ressoa imediatamente. "Quando ouço, não consigo esquecer", ele diz, "e não posso esperar para passar aquilo adiante." Essa foi sua reação quando ouviu o escritor Barry Morrow fazendo o *pitch* de *Rain Man* pela primeira vez. "Não podia esperar para chegar em casa e contar para minha mulher."
- Adapte rapidamente. "Quando o olhar deles perde o brilho," avisa Barry, "você tem que mudar sua história." Portanto, sempre tenha uma de reserva.
- De uma idéia geral. "Quanto menos você contar, melhor," insiste o escritor/diretor Paul Mazursky. "O truque é não deixar o ouvinte cair no sono."

Um *pitch* também deve ser simples. O bastante para ser facilmente lembrado e contado para o próximo executivo na escala hierárquica. Isso é chamado de *high concept*, isto é, expressar uma idéia de forma sucinta e clara com uma sentença ou poucas frases.

John Hill, escritor de episódios de *LA Law*, certa vez resumiu a idéia de um filme para a TV em três palavras, "Casa Branca Assobrada." Uma palavra do comprador terminou a reunião: "Passo/Aprovado."

Aumente seu poder de influência adicionando uma estrela, um diretor ou um produtor com quem o estúdio quer trabalhar. "Traga Jack Nicholson e faça um *pitch* da lista telefônica. Eles dirão que é a melhor idéia que já ouviram," disse um produtor.

"De muitas maneiras, vender a idéia de um filme é surpreendentemente igual à vida real. Apele o máximo que puder para seu lado. Dê a eles uma desculpa para dizer sim," diz o escritor/diretor Ron Sheldon.

"Quanto mais alta a posição da pessoa para quem você faz seu *pitch*, melhor," diz Mazursky. "Você quer falar com quem diz o sim."

Tartikoff ouviu *pitches* enquanto jogava softball, em restaurantes, até do rabino que realizou o funeral de seu avô. Seu dentista certa vez fez o *pitch* da idéia para um filme de TV durante um tratamento de canal.

Se você, assim como todo mundo, já sonhou em transformar sua idéia num filme, não hesite. Não deixe de levar Jack Nicholson com você e, é claro, sente-se numa cadeira – nunca no sofá.

A Figura de Taggart Vale Mil Palavras

Phil Taggart, um consultor de investimentos para pessoas físicas e jurídicas com escritório em Houston, sempre acreditou no endosso de terceiros. Quando mudou sua empresa de Dallas para Houston, levou consigo a recomendação da Rauscher, Pierce & Company, uma corretora do norte do Texas. "Não deixe de ligar para Bob Gow, CEO da Stratford of Texas, quando você chegar lá," aconselhou Fritz Burnett. "E, certamente, não deixe de mencionar meu nome."

O nome sem dúvida levou Taggart até Bob Gow, mas marcar uma reunião era algo muito diferente: Gow, altamente respeitado na comunidade empresarial, estava convencido de que não precisava de ajuda em relacionamentos financeiros. Afinal, ele havia trabalhado com George H. W. Bush na Zapata Corporation nas áreas de exploração marítima e engenharia offshore. Ele sabia como fazer tudo sozinho, portanto continuou adiando a reunião.

Taggart, certo de que a Stratford of Texas precisava de ajuda para se apresentar à comunidade financeira/de investimentos, continuou ligando. Acostumado à persistência, ele ligou a cada seis semanas durante 18 meses. Gow permanecia cordial, mas não propunha uma reunião. Taggart tinha certeza de que uma reunião levaria a coisa adiante. Decidiu que era hora de usar o humor.

"Se o senhor me receber por 15 minutos, prometo que dou um tempo e não ligo daqui a seis semanas," disse Taggart a Gow. "O que acha disso?" Gow concordou. "Chegue aqui às 17h, e conversaremos por 15 minutos," ele disse.

A caminho do escritório de Gow, Taggart decidiu que 15 minutos de conversa não seria tempo suficiente. Ele faria um desenho para Gow. Já na reunião, Gow repetiu, "Não vejo no que você pode me ser útil."

"Permita-me fazer um desenho," disse Taggart. Ele desenhou uma elipse no formato de ovo numa folha de papel: "Esta é sua empresa." Gow assentiu.

Taggart então desenhou uma caixa em torno do ovo. "Este é seu setor." Desenhou depois uma caixa maior em torno da primeira. "Esta é a economia nacional." Por fim, desenhou uma caixa ainda maior em volta da caixa nacional. "Esta é a economia mundial."

Taggart então colocou a caneta de volta no ovo: "O que acontece neste ovo é a única parte que o senhor controla. Então é aqui que trabalhamos."

Ele traçou uma linha vertical no centro do ovo e chamou o lado direito de *performance* e o lado esquerdo de *comunicações*. Depois dividiu comunicações em um terço e dois terços.

"Dois terços de sua ênfase em comunicações está relacionado a com quem você fala. Um terço é o que você fala. É aqui que entramos: identificando o público *certo* e *falando* as coisas certas para eles. É assim que o ajudamos."

Gow entendeu imediatamente. "É isso o que você faz. Por que não disse?"

Ficaram conversando até as 18h30. Taggart saiu levando um contrato assinado.

"Sem a recomendação de um terceiro, não teria falado com ele pelo telefone," Taggart acredita. "Sem persistência, não teria marcado a reunião. Mas sem o desenho, não teria feito a venda. Finalmente tornei a coisa simples."

Ele também revelou uma necessidade real que o cliente desconhecia – e a explicou de maneira interessante (sempre um bom caminho). Prova de valor.

Definindo Limites no Fechamento de Grandes Negócios

No Álamo, em 1836, o Coronel William B. Travis (tendo ao flanco Jim Bowie e Davy Crockett) traçou uma linha na areia enquanto a tropa, em substancial desvantagem numérica, aguardava o exército de Santa Anna. Travis disse para cada defensor do Álamo, "Fiquem com Travis ou deixem-nos já. Escolham um lado ou o outro da linha!"

Ao fechar vendas grandes, Chuck Meister, gerente regional de vendas da Novell, Inc. em Rolling Meadows, estado de Illinois, diz, "Às vezes você precisa estabelecer limites." Meister fez exatamente isso ao vender software de rede para uma grande empresa de contabilidade. Ele estabeleceu limites e fechou uma venda de 3 milhões de dólares. Mas teve que arriscar ganhar ou perder tudo. (A Novell é uma empresa que produz aplicativos para sistema operacional. Seus produtos gerenciam/controlam o compartilhamento de serviços/dados/aplicações entre redes de computadores.)

Meister dava suporte a uma longa série de dois anos de apresentações de produtos, incluindo contatos com 50 pessoas, "desde pessoal de nível técnico, a gerentes, vice-presidentes sênior e parceiros em geral. Durante esse tempo, recorremos às melhores cabeças do setor."

Por fim, após 20 meses, o *prospect* eliminou dois dos concorrentes, deixando a Novell sozinha em campo.

"Pensávamos que o contrato era nosso", disse Meister. "Mas então eles nos disseram que queriam uma reunião individual – alguém da nossa alta administração com o VP sênior deles para testar a química entre o alto escalão."

Meister arranjou esse tête-à-tête com toda a pompa de um encontro entre Henrique VIII e Francisco I da França num campo forrado com tecido de ouro. Ambos os figurões garantiram respeito e confiança mútua (pessoal e corporativa).

Mesmo assim, nada de contrato.

Na medida em que o esforço de venda completava seu segundo aniversário, Meister sabia que era agora ou nunca.

"Nossa tecnologia estava avançando. Nossa administração mudando. Os preços cotados não podiam ser mantidos para sempre. Disse a meu chefe que o negócio estava 99% fechado e ele *disse* isso ao chefe dele. Mas ainda não tínhamos o contrato."

Meister agendou uma reunião com o grupo com quem trabalhava na empresa de contabilidade. Levou uma caixa de canivetes suíços, do tipo que os heróis usam para escapar de cavernas-armazéns- grutas submersas.

"Quero presentear todos aqui com um canivete suíço em comemoração a terem sobrevivido à enchente que afetou o centro financeiro de Chicago. Infelizmente, não posso juntar-me a vocês porque ainda não ganhei o meu canivete."

A sala ficou muda. Finalmente, alguém da equipe do cliente perguntou, "O que você quer dizer?"

"Vocês assumiram um compromisso comigo," Meister explicou. "Eu o repassei para meu chefe que repassou para o *dele*. Isso foi transmitido ao presidente da Novell. Mesmo assim, não temos um contrato. Só uma ameaça."

O grupo ficou desconcertado, constrangido, e começou a murmurar.

"Agora, vou dizer onde estamos," continuou Meister. "Se não fecharmos agora, não posso garantir o que vai acontecer. É possível que voltemos à estaca zero. Se isso acontecer – e é possível –, começaremos tudo de novo. Novos especialistas. Novos preços. E muito mais tempo. Trabalharemos com novas pessoas. Não posso garantir o resultado. Vocês querem isso?"

Os membros do grupo balançaram a cabeça negativamente. Vários disseram "não", "de jeito nenhum" e "não depois de tudo isso."

Meister então traçou a linha na areia.

"Então é hora de fechar negócio," ele disse. "Ou fazemos o contrato agora ou voltamos à estaca zero."

Em poucos dias a Novell teve os papéis assinados. O cliente pagou meio milhão de dólares e concordou em pagar outros 2 milhões e meio nos dois anos seguintes.

Uma venda grande. Uma equipe excelente. Um suporte excepcional da Novell durante dois anos. Fechado por um exímio vendedor que sabia *quando* e *como* traçar uma linha na areia.

TRÊS

Construindo uma Percepção de Vendas Poderosa

Rocky Bleier ficou gravemente ferido por estilhaços de bala. Mesmo assim, estava determinado a não apenas andar, mas a *jogar futebol*. Bleier, dedicado, nunca parou de tentar, nunca parou de pensar sobre jogar futebol. Ele jogou como meia no Pittsburg Steelers durante dez anos e foi um elemento essencial no único time a ganhar quatro Super Bowls.

Rocky agarrava cada oportunidade. Ele corria enquanto os outros da defesa ficavam parados. "Assim que percebo uma chance, corro," ele disse.

É essa percepção que está presente nos grandes vendedores. No minuto em que percebem uma oportunidade, por menor que seja, iniciam uma pressão de venda sobre o *prospect*.

Enquanto outros vendedores ficam parados esperando o *prospect* tomar uma decisão, os campeões estão lá, fechando, fechando, fechando a venda.

Aumentando o Poder de Persuasão

Na sua própria experiência na carreira de vendas, provavelmente você já teve compradores à beira de fechar negócio, mas não percebeu. Eles estavam prontos para comprar. Entretanto, sua percepção de vendas não estava aguçada o suficiente para responder. Uma investida na hora certa e você teria capturado sua presa. Mas você relaxou um pouco e ela escapou.

Construindo uma Percepção de Vendas Poderosa

Um pouco mais de persuasão de sua parte, um pouco mais de ímpeto, um pouco mais de insistência, um pouco mais de pressão gentil e você teria fechado muito mais vendas. Certamente, é humano ceder às fraquezas do comprador. Mas vire a moeda: somente um *prospect* muito determinado pode resistir ao poder de persuasão gentil, mas intenso, de um vendedor articulado, que conhece o produto e possui forte senso de oportunidade.

Charlie Bigelow, um excelente vendedor com uma habilidade de fechamento jamais vista, aprendeu uma lição valiosa com parques de diversão itinerantes. Você sabe quão persuasivos são os donos das barracas, como descrevem sua atração de forma tão atraente do lado de fora.

"Sempre me pergunto por que,", disse Bigelow, "depois que o dono da barraca promovia sua atração, era mais *fácil* ir à bilheteria e comprar o ingresso do que desistir. Sentia-me carregado por uma onda incontrolável que parecia me empurrar. Eu podia vacilar totalmente. Mas invariavelmente depois de ouvir o que o dono da barraca dizia acabava participando da sua atração – fosse ela de meu interesse ou não.

"Mais tarde descobri por quê. Aquilo que me empurrava para a frente não era espontâneo. Era arquitetado. Atrás da multidão ficavam os *empurradores* – pessoas dispostas ali para empurrar a multidão em direção à bilheteria. Eles o empurravam delicadamente para frente no momento certo. Você não sabia disso, é claro. Você cedia. Chegava mais perto. Comprava. Isso é uma técnica de vendas extraordinária, baseada na fraqueza de cada um de nós. Éramos incapazes de resistir ao tipo certo de pressão no momento da compra."

Será que Bigelow usa a mesma tática de pressão?

"Não empurro meus *prospects* fisicamente," diz ele. "Mas uso exatamente o mesmo princípio. Reconhecendo que é difícil um *prospect* dizer não a um vendedor que pressiona por um pedido e que cada um de nós tem fraquezas, tento fechar cada venda. Não com uma tática intimidante, mas sutil, graciosa e insistente. E parece funcionar."

Como Desenvolver uma Percepção de Vendas

George N. Kahn, um consultor de marketing de Connecticut, acredita que o vendedor deve ter uma percepção de cada oportunidade de fechamento. Desenvolver essa percepção leva tempo, é claro, mas compensa. Segundo Kahn:

- Fechar uma venda é como a abordagem de um pretendente tímido. Ele não consegue soltar a pergunta e faz rodeios com trivialidades.
- O *prospect* em geral não oferece ajuda, e freqüentemente o vendedor perde o pedido porque não sabe como fechar a venda.
- Mesmo enquanto faz objeções, um comprador pode estar psicologicamente pronto para fazer um pedido. Tudo o que precisa é a certeza de que está tomando a decisão certa.
- O comprador tem dúvidas, temores e apreensões como qualquer pessoa. Você deve direcionar o pensamento dele para a compra. E então agir rapidamente e fechar o negócio.

Objeções são desculpas. Nenhum profissional deve se sentir desencorajado por um *prospect* que diz estar:

- comprometido com outros fornecedores;
- comprando de muitas empresas diferentes agora;
- reduzindo seu estoque;
- esperando a situação melhorar;
- usando um produto igual ao seu.

Transforme esses argumentos negativos em positivos com sua mente ágil e sua forte convicção na superioridade de seu produto.

Quando fechar uma venda? Alguns veteranos alegam que só existe um momento psicológico. Essa chance única de fechamento ocorre em uma de cada 20 entrevistas. As outras 19 oferecem várias oportunidades de fechar o negócio. Champs busca cada oportunidade que surge.

Não há nada de errado em usar um pouco de pressão. Geralmente funciona. Muitos *prospects*, entediados com a venda sugestiva, consideram bem-vinda uma certa pressão. Devemos ajudá-los a tomar uma decisão. Os compradores freqüentemente lançam objeções, não por convicção, mas para ocultar suas dúvidas e indecisões. Estão no muro e esperando que você os tire de lá. A saber:

Prospect: Acho que ainda não estou pronto para comprar.

Você: Sr. Smith, o senhor está mais que pronto. Se ainda tem alguma dúvida, posso esclarecer. Caso contrário, por que não vamos adiante? (Dica: um sorriso amigável aqui.)

Prospect: O preço de sua empresa está um pouco alto.

Você: Se isso é tudo que o preocupa, podemos fechar agora. Nossos preços são competitivos. O senhor não vai conseguir nada melhor no setor.

Mentir para vender nunca compensa. Não diga que os preços vão subir se não forem. Não diga que a matéria-prima de seu produto está escassa se não estiver. Essas táticas invariavelmente são um bumerangue.

Vender é uma partida de xadrez. Quanto mais você contra-ataca os movimentos de seu oponente, mais rápido vence. Faça uma lista de objeções comuns para que você possa combatê-las e fechar a venda.

Não fuja de uma objeção séria. Enfrente-a honestamente. Mas uma vez respondida, não insista no assunto. Dê ao comprador uma chance para comprar.

O Surpreendente Poder das Sentenças "Para Que"

Phil Taggart, consultor financeiro de Houston para altos executivos, baseia sua percepção de vendas em duas palavras simples: *para que.*

Sua fórmula é simples. Cada afirmação que ele faz para um *prospect* é seguida de um *para que* detalhando os benefícios para o cliente. Por exemplo: Gostaríamos de fazer a reunião durante os 25 dias do Período de Silêncio, Sr. Jones, *para que* possamos iniciar as conversas com os analistas assim que as restrições forem suspensas." Ou "George, gostaríamos de fazer este acordo agora para que nosso escritório possa começar a encaminhar negócios para você em Baltimore regularmente."

Treinando sua Percepção de Vendas

Para se tornar um exímio vendedor, você deve ter uma percepção de vendas. Essa percepção baseia-se, é claro, em agilidade.

George Handler, um grande vendedor, treinou deliberadamente dia após dia para desenvolver essa agilidade. "Um vendedor precisa pensar e agir rápido", disse. "Meu raciocínio era lerdo. Meus reflexos não estavam desenvolvidos como os de um lutador peso-pena, da maneira como são agora. Portanto, tinha que me forçar a ficar alerta e captar sinais."

Ele descobriu uma estreita relação entre a agilidade física e a mental. Durante semanas, ele praticou sentando numa cadeira, levantando rapidamente e saltando até que seus músculos tivessem o máximo de agilidade. Então passou a treinar a mente. Começou a concentrar sua atenção no que as pessoas diziam, a identificar sutilezas nas palavras.

Handler foi um pioneiro. Hoje, seminários caros para treinamento formal dessa agilidade atraem profissionais de vendas. Participe de um desses seminários ou treine por conta própria, como fez George Handler.

Como Iniciar seu Autocondicionamento

O autocondicionamento é outra maneira de desenvolver uma percepção de vendas. Você condiciona sua mente a fazer o que espera que ela faça, desde dominar um novo assunto a torná-la mais alerta a oportunidades. Veja como funciona:

1. *Defina o que você quer:* Você quer desenvolver uma percepção de vendas, é claro.
2. *Viva com a idéia em mente:* Pense sobre fechamento, oportunidades de fechamento, chaves de fechamento, fechamento, fechamento, o tempo todo.
3. *Espere pelo progresso:* Você desenvolverá gradualmente a agilidade que está buscando.

Em pouco tempo, você perceberá oportunidades de fechamento de que não tinha ciência. Você aprenderá como detectar sinais que desconhecia. Sua mente estará condicionada a obter o máximo de cada *prospect*.

Chuck Fortune age como se estivesse fazendo um inquérito todas as noites. Ele revê os cartões dos *prospects* que contatou. Alguns desses *prospects* mostrou sinais que não percebi? O que um deles disse que poderia ter me levado a tentar fechar uma venda? Quantas oportunidades deixei passar porque não estava alerta?

Um vendedor com uma percepção de vendas adequada é um puro-sangue pronto para a largada. Tudo está sintonizado para sair na frente. Pense, viva e pratique fechamentos a cada hora do dia. Logo ele será parte de sua pessoa e de sua vida (Ei, puro-sangue!).

Traçando seu Progresso de Fechamento

O fechamento de um negócio é tão importante que os vendedores iniciantes o vêem como um entidade separada do resto das conversações de vendas.

Besteira! Isso é jogar a percepção de vendas pela janela. Um escritor jogaria fora o ato 1 e dois terços do ato 2 de sua peça para apresentar apenas o clímax "como a parte mais importante"? Certamente que não. Nem você. Sua percepção de vendas deve incluir os passos vitais que colocam você na posição de concretização de um negócio.

Construindo uma Percepção de Vendas Poderosa

Para ver o fechamento como mais um passo, apesar da razão de existir de sua prática, Arnie Schwartz, o treinador de vendas de Long Island, esquematizou o processo de vendas para uma reunião inicial:

- **Prospecção:** Um tomador de decisão qualificado concorda em agendar uma reunião.
- **Coleta de dados pré-visita:** O vendedor reúne informações sobre empresa ou a pessoa.
- **Abordagem:** O *prospect* demonstra interesse e dá ao vendedor atenção total; está aberto a responder perguntas.
- **Questionamento:** Uma necessidade definida é revelada; o *prospect* reconhece essa necessidade e está interessado na solução do vendedor.
- **Apresentação:** O *prospect* mostra interesse e dá sinais de compra.
- **Solucionando objeções:** A preocupação é solucionada; o *prospect* está satisfeito com sua resposta.
- **Tentativa de fechamento:** O *prospect* concorda com sua argumentação e afirmações sobre o produto ou responde positivamente a perguntas relativas aos benefícios do produto.
- **Fechamento:** O *prospect* responde positivamente a uma pergunta de fechamento.

Durante esse processo de vendas, você sempre sabe onde está e qual deve ser seu próximo passo. Trace seu progresso para garantir sua percepção de vendas.

Criando Oportunidades

Uma venda é meramente uma série de oportunidades de fechamento de um negócio. Um bom vendedor aproveita essas oportunidades. Um vendedor desatento as perde ou, pior, nem tem consciência de que existem.

Ao treinar essa percepção, você cria oportunidades de fechamento sempre que há uma abertura. Seu *prospect* pode não estar ciente dessas aberturas, mas não importa. Você está.

Se você estiver alerta, os compradores lhe dirão quando estão prontos para comprar por meio de atitudes. Tocam sua amostra. Batem de leve na mesa. Inclinam-se para frente. Se arregalarem os olhos, é quase certo que querem saber mais.

Alguns compradores mostram que estão prontos criticando seu produto. Um bom vendedor fecha com base na resistência. Quando os compradores dizem que não vão comprar, considere como um sinal de que vão.

Normalmente, os compradores não percebem que estão se denunciando. A história do esporte proporciona um exemplo surpreendente.

Gene Tunney, talvez o lutador de boxe mais astuto de todos, levou Tom Gibbons a nocaute. Entretanto, Gibbons, um lutador com extraordinária defesa, não tinha defeitos. Jack Dempsey não conseguiu derrubá-lo em 15 rounds. Ninguém conseguia tocar em Gibbons. Mas Tunney venceu Gibbons com um soco no fígado.

Tunney percebeu que pouco antes de dar um soco, Gibbons deixava seu fígado momentaneamente desprotegido. Tunney esperou atento pelo sinal. Ele apareceu. Vap! – Gibbons foi para a lona.

"Tommy nunca soube que tinha esse ponto fraco," disse Tunney mais tarde. "Mas eu estudei suas lutas e tirei vantagem disso."

O vendedor com percepção de fechamento opera desta maneira o tempo todo.

Feche Mais Negócios, Fechando-os Antes

Hugh Bell vendia mais fechando negócios duas vezes mais cedo. Seu recorde mostrou que ele estava certo.

Quando Hugh era jovem e inexperiente (e novo na cidade), não atingia sua meta de vendas enquanto outros vendedores atingiam. Desesperado, ele foi a uma convenção de vendedores.

"Se vocês não começarem a fechar negócios duas vezes mais cedo," o orador disse, "não terão chance de fechar nada."

Depois, Hugh Bell pediu ao orador para explicar.

"Treine para fechar suas vendas duas vezes mais cedo," disse o veterano. "Amanhã, muito antes de pensar que está pronto para fechar, tente fechar assim mesmo."

"Tentei no dia seguinte," disse Hug, "e fechei duas vendas que perderia se tivesse segurado. Desde então venho tentando fechar negócios duas vezes mais cedo. Acredite, funciona."

Desenvolva sua percepção de vendas. Tente fechá-las logo. Não tenha medo de uma recusa.

Construindo uma Percepção de Vendas Poderosa

Doze Maneiras de Garantir que seus Benefícios Superem o Preço

Quando um cliente reclama do preço, o que ele está, de fato, dizendo? Que, para ele, o *preço* é muito mais importante do que o valor. O vendedor com forte percepção de venda procura fazer o *valor* superar o preço.

Essas são as sugestões de Carl E. Clayton para lidar com essa situação:

1. Apresente as medidas de controle de qualidade usadas na fabricação. Mostre e explique os resultados de testes.
2. Demonstre a qualidade e o valor de seu produto. Deixe que o *prospect* "veja" e "sinta" ambos sempre que possível.
3. Explique os benefícios. A maioria das pessoas está disposta a pagar mais por benefícios de qualidade.
4. Forneça histórico de casos e testemunhos de clientes satisfeitos. Benefícios documentados motivam compradores a pagar mais.
5. Enfatize que seu pessoal possui treinamento e certificação. Explique o que isso significa para o cliente.
6. Diga para o cliente que você utiliza componentes de alta qualidade e como isso se traduz em benefícios para ele.
7. Fale sobre a reputação da empresa, suas instalações e equipamentos.
8. Dê exemplos de como sua empresa está totalmente comprometida com seus clientes.
9. Mostre a seu *prospect* uma lista de clientes satisfeitos e mencione como ajudou a cada um.
10. Demonstre um verdadeiro interesse. Quando seu *prospect* sabe que você se preocupa de verdade, o preço se torna menos importante.
11. Sempre ofereça aquele algo mais e nunca deixe de concluir aquilo com o que se comprometeu. Quanto mais você oferecer, menor será a ênfase no preço.
12. Você deve entusiasmar-se! Seu *prospect* não ficará mais ou menos entusiasmado com seu produto do que você.

Desenvolvendo um Impulso de Fechamento

James Licht, um exímio vendedor da Filadélfia, desenvolveu sua percepção de vendas de outra maneira. Ele tinha *prospects* de todos os tipos e tamanhos. Mesmo assim, ele normalmente escolhia um *pequeno* para a primeira apresentação do dia. Por que não trabalhar nos grandes quando você está descansado e bem-disposto?

"Quanto mais rápido você se apresentar aos potencialmente decididos, melhor levará adiante seu dia," ele disse. "Tento fechar uma venda na minha primeira visita. A quantia não é importante. A venda sim. Com essa venda concretizada, ganho impulso."

"No meio da tarde, estou em minha melhor forma. Sentindo-me confiante e poderoso. Meu bloco de pedidos está repleto. Estou turbinado."

Ben Sweeney, do ramo imobiliário, planejou sua percepção de fechamento. Ao mostrar uma casa, Sweeney sempre achava uma ferradura enferrujada em algum lugar das premissas. (Os amigos alegavam que ele plantava a ferradura lá de antemão!) Ele mostrava a ferradura ao *prospect* casualmente, sem dar ênfase. Este, então, pensava, "Sorte." Normalmente, sem qualquer ajuda extra de Sweeney, o *prospect* decidia sobre a casa.

Um vendedor de Chicago, que trabalhava com extintores, pôs fogo no próprio carro. (Antes, ele derramou um pouco de gasolina na rua.) Após apagar o fogo, ele disse ao *prospect*, "Por sorte eu tinha um desses extintores comigo. Salvou um carro de 23 mil dólares." O resto você já sabe.

O que a Percepção de Fechamento Não É

Como você está aprendendo o que é a percepção de fechamento de um negócio, é importante saber o que ela não é: *simples entusiasmo superficial.* Ao vender para o cliente industrial, Samuel S. Susser, um veterano com 40 anos de vendas na Ethyl Corporation, pisa duro nas tradições. Exemplo: você não precisa explodir de entusiasmo até mesmo nos dias ruins.

"Dizem que se você não se mostrar radiante de alegria, não conseguirá vender," afirma Suster, "que um cliente comprará imediatamente (ou não) na proporção do brilho que sentir (ou não) emanar de seu olhos. Isso presume que (1) o comprador é burro e (2) o entusiasmo infantil do vendedor é importante em seu critério de compra.

"Um comprador inteligente, até mesmo um com baixo Q.I., geralmente morre de medo do vendedor agressivo, excessivamente entusiasmado. Existem produtos vendidos dessa maneira? Sim, mas apenas para o consumidor simples de carros usados, serviços de reparo residencial e seguros. Nunca para um comprador industrial profissional."

Como se explica que nos filmes de treinamento, um ator dentuço invariavelmente exalta o entusiasmo como o atributo mais desejável em um vendedor? Tente exagerar nisso na sua próxima visita, diz Susser. Se o comprador gosta de você, ele pode comentar, "Veja, João, eu compro de você porque você é uma pessoa boa para falar sobre o produto, e não é do estilo espalhafatoso. O que está acontecendo? Está tudo bem com você? Você sempre vendeu para mim como um profissional! Agora, de repente, você está se comportando como um desses garotos que eu despacho daqui duas vezes por dia."

Não exagere no entusiasmo com um comprador experiente. Segundo Susser, "isso pode custar caro para você."

Escolhendo um Padrão de Sucesso

Outra maneira de desenvolver habilidades de fechamento é basear-se em um padrão de sucesso. W. Clement Stone, o famoso magnata dos seguros de Chicago, coloca a questão de forma objetiva: "Se você quer sucesso, copie do sucesso."

Stone argumenta que: "Todos precisamos de um modelo. Se escolhermos o modelo certo, nada poderá nos ser mais útil. O problema é que muitos de nós segue modelos falsos. Descubra o vendedor de maior sucesso em sua área, um vendedor estratégico. Então descubra, se conseguir, a razão de seu sucesso. Quando você descobrir *como* e *por que*, adapte essas técnicas às suas necessidades e o fechamento se tornará muito mais fácil."

Mas não copie cegamente, alertou Stone. Adapte os princípios a sua personalidade.

Frank H. Davis, um dos maiores vendedores de seguros do mundo, compartilhava prazerosamente seus princípios de fechamento de vendas com todos que trabalhavam com ele. Eles queriam fechar como esse velho homem. Muitos conseguiram.

Bill Goebel tinha o hábito produtivo de se perguntar durante apresentações: "O que Frank faria? Como fecharia a venda?"

Aprenda métodos de fechamento com vendedores de sucesso para que você avance geometricamente.

SEGREDOS DO FECHAMENTO DE VENDAS

Descobrindo as Necessidades Ocultas do Cliente

A arte de fechar vendas leva você a aprender diversas regras para melhorar seu desempenho. Entretanto, não se surpreenda se o axioma A contradiz o axioma B. O apresentador Richard Brown pediu ao ator Jack Lemmon para explicar "o enigma de contratação de atores." Lemmon citou Camus: "Se a humanidade entendesse os enigmas da vida, não haveria necessidade das artes dramáticas."

O mesmo ocorre com o fechamento de um negócio. Quando o conselho A conflita com o conselho B, escolha o caminho que (1) funciona melhor para você, e (2) mais adequado para o cliente.

Você viu o conselho de Clement Stone sobre seguir o que foi testado e comprovado. Agora preste atenção em Joe Gary no que tange a traçar novos caminhos. Ao desenvolver sua orientação de fechamento de negócios, que você deve fazer, o caminho testado e comprovado nem sempre é a melhor resposta. O próprio Joe Gary, vice-presidente de marketing, é um exímio vendedor. Segundo Gary:

> *Alguns vendedores vão mais longe porque não seguem o líder. Os inovadores revelam problemas ocultos e oferecem soluções sólidas. Eles praticam a venda investigativa.*
>
> *Você não se torna um inovador por acaso. Faça um esforço consciente para uma venda fundamentada. Opte pela venda criativa, não pela comodidade.*
>
> *Um envelope plástico é um envelope plástico, certo? Nem tanto. Um cliente usava um envelope plástico com três divisões. O envelope, armazenado em uma pasta suspensa, era identificado com letras brancas sobre um fundo laranja. Alguns vendedores teriam dito "É isso!" Bob Gary recomendou dois envelopes conectados com uma aba de identificação de um lado. O comprador gostou. Uma análise de custos indicou uma grande economia.*
>
> *O vendedor fez uma apresentação detalhada ao departamento que utilizava o envelope. Ele preencheu um pedido substancial. A venda evoluiu numa seqüência natural bem programada. Nosso vendedor obteve aprovação em cada estágio antes de passar para o próximo.*
>
> *Você pode desenvolver habilidades de venda, criar listas de prospects ótimos, trabalhar um território com eficiência, oferecer produtos vendáveis com preços competitivos e, mesmo assim, não atingir um potencial verdadeiro, a menos que compreenda que seu produto deve satisfazer as necessidades do cliente.*
>
> *Descubra e desenvolva essa necessidade. Há mais no fechamento de vendas do que mostrar mercadorias.*
>
> *O vendedor Joe Gary tinha percepção de vendas. Seu histórico prova isso.*

Vinte Palavras Corriqueiras com Extraordinário Poder de Vendas

Uma maneira de assegurar-se quanto à sua percepção de vendas é fazer uma imersão em *palavras de fechamento* – motivadores de dinheiro que provaram seu valor.

Certas palavras de vendas na TV foram testadas e classificadas por marqueteiros durões responsáveis por colocar dinheiro de publicidade em vencedores. A seguir, estão as palavras mais populares em ordem de freqüência.

Adjetivos	Verbos	Adjetivos	Verbos
novo	fazer	crocante	olhar
bom/melhor/ótimo	obter	agradável	precisar
livre	dar	grande	amar
fresco	ter	excelente	usar
delicioso	ver	real	sentir
completo	comprar	fácil	gostar
confiante	vir	brilhante	escolher
limpo	ir	extra	levar
maravilhoso	saber	agora	começar
especial	guardar	rico	experimentar

Bom e *novo* aparecem com o dobro da freqüência de qualquer outro adjetivo. Todas essas melhores palavras parecem comuns, mas seu poder de venda é extraordinário! Torne essas palavras parte de sua rotina de apresentação e você entrará para o grupo dos criadores de vendas.

Note a simplicidade dessas palavras. Esta é uma dica!

QUATRO

Feche a Venda Primeiro em Sua Mente

Neal Jere Thatcher, cheio de energia, queria vender para o mundo inteiro em dez minutos. Corria de uma visita para outra e tentava apressar os compradores. Ele dava aos *prospectcs* tudo o que tinham direito, mas seu percentual de vendas era baixo. Seus esforços eram em vão. Robin Antiquo, um veterano, disse, "Vá com calma. Em espanhol dizemos, *Poco a poco se anda lejos*. [Aos poucos se vai longe].

"Você está *impedindo* as vendas. Está falando com gente que tem o dobro de sua idade. Essas pessoas maduras precisam ser conduzidas. Ninguém consegue forçá-las, nem mesmo seus cônjuges. Portanto, quais são suas chances?"

Robin então aconselhou Jere, "Feche a venda em sua mente primeiro. *Veja-se* assinando o pedido. *Saiba* que vai vencer. Então, quando estiver com o *prospect*, aja com calma e seja paciente. Como você não pode forçá-lo, dê tempo a ele. Relaxe. E por que não? Você *sabe* que ele vai assinar. É muito mais fácil vender para um *prospect* quando você vende para si mesmo primeiro."

Quanto mais Jere pensava sobre isso, mais certo parecia. Então ele foi a fundo e descobriu as razões psicológicas de por que funciona.

Agora, o vendedor tarimbado Jere diz que o fechamento "geralmente é a parte mais fácil da venda. Muitos vendedores fazem disso um trabalho árduo porque o conceito que têm está errado. Eles tentam fechar a venda na mente do *prospect*, o que significa esforço. Eu fecho a venda em minha mente primeiro. Depois, a venda verdadeira segue com muita naturalidade."

Feche a Venda Primeiro em Sua Mente

Essa tem sido a abordagem de Jere desde que – como um jovem aprendiz – estagiou com o veterano Robin Antiquo, que fechava muitas vendas, mas nunca demonstrava estar com pressa.

Aprendendo a Vender Primeiro para si

Através de uma estranha alquimia da mente que ninguém entende bem (embora seja reconhecida por muitos psicólogos), transmitimos nossos pensamentos, sentimentos, expectativas, exaltações, temores e dúvidas para pessoas com quem falamos. Essas percepções extra-sensoriais são recorrentes.

Se você não sabe exatamente o que produz essas transmissões extra-sensoriais, ao menos reconheça que elas *de fato* ocorrem - uma vantagem real para o vendedor astuto.

Um dos melhores gerentes de vendas, Barclay Hopkins, acreditava profundamente na percepção de vendas. Ele dizia a seu pessoal de vendas todos os dias: "Lembrem-se de uma coisa: *esperem* o sucesso do início ao fim do dia. Vocês terão. Se esperarem o fracasso, ele certamente virá até vocês."

Hopkins exigia que seu pessoal de vendas seguisse um pequeno ritual antes de cada visita. Eles tinham que vender para si: "Vou vender para este comprador. Sei que vou."

Naturalmente, o pessoal de Hopkins não vendia para *todos* os compradores. Quem vende? Mas ao aprender a esperar o sucesso, eles fracassavam em muito menos investidas do que seus concorrentes.

Em Baltimore, John X., o rico e respeitado CEO de uma empresa multinacional, acredita que esta regra se estenda muito além do fechamento de vendas. É toda uma filosofia de vida. Ele a descreve como "pensamento de sorte".

Quando começou, John batalhou para se estabelecer como vendedor. A saúde fragilizada o perseguia. Ele continuou com pensamento de sorte. Seus melhores planos viraram um caos. Ele continuou com pensamento de sorte. A todo lugar que ia, sua postura era a de alguém que sabe que vai vencer.

"Desenvolva a postura de que não pode falhar", diz John hoje. "Insista na expectativa positiva de sucesso. Se você tem esse elemento fundamental, tem tudo. Se não tem, não tem nada."

Aja "como se." Comece comportando-se agora como se fosse o melhor profissional do setor. Crie uma imagem mental (cenário) do tipo de pessoa que você realmente gostaria de ser, a estrela que deseja se tornar. Comece a agir, pensar e a se sentir dessa maneira. Você está representando um papel (o da pessoa mais bem-sucedida que conhece!).

Esta expectativa positiva:

- *proporciona* a você uma autoconfiança que fomenta a convicção. No fechamento de vendas, a autoconfiança é contagiosa;
- *transmite* segurança a seu cliente – da maneira misteriosa que não entendemos (mas que certamente aplaudimos). O cliente é influenciado a fazer o que você quer que ele faça. Todos querem ser associados a um vencedor.

Este livro oferece técnicas de fechamento testadas e tangíveis, todas baseadas neste princípio: comunique através de tudo o que você *faz* ou *diz* que certamente *fechará* todas as vendas.

Quando você interagir com seu cliente, assuma que ele *vai* comprar, não vai conseguir *deixar* de comprar. Demonstre isso pela maneira como fala, pelas palavras que escolhe. ("Quando usar este produto, você irá....") Se você tiver pensamento positivo, essa positividade será evidente. Sua postura dirá: o cliente vai comprar. Não há dúvida quanto a isso. A única questão é quando e como!

Livre-se da Carga Negativa Imediatamente

A princípio, pode ser difícil desenvolver e manter essa atitude positiva. Isso é natural. Antes de visitar um cliente, você decide se ele é ou não do tipo para quem não consegue vender. Com outro cliente, você decide que não tem condições. Em sua mente passam pensamentos negativos de que você não tem o que é necessário para se tornar um grande vendedor.

"Só existe uma maneira de superar esse negativismo na vida," disse um realista pragmático que monitorou 50 mil vendedores em ação. "A única maneira de banir essas inclinações negativas de sua vida de vendas é simplesmente *fazê-lo* – livre-se delas imediatamente, antes que aumentem."

"Ah," você diz, "mas como?"

Seja corajoso. Tire isso da cabeça. Elimine-as de sua vida para sempre. No lugar, plante a idéia de que você pode vender assim como qualquer pessoa, que o próximo *prospect* que encontrar é venda certa.

Feche a Venda Primeiro em Sua Mente

Experimente o *teste PEP*. Após cada visita de vendas, faça este teste rápido:

1. Fui *Persistente*, não me prendi a distrações ou objeções inválidas?
2. Fui *Entusiástico*; transmiti minha confiança, da minha empresa, produto ou serviço?
3. Eu tinha um *Plano* para a visita, atingi meu objetivo?
4. Em caso negativo, por que não?

Não exagere dizendo a si mesmo, "Sou um gênio das vendas. Ninguém resiste a mim." A postura de fechamento precisa de um substrato mais consistente: *afirmação*.

Louise L. Hay, psicóloga especializada em auto-ajuda, diz que nada supera a *afirmação*. Comece a usá-la imediatamente. Quando você *afirma*, repete uma palavra ou expressão positiva continuamente até que ela fica gravada em seu subconsciente. Afirmar um pensamento positivo com freqüência faz milagres.

Diga que reconhece que sentimentos negativos estão lhe prejudicando, que os otimistas têm sucesso e os pessimistas fracassam. Diga para si: "Eu gosto *realmente* de quem sou. Gosto realmente de ser feliz e bem-sucedido."

Siga o conselho dos grandes psicólogos: se você repetir sempre aquilo em que quer acreditar, *isso* acontecerá. Essa não é uma idéia nova. É uma idéia pouquíssimo *utilizada*.

Assuma que o cliente vai comprar e que você fechará cada venda. *Positividade* é irresistível. O cliente comprará.

Como Evitar os Pessimistas

Para banir os pensamentos negativos nas vendas, seu passo mais importante é evitar os pessimistas. Não se junte a pessoas negativas. Lembre-se da lei de Gresham: dinheiro ruim afasta o bom. O. C. Halyard, um dinâmico especialista em treinamento de vendas de *Maitland*, na Flórida, diz a seus alunos:

> *Vocês devem aprender a superar o medo. Todos nós temos medos – alguns realistas, outros não: medo do fracasso, medo de ser um fracassado, medo de ser rejeitado. A rejeição vem na forma de um não. Você tende a considerar um não como uma rejeição pessoal. Machuca o ego.*
>
> *Conseqüentemente, as pessoas evitam dar aos outros a oportunidade de rejeitá-las. Infelizmente, quando você deixa de dar a oportunidade para um não, elimina também a oportunidade de ter um sim.*

A pessoa que recusa seus serviços hoje, pode aceitar o que você tem para oferecer amanhã. As pessoas se impressionam com a perseverança. Eles lembram de você como alguém que trabalha duro e que não desiste.

Evite pessoas negativas. Elas refazem uma negociação que falhou ou lamentam que todos os bons prospects estão com os outros vendedores. Diga a essas pessoas que você gostaria de conversar, mas tem coisas para fazer. Não se torne um muro das lamentações, para que não acabe você próprio desenvolvendo um sentimento negativo. Pense e trabalhe positivamente para ter sucesso.

Por Que Conhecimento É Poder

"Vendedores excepcionais têm essa coragem e perseverança, esse desejo de ir um passo além, como ficar no escritório até mais tarde quando a maioria dos outros vendedores já está relaxando," diz Charlotte Jacobs da Pitney Bowes. "Quando comecei, não me incomodava em fazer o que fosse necessário – trabalhar nos finais de semana, qualquer coisa. É um sentimento difícil de explicar para os outros – de que para ter sucesso, você faz o que for necessário, não importa a que custo.

"O vendedor de sucesso é muito orientado para metas e as estabelece constantemente, inclusive pequenas metas diárias. O vendedor de sucesso é muito competitivo. Sempre que a empresa anuncia um prêmio, torna-se meta do representante de vendas ganhar esse prêmio. Se a empresa anuncia um concurso com um VCR como prêmio, o vendedor de sucesso não diz, 'Não me importo, já tenho um VCR'. Pelo contrário, ele quer vencer o concurso pelo prazer de ganhar; o prêmio é secundário."

Para construir uma base sólida de confiança, você deve:

- Adquirir um conhecimento profundo, total, de seu produto ou serviço – o que é, como é feito, o que faz e o que isso significa para seu cliente. Esse conhecimento deve ser básico, você simplesmente deve ter.
- Armar-se de um conhecimento completo de seu cliente, suas necessidades e desejos. Você deve saber tanto sobre ele quanto ele próprio sabe.
- Prever cada objeção que possa surgir durante uma visita e estar preparado para respondê-la.
- Conhecer a si mesmo. Conhecer seus pontos fortes (todos nós temos) e seus pontos fracos (todos temos esses também, infelizmente). Siga o conselho de Sócrates: "Conheça a ti mesmo."
- Ter muitos *prospects*.

- Visitar alguns clientes satisfeitos e pedir a eles que "vendam seu produto." É uma excelente maneira de obter novas idéias.

Reavalie-se regularmente para saber se está progredindo ou retrocedendo. Adquirir conhecimento é a chave para você fechar aquela venda.

Protegendo os Clientes de si Mesmos

Às vezes, o vendedor preparado deve – diplomaticamente, você entende – impedir que um *prospect* não tão perspicaz dê um tiro no próprio pé. Lori Farmaghetti, uma corretora de hipotecas de Nova York, sabe como proteger o *prospect* de seu maior inimigo – ele mesmo. No processo, ela fecha a venda com classe. Ela é campeã em um negócio altamente competitivo.

Farmaghetti, muito parecida tanto fisicamente como em estilo com a personagem interpretada por Marisa Tomei no filme *Meu Primo Vinnie*, sabe tudo sobre hipotecas residenciais. Ela vende com conhecimento.

"Então você pode imaginar minha surpresa quando a Sra. Sadie Cohen disse que ela e o Sr. Cohen decidiram não fazer a hipoteca com a taxa reajustável de 8,25% por cinco anos que eu havia conseguido com a Independence Services. Quase saí de mim e perguntei por quê."

A corretora intrépida descobriu que o contador da Sra. Cohen havia matado a venda porque "uma taxa fixa é sempre melhor para você."

Farmaghetti, tentou (mal e mal) manter a calma e pediu caneta e papel. "Vocês vão se aposentar em quatro anos, certo?"

Os Cohens acenaram afirmativamente com a cabeça.

"E sabem qual é sua alternativa de taxa fixa agora?"

"Sim."

"Muito bem. Isso é quanto vai lhes custar em quatro anos – US$ 48.000 e uns quebrados. Certo?"

Outro aceno.

"Agora, vocês começam pagando uma taxa de juros reajustável no mínimo por dois anos. Depois disso, o banco só pode elevá-la no máximo em 1 ponto percentual ao ano. Na pior das hipóteses, do aumento máximo, estes são os números. Vocês pagarão US$ 38.000 e uns quebrados. Isso no pior dos casos. Para mim, representa uma economia de US$ 10.000."

Mas Sadie Cohen disse, "A outra é fixa, eles não podem aumentar."

"Não, mas o que isso importa? Daqui a quatro anos vocês vão deixar a casa e vão se mudar para Newfoundland. Então, por que estão preocupados com quanto eles vão aumentar?"

Sadie irritou-se. "Vou fazer minha hipoteca sozinha!", ela gritou.

Farmaghetti, que sabia o que Sadie encontraria e o que não encontraria no mercado, encorajou-a a ir em frente. Dois dias mais tarde o telefone de Farmaghetti tocou. Uma voz arrependida disse, "Queremos uma taxa reajustável."

"Vocês estão me deixando louca," disse Farmaghetti, representando seu papel. "Mas acho que posso manter para vocês."

Então tirou os papéis da gaveta.

"Achei que ela voltaria – se o bom senso conseguisse vencer seu ego," disse Farmaghetti. "Venceu. Os contadores são assassinos de negócios. Naturalmente não a tratei com aquele ar de superioridade. Mas sem minha ajuda, ela teria caído no abismo."

Moral: Salve os pescoços deles, mas não tripudie. Um conhecimento profundo do produto coloca você anos-luz à frente na solução de problemas. É uma maneira prática de fechar a venda em sua mente antes de se encontrar com o *prospect*.

Na verdade, este inventário de conhecimento é uma postura secreta dos médicos, advogados e enfermeiros bem-treinados, uma postura que diz, "Eu sei que estou certo, mas não preciso sair por aí provando isso."

Mas uma venda unilateral é em termos uma contradição. Você é uma metade. O cliente é a outra. O papel dele é igualmente importante. Comece com uma venda sólida para você e já está com meio caminho andado.

O Pensamento Positivo de Mary Kay

Mary Kay Ash criou a Mary Kay Cosmetics Inc., uma empresa de venda direta ao cliente. Toda a carreira de Mary Kay foi estabelecida graças ao seu pensamento positivo, seu autoconhecimento e seu senso humor.

Ela odiava ver o potencial humano subdesenvolvido. "Em todos os grupos existem (1) as pessoas que fazem as coisas acontecerem, (2) aquelas que observam as coisas acontecerem, (3) as pessoas que imaginam o que aconteceu e (4) aquelas que não sabem que alguma coisa aconteceu", disse Mary Kay. "Muitos de nós morrem sem concretizar nada. Minha mãe, que trabalhava das seis da manhã às oito da noite para

Feche a Venda Primeiro em Sua Mente

nos sustentar, sempre dizia: 'Querida, você pode fazer *qualquer* coisa que quiser neste mundo!' Esse adágio tornou-se parte de minha vida."

Muitos anos atrás, Mary Kay precisava de um trabalho que lhe permitisse sustentar seus três filhos e ficar em casa parte do dia. Ela começou a vender produtos da Stanley no sistema de reuniões em casa.

"Ao final de minha terceira semana, eu vendia uma média de sete dólares por reunião," conta ela. "Naquela época, dávamos de brinde um tipo de vassoura no valor de cinco dólares à anfitriã da reunião. Portanto, você pode ver que eu operava praticamente no vermelho."

Mary Kay soube que haveria uma convenção de vendas da Stanley em Dallas. Ela tomou emprestado o dinheiro para participar. "Transformei minha caixa de mostruário em mala," relembra. "Comprei um pacote grande de bolachas e um pouco de queijo. Não tinha dinheiro sobrando para comida. Também usei um chapéu que as pessoas usavam há dez anos."

No trem para Dallas, as mulheres cantavam músicas da Stanley. Mary Kay ficou constrangida. Fingiu não fazer parte do grupo. No hotel, quando as outras mulheres decidiram sair para jantar, ela disse: "Desculpe. Tenho umas coisas para fazer no quarto." E foi comer bolachas com queijo.

Na convenção, ela viu coroarem a rainha das vendedoras e a presentearem com uma bolsa de couro de crocodilo. Naquele momento decidiu que era onde queria estar no próximo ano.

Ela foi até Frank Beveridge, o presidente da empresa e disse: "Sr. Beveridge, no ano que vem serei a rainha."

Ele a olhou nos olhos e disse: "Algo me diz que você será."

No ano seguinte ela *foi* a rainha.

"Você precisa da atitude mental certa," disse Mary Kay. "Se você pensar que consegue, consegue. Se pensar que não consegue, não vai conseguir. Sei que é uma idéia antiquada, mas é válida e ótima.

"Se você age com entusiasmo, acaba se entusiasmando. Talvez finja a princípio, mas depois acontece."

Segundo os princípios da aerodinâmica, o abelhão é um inseto muito pesado para voar, ela relata. As asas são muito fracas. Ele é cego. Mas o abelhão não sabe disso e sai voando. "Que símbolo maravilhoso para os vendedores que desconhecem que não podem voar e o fazem," ela disse.

"Todo mundo deve desenvolver uma meta. Cada um de nós possui infinitamente mais talento do que aquele que utiliza." "Tudo o que você imagina vividamente, deseja ardentemente, acredita sinceramente e faz com entusiasmo inevitavelmente acontece," diz. "Quando você quer fazer alguma coisa e não sabe como, comece de qualquer maneira – e as coisas se encaixarão."

Mary Kay acreditava que bons vendedores são ativistas. Ela lembrava aos outros: "Nas planícies da hesitação desvanecem os ossos de milhares daqueles que, à beira da vitória, hesitaram e, enquanto hesitavam, morreram."

Como se Auto-avaliar

Andrea Stone, uma exímia vendedora de serviço financeiro nacional, disse há pouco tempo: "Não progredi muito até que comecei a me avaliar. Com isso quero dizer um método sistemático de descobrir se eu estava avançando ou retrocedendo em meu fechamento de vendas."

Como ela fazia isso? "Eu usei o sistema de John D. Rockefeller," responde. "Toda noite, antes de dormir, Rockefeller gastava dez minutos revendo seu dia. Ele tentava encontrar razões para os sucessos. E analisava de forma ainda mais crítica seus fracassos."

Stone converteu este sistema para visitas de vendas. "Nos últimos dez minutos de cada dia eu repasso tudo o que aconteceu," diz. "Sou impiedosamente sincera. Se fiz uma besteira em uma visita, não tento encontrar uma desculpa. Me chamo de burra e decido ser um animal de espécie superior no futuro.

"Nos contatos de vendas bem-sucedidos, eu pergunto: Por quê? Procuro a resposta. Quando não tenho sucesso, pergunto: Por quê? Em 90 dias, depois que passei a me conhecer melhor, passei de insignificante a sucesso em vendas."

O que você busca nessas avaliações pessoais? Equilíbrio. *Autoconfiança*, por exemplo, é uma qualidade valiosa – inclusive necessária – em vendas. Mas excesso de confiança é um dano, não uma ajuda, porque leva à arrogância ou presunção – morte certa para o vendedor.

Excesso de confiança leva você a agir de forma contestadora, sua certeza faz você ganhar na argumentação mas perder a venda – você vence batalhas e perde as guerras.

É por isso que você precisa de auto-análises regularmente. Mantenha uma convicção moderada embasada na confiança dos fatos ocorridos. Aristóteles dava um nome a esta postura de fechamento. Ele a chamava de proporção áurea. Vendedores de sucesso a chamam de *postura profissional*.

Feche a Venda Primeiro em Sua Mente

Existe um sistema de comunicações que diz ao *prospect* que você *sabe* que pode vender para ele. Baseia-se em sua aparência pessoal, seus modos e como se sente em relação a ele. Um jovem vendedor brilhante de imóveis comerciais de Chicago descreveu o sistema da seguinte maneira:

"Sua aparência diz coisas sobre você antes mesmo que você abra sua boca. Em meu estudo constante sobre profissionais do ramo imobiliário, vejo uma correlação direta entre o sucesso do vendedor e a aparência.

"A aparência tem efeito direto não só sobre o cliente ou *prospect*, mas também sobre o vendedor. Você não consegue fazer um fechamento sólido se está vestindo uma camisa suja ou amassada!"

A Fórmula de Sucesso sem Preocupação de Bert

Bert Schlain acreditava que a *falta de preocupação* era um elemento que contribuía muito para fazer o fechamento em sua mente. Bert praticou isso durante anos como vendedor, gerente de vendas e consultor.

"Coloque cada dia em uma cápsula e aproveite ao máximo. O ontem é um cheque cancelado. O amanhã uma nota promissória. O hoje é dinheiro, é dinheiro vivo. É a única vida que devemos levar.

"Tensão, raiva, ódio e temperamento explosivo aumentam a pressão e resultam em indigestão, úlceras, enfartes, derrames. Evite essas emoções debilitantes."

Coma, beba e seja alegre – com bom senso e moderadamente, acreditava Bert. Se precisar beber, estabeleça um limite sensato e atenha-se a ele.

Sobre cerveja: "Um pouco é um tônico, demais é teutônico," disse. "Vá dormir num estado de serenidade mental. Se gosta de ler na cama, evite livros de ação, suspense ou mistério. Escolha viagens, filosofia, história – assuntos relaxantes e tranqüilizantes.

"Não arrume problemas. Muitos problemas previstos nunca acontecem. Cumpra as tarefas de hoje, hoje – começando pelas mais urgentes e prosseguindo para as menos iminentes. Basta, para cada dia, o seu mal."

Você pode ser velho aos 30 e jovem aos 70, disse Bert Schlain. "Se você tem planos para aprender e fazer coisas novas, visitar lugares novos, conhecer pessoas novas, vivenciar experiências novas e experimentar diversões novas, será eternamente jovem!

"A preocupação sem motivo não traz benefícios. Só piora seu estado emocional. Encontre prazer em fazer os outros felizes. Em viver cada momento de cada dia. Deixe os acontecimentos tristes para as páginas de seu livro de memórias. Continue realizando, planejando, alcançando e aproveitando!"

Outro sábio conselheiro, Leroy (Satchel), colocou assim: "Modere nos maus hábitos. Badalação não descansa. Não coma frituras, elas irritam o sangue. Não olhe para trás, algo pode estar se aproximando de você."

CINCO

Feche a Venda: Capitalizando nos Pontos Fracos do Comprador

Joe Bowlin, um sábio executivo de Fort Worth, se lembra de um vendedor que *não* tratava o problema sob o ponto de vista do *prospect*. "Ele veio me fazer uma visita, um sujeito jovem e simpático," disse Joe. "Ele queria me vender um equipamento de que eu precisava em meu serviço. Falou sobre um novo modelo lançado por sua empresa. Olhei os catálogos e disse a ele que não tinha gostado.

"Ele não conhecia meus problemas e também não tentou descobrir. Em vez disso, disse apenas que o equipamento funcionaria. Ele tentou me pressionar para descobrir exatamente por que eu não queria? Não. Simplesmente disse que o equipamento era excelente e que, com certeza, resolveria meus problemas (que ele nem conhecia e nem tentou conhecer).

"Ele não fez uma venda," concluiu Joe, "nenhum vendedor faz uma venda enquanto não conhece os problemas do comprador – isto é, qual é o ponto vulnerável."

Quanto maior a precisão com que você identifica as fraquezas do comprador e aplica sua pressão de venda, mais seguro está do fechamento.

Um sábio vendedor disse certa vez: "Não há esperança para a pessoa satisfeita." Também não há chance de vender para ela. A menos que encontre um cliente insatisfeito (o que é fácil) ou crie uma insatisfação (que também é fácil), você não consegue fechar vendas.

Problemas são o ponto fraco de grande parte dos *prospects* – problemas que os incomodam, problemas que precisam de soluções. Adivinhe quem se oferece para ajudar? Você. Se você resolve o problema do comprador, fecha a venda. A fraqueza – necessidade – do comprador é a sua força.

Três Importantes Complexos Que Dão a Você Força de Fechamento

Complexo é uma condição que causa profundos problemas emocionais. Conhecer os complexos do *prospect* proporciona a você força de fechamento.

- O *complexo de ego* é o instinto de autopreservação. Você o identifica na forma como reage, na vaidade, no orgulho, nos temores.
- O *complexo de sexo* inclui o instinto de acasalamento – amor, ciúmes, instinto paternal.
- O *complexo de horda* nos estimula a confraternizar – a sentir solidão e isolamento na ausência de outras pessoas. Constrói amizades e nos dá compaixão pelos (e confiança nos) outros. Governa nossos relacionamentos com outros seres humanos.

Reconheça e isole esses complexos para entender as mudanças de atitude do comprador no fechamento de um negócio.

Capitalizando na Psicologia de Massa

Você está em vias de fechar uma venda. Tem certeza de que o *prospect* vai comprar; tudo indica isso. O comprador concorda com tudo o que você diz.

Então, de repente, ele muda completamente e se torna agressivo e insolente. A mudança no comportamento deixa você confuso. Por que essa virada repentina? A ciência tem a resposta. No momento da compra, o comprador não está em seu estado normal. Ele se torna anormal.

Por muitos anos, os vendedores atuavam às cegas, algumas vezes vendiam, freqüentemente não, e imaginavam por que o comprador era tão volúvel – num minuto, racional e genial, e no minuto seguinte, limitado, irracional, impossível.

No fechamento de um negócio, os compradores não pensam da maneira como geralmente fazem; deixam de ser as pessoas que eram alguns momentos antes. Ficam totalmente diferentes.

Na verdade, as reações do comprador no fechamento são mais semelhantes ao comportamento de massa do que individual, segundo o Dr. Donald Laird, anteriormente da Colgate University. As massas não raciocinam, agem emocionalmente, são facilmente influenciáveis e controladas por uma pessoa que entende a diferença entre massa e indivíduo.

No momento do fechamento de uma venda, você não está lidando com um indivíduo em seu estado normal, mas com a mente sensível, crítica e emotiva das massas.

Este conhecimento lhe permitirá entender perfeitamente por que o comprador é tão crítico, irracional e por que diz coisas estranhas e inconvenientes.

Lembre-se de que um comprador no fechamento pensa mais com a mente de uma massa do que com a de um indivíduo. Massas são medrosas. São capazes de grande heroísmo e igualmente de grande covardia. Dez minutos após heroicamente alcançar uma praia invadida, uma tropa de infantaria pode repentinamente ser tomada pelo terror, baixar armas e fugir. Geralmente não há uma razão lógica para isso. As massas são imprevisíveis.

Uma autoridade em massas, Gustav Le Bon, diz que para lidar com massas – e isso se aplica a indivíduos com mente de massa no momento da compra – você deve:

- assegurar com afirmações;
- fazer a massa entender por repetição;
- inspirar dando exemplo.

Para fechar o negócio, cite frases tranqüilizadoras e testemunhos para superar o medo do comprador. Repita a mesma idéia com palavras diferentes para afastar as famigeradas inseguranças. Inspire-o com exemplos de autoconfiança, com entusiasmo por seu próprio produto e, claro, com seu conhecimento de como solucionar problemas.

Entendendo Nove Tipos de Comprador

Para entender por que seu comprador age como uma massa na hora do fechamento, fique ao lado dele na mesa.

Segundo o Dr. Vincent S. Flowers, da North Texas State Univesity, e o Dr. Charles C. Hughes, consultor administrativo, as nove maneiras diferentes em que seu cliente pensa como uma multidão estão apresentadas a seguir. Entendê-las irá melhorar sua média de fechamento.

1. Clientes *tribalistas* não têm valores pessoais de compra. Eles aceitam cegamente as preferências de autoridades. Suas convicções originam-se de um líder, dos pais, do marido, da esposa ou do chefe.

Para comprar, eles devem saber que seu produto ou serviço não viola a tradição tribal. Para vender a este cliente, você deve ser tranqüilizador – não despreocupado, racional ou objetivo. Ajude-o a manter sua boa reputação no grupo, reforçando o respeito do chefe tribal. Testemunhos de figuras públicas vão bem aqui.

2. O comprador *egocêntrico*, que rejeita os valores tribais e torna-se exageradamente agressivo. Este indivíduo rude *torna-se* seu próprio chefe tribal e diz: "O mundo que se dane. Eu tenho opinião própria."

Às vezes, este cliente egocêntrico, para quem os vendedores são exploradores, contra-atacam procurando extorquir você *primeiro*. Tudo vale no esforço do egocêntrico para dominar e vencer.

Jogue o jogo do egocêntrico. Se ele bancar o trapaceiro, seja um trapaceiro melhor. Se ele bancar o durão, seja mais duro. O egocêntrico geralmente não está preocupado com a segurança, durabilidade, economia ou garantia do produto. Preocupa-se mais com a aparência, entrega, status e a capacidade de o produto simbolizar seu individualismo e poder.

Uma vez que o egocêntrico decide-se pela compra, quer entrega imediata, não em 60 dias. Envolvimento de longo prazo não faz o estilo do egocêntrico. Faça acordos financeiros completos a cada vez. Não espere que compras repetidas ocorram facilmente.

3. Compradores *conformistas* têm dificuldade em aceitar pessoas com outros valores. Eles tentam fazer os outros aceitarem os valores *deles*, geralmente subordinados a uma filosofia, causa ou religião. Eles tendem a ter vocações disciplinadas com regras claramente definidas.

Os conformistas buscam segurança, durabilidade, economia ou garantia do produto e marcas de empresas estáveis e confiáveis. Não definem tendências. Relutam a mudanças. São obstinados.

Sua melhor estratégia é ser profissional e objetivo com apresentações bem-estruturadas. Ressalte que "todo mundo está comprando." Vista-se de modo conservador. Evite comentários sobre religião, política ou sexo. Marque um horário exato para a apresentação e esteja lá. Seja preciso em cada detalhe.

4. Compradores *manipuladores* gostam de estratagemas, política, competição e táticas empresariais. Eles medem o sucesso com base em posses, *status* e dinheiro. Respondem bem a apresentações rápidas. Não precisam de detalhes. Apresente os destaques simplesmente e espere pelas perguntas. Certifique-se de ter mais benefícios de reserva quando fizer a apresentação.

Feche a Venda: Capitalizando nos Pontos Fracos do Comprador

Os clientes manipuladores geralmente tentam negociar o preço. Eles exigem um contrato por escrito com cláusulas de exoneração de responsabilidade. A estratégia é deixar que acreditem que venceram o jogo – enquanto você faz a venda.

5. Os *sociocêntricos* valorizam o relacionamento em vez do sucesso. A aprovação de líderes sociais respeitados vale mais do que as conquistas individuais. Ao lidar com um sociocêntrico, relacione seu produto ou serviço à sociedade. Deixe de lado símbolos de status, poder e ganhos materiais. Enfatize a preservação do ambiente, bom gosto, respeito, responsabilidade social e os benefícios para as pessoas.

   Os sociocêntricos preferem você como amigo, não como fornecedor. Seja flexível. Não ameace o senso deles de propriedade. Quando fizer a venda, talvez eles levem *você* para almoçar.

6. Os *existencialistas* devem participar da venda; não podem ser meros espectadores. Apresente o problema, dê a eles acesso às informações e deixe que tomem suas próprias decisões. Crie uma regra de participação para eles em sua demonstração. Enfatize a solução de problemas. O preço tem importância secundária.

   Seja flexível e espontâneo. Enfatize a simplicidade e a ética. Evite a formalidade, símbolos de status, conformidade, lucratividade, poder e benefícios restritos. Dê aos benefícios um viés para aceitação de sua pessoa, sua empresa e seu produto.

7. O *protelador determinado* teme ser pressionado ou iludido a comprar um produto. Ele quer ter a última palavra, seu respeito próprio e integridade intactos. Este *prospect* diz à sua família ou sócios que não tomará uma decisão de compra no mesmo dia. Essa atitude lhe dá a segurança de que não pode ser levado a comprar. O *prospect* tem toda a intenção de manter esse compromisso não-hoje.

   O vendedor experiente combate o protelador determinado com lógica e charme, um pouco de entusiasmo e boas ofertas surpresa.

8. *Seu credo: ganância.* Não desonestidade exatamente, mas ele quer usar seu dinheiro para obter o máximo de vantagem. Quer o melhor negócio possível e usará todas as artimanhas para consegui-lo, inclusive "Tenho uma oferta melhor em outro lugar."

   O vendedor experiente tem sucesso com *prospects* gananciosos. Ele sempre pode propor uma oferta final de fechamento para saciar a ganância.

9. O cliente *herói* se vê como o bom moço. Tem o dinheiro e o poder para dizer sim. Ele vê o vendedor como o bandido, pronto para armar uma cilada. Portanto, se o herói distorce a verdade ou engana o bandido, é justo. O vendedor sábio joga o jogo até que possa dizer: "Por favor, rubrique aqui, Sr. Herói."

Lidando com Mudanças de Atitude

Você está explicando sua proposta a um comprador. Está fazendo um bom progresso. Ele ouve gentilmente; faz perguntas inteligentes. Mas à medida que você se aproxima do fechamento, a atitude dele muda. Ele parece surpreso e torna-se crítico, ofende-se com facilidade e mostra-se vago. Ele usa sua observação mais inofensiva para frustrar a venda.

Um comprador pode ser impertinente. Outro pode lançar mão da prática tradicional de levar você até a porta. Um terceiro pode não abrir a boca. Um quarto tenta colocar você na defensiva com um interrogatório. Um quinto pode ignorá-lo.

Algumas vezes o cliente pode desenvolver um senso exagerado de sua importância. Entretanto, antes de se tornar um comprador, ele provavelmente era uma pessoa modesta. O exagero de importância o tornou alguém totalmente diferente. Reconheça isso e faça a venda apesar de tudo.

Todos apresentam defesas contra a venda.

Para fechar, sua missão é encontrar uma brecha nessas defesas. Lembre-se da estratégia militar clássica: ataque onde a defesa é mais fraca.

Duas maneiras de verbalizar isso:

1. Você pagará um adicional se comprar nosso produto hoje, é claro. Mas pagará um adicional muito maior se não comprá-lo hoje."
2. "Você deve ser inteligente para ganhar dinheiro, mas bem mais inteligente para mantê-lo."

As defesas do comprador se resumem a uma condição: medo. O comprador está pensando:

- "Estou cometendo um erro comprando o que você vende?"
- "Meu chefe odiará esta decisão?"
- "Vou ter o que meu dinheiro vale?"
- "Devo esperar para fazer um negócio melhor mais adiante?"

Feche a Venda: Capitalizando nos Pontos Fracos do Comprador

- "Estou agindo sem pensar o suficiente?"
- "Como sei se o vendedor é honesto?"
- "Seria melhor guardar meu dinheiro, não comprar nada e continuar como estou?"
- "Vou perder meu dinheiro ganho a duras custas?"
- "Devo pedir a opinião de alguém?"

Medos, medos, medos. Ocupando a mente, deixando o comprador inseguro, complicando sua venda. Você deve vencer os medos. Existe um único antídoto para os medos do comprador: segurança.

Aplicando o Poder de Assegurar

Assegure seus compradores de que estão agindo sabiamente, com prudência e fazendo valer seu dinheiro. A oportunidade de compra que você está lhes proporcionando é exatamente o que o bom senso diz a eles para comprar – em valor, satisfação e gratificação.

O que exatamente é assegurar? No momento da compra, a confiança de um *prospect* vacila. É o *remorso do comprador*. A firmeza de suas opiniões e julgamento fica abalada. Eles precisam de uma injeção de confiança e coragem. Ele precisam sentir-se seguros.

Assegure seu cliente pelo que você *faz* (suas ações e atitudes) e pelo que *diz*. Sua atitude cria segurança – a simples atitude equilibrada do profissional; a discreta autoconfiança de quem sabe. Você deve *saber* que sabe. Certifique-se de que seu comprador sabe que você sabe.

Atitude é sua qualidade mais importante para dar segurança ao cliente, seguido do que você fala, é claro.

Recentemente, considerei a compra de um equipamento de escritório desconhecido. Estava incerto e indeciso. O vendedor esperto percebeu isso. Ele mediu meu pânico do último minuto da compra.

"Sei exatamente como se sente," ele disse. "Você não tem certeza se esta máquina fará o que promete. Não é verdade?"

Admiti que sim.

"Neste caso, teste a máquina e veja por si mesmo. Vamos colocá-la em seu escritório. Compare com seu equipamento atual. Deixe os resultados reais decidirem por você. É a melhor maneira de resolvermos o assunto, você não acha?"

Este fechamento hábil em um momento crítico deu-me segurança. Fiquei imbuído de sua confiança. "Esqueça o teste," disse. "Instale a máquina."

O vendedor eficiente reconheceu que, se não eliminasse meus medos e dúvidas, não faria a venda. Muito melhor do que falar, ele tomou uma atitude corajosa – deixar-me ser o juiz. Funcionou. Vendeu imediatamente. (Minha intuição dizia: "Se ele está oferecendo um teste, quem precisa testar?")

Quando você perceber uma dúvida séria de performance do produto que você está vendendo, ofereça um teste. Normalmente o *prospect* não aceita. Sua oferta de teste será suficientemente asseguradora.

Evidências (fatos, números, cartas de autoridades ou de usuários satisfeitos, reportagens, fotografias) asseguram o *prospect* na hora do fechamento. Eles anseiam por evidências – evidências que você deve prover para construir ou restabelecer a convicção.

Freqüentemente a dúvida assume a forma de perguntas. Não estrague suas chances por não saber como aconselhar. O *prospect* que pede conselho está indeciso. Se você não for capaz de oferecer conselho, o comprador irá procurar em outro lugar, com outra pessoa. Você perde a venda.

Eu estava experimentando ternos em uma loja de roupas. Nós (o vendedor e eu) reduzimos as opções a duas. Eu não sabia qual escolher. As dúvidas do comprador começaram a encher minha mente. Precisava ser aconselhado e assegurado.

"Qual deles você acha melhor?" Perguntei ao vendedor.

"Bem, isso é você quem decide," ele respondeu. "É você que vai usar."

Essa é a frase de fechamento mais inadequada que já ouvi. Eu a indiquei para *Livro Guiness de Recordes Mundiais*. Ele destruiu minha confiança. Eu fui embora. Um conselho *mínimo* teria fechado a venda.

Quando o *prospect* pede conselho, dê. Facilite a compra.

P.S. Um bom conselho não brota espontaneamente da cabeça de Zeus, o Vendedor. Requer *preparação* e lição de casa. Disse o suficiente?

Aproveitando o Apelo da Venda por Catálogo

Uma boa propaganda – assegurada por via impressa – lhe diz como superar o medo. Os clientes buscam evitar a perda de popularidade, perda de prestígio, falta de segurança, falta de amor. Deixe que os anúncios inspirem você a verbalizar melhor.

Feche a Venda: Capitalizando nos Pontos Fracos do Comprador

Frank Brumbaugh nos lembra que o consumidor americano:

- Tem dinheiro para gastar e gastará se o apelo for para necessidades e desejos básicos.
- Tolera pequenos atrasos.
- É basicamente honesto.
- É ganancioso, mas não genuinamente ambicioso.
- É um tanto preguiçoso e quer o conhecimento servido em pequenas doses.
- Quer tudo facilitado e não gosta de pensar.
- Detesta venda agressiva e muito intelectual.
- Responde a abordagens amigáveis.
- Não gosta de escrever cartas (mas o e-mail pegou)
- Freqüentemente gerencia mal seu tempo e seu dinheiro, mas está sempre procurando pechinchas.
- Não gosta de assumir riscos, mas arriscará pequenas quantias.
- Deseja segurança sem esforço ou risco.
- Sente-se frustrado com a mudança de padrões da vida moderna.
- Quer voltar "aos velhos tempos" ou pensa que quer.
- É ingênuo e supersticioso, mas não admite nenhum dos dois.
- Tem medo de tudo o que não entende.
- Geralmente age incoerentemente e está sempre desconfiado.
- Gosta de ser o primeiro a ter algo novo.
- Quer economizar tempo.
- Tem senso de humor.
- É receptivo ao apelo sexual se apresentado com bom gosto.
- Adora devanear. Tem um complexo secreto do grupo de rock Walter Mitty.
- Quer embelezar o ambiente pessoal/profissional.

"Instintos básicos e emoções," diz Brumbaugh, "são confiáveis e tão constantes quanto o sol e a lua. Produtos e serviços dirigidos a esses instintos e emoções terão resultado enquanto as pessoas habitarem a Terra" (disse um sarcástico: "O quê? Só até lá?").

Como é valioso apelar para necessidades básicas e superar medos de fim de partida!

Desvendando as Necessidades Ocultas de seu *Prospect*

Vendedores experientes focam nas necessidades reais do cliente, que geralmente não são as necessidades *expressadas*.

George Higpen, um vendedor de publicidade em outdoor de Nebraska, fez uma visita a Samuel Geist, dono de uma loja de departamentos. O *prospect* mostrou-se altamente resistente. Várias vezes ele disse a Higpen: "Escute, não quero nenhuma promoção pessoal, portanto, pode esquecer."

Na verdade, Higpen não havia planejado uma campanha individualizada. Mas após Geist repetir "promoção pessoal" várias vezes, Higpen percebeu uma necessidade *real* disso. Ele voltou com uma campanha baseada em Geist, falando positivamente de sua loja, assuntos relacionados a várias questões locais vitais. Ele fechou a venda.

"A maioria das pessoas detesta admitir que busca reconhecimento pessoal," disse Higpen. "Elas acham que isso as faz parecer egocêntricas, portanto articulam o oposto do que de fato querem. Isso é particularmente verdadeiro se o *prospect* repete várias vezes a mesma frase. É uma denúncia fatal!"

Para descobrir as necessidades reais de seu prospect, aprenda a reconhecer essas motivações humanas e transforme-as em fechamento de vendas:

- Segurança (proventos, não ter preocupação financeira).
- Autopreservação (segurança e saúde pessoal e da família).
- Conveniência (conforto, uso mais proveitoso do tempo).
- Despreocupação (paz de espírito, confiança).
- Reconhecimento (status social, respeitabilidade, desejo de ser admirado).
- Aprimoramento pessoal (desenvolvimento espiritual, desejo de conhecimento, estímulo intelectual).

Esses desejos combinados estão presentes em muitas situações de compra:

Alimentos, roupas, moradia. Toda pessoa civilizada é um consumidor desses itens.

Supérfluos como necessidades. Na sociedade moderna, alguns produtos tornaram-se "necessidades," embora não sejam essenciais para a sobrevivência. Exemplos:

dois automóveis, controle remoto, correio eletrônico em casa ou no escritório, equipamento de vídeo, telefone celular, filmadoras.

Lucro. Convencer o varejista de que ele pode vender mais sua marca X do que a marca Y ou de que ele pode ganhar dinheiro vendendo sua marca X.

O agente imobiliário esperto ressalta o alto retorno com uma entrada pequena. O consultor de investimentos traça padrões de crescimento do mercado de ações e projeta padrões semelhantes para o futuro. O corretor da bolsa demonstra as vantagens tributárias de comprar títulos públicos. O desejo por lucro e o medo da falta de segurança são imagens espelhadas.

Eficiência empresarial. Um vendedor de equipamentos de escritório mostra ao comprador que seu produto economiza tempo, elimina erros, melhora a eficiência e, portanto, aumenta o lucro, ressaltando a segurança, a conveniência e o lucro com seu uso.

Reconhecimento. Quantas pessoas compram imóveis, jóias, roupas chiques e constroem piscinas no jardim para impressionar os outros?

Paz de espírito. Produtos e serviços que trazem tranqüilidade – desde carrinhos de bebê seguros a previdência privada e seguros de vida. Os americanos gastam milhões de dólares em medicina preventiva a cada ano. Se seu produto gera tranqüilidade, você tem uma mina de ouro.

Superando Três Medos Básicos do Comprador

Quais são os medos fundamentais do comprador que você deve superar na venda?

1. Os compradores têm medo de que perderão dinheiro ou não obterão o que seu dinheiro vale; que serão enganados; que você esteja tentando fazê-los comprar algo que custa mais caro do que podem pagar.
2. Os compradores têm medo de que o produto ou serviço possa não ser realmente como é apresentado, que não vale o que custa. Eles se sentem particularmente hesitantes em comprar algo *novo*. Mas, ao mesmo tempo, eles adoram ser os primeiros em seus círculos de relacionamentos a ter um produto novo e surpreendente. "É muito simples," diz a publicitária de Nova York, Elaine Siegel. "Eles querem um produto novo e dinâmico que foi minuciosamente testado no mercado. Isso não é uma afirmação confli-

tante quando consideramos uma marca conhecida que já abriu uma porta na mente do comprador."
3. Os compradores têm muito medo do que os outros podem pensar. Talvez seus parceiros vão ridicularizá-los. Ou a vizinhança rirá dele. Ou alguém que o comprador respeita zombará de uma escolha insensata.

Dinheiro é o assunto sobre o qual pensamos a maior parte do tempo. Abominamos perder dinheiro mais do que qualquer coisa. O antídoto para o medo relacionado a dinheiro é estar seguro profissionalmente.

Para vencer medos relacionados a dinheiro, é preciso considerar números e fatos ao dar segurança ao comprador. Mostre ao comprador, por escrito, que ele está verdadeiramente obtendo valor. Testemunhos ajudam a vencer medos relacionados a dinheiro. Nada supera o testemunho para dar segurança à falta de coragem.

O *prospect* tem medo do produto em si? Isso geralmente remonta a uma venda mal conduzida antes do fechamento. Crie um entendimento absoluto e diferenciado do comprador em cada estágio da conversa. Quando o comprador entende os benefícios, sobra pouco espaço para o medo.

Se, a despeito de seu empenho, o comprador ainda estiver em dúvida, apresente as evidências que provam o valor novamente.

Outra causa de medo é relacionada ao que os outros pensam. Assegure ao comprador de que está fazendo a coisa certa na visão de alguém que você sabe que ele respeita ou teme. Mostre como esta ação proporciona crédito ao comprador e como os outros entenderão também que foi uma decisão sábia.

Os compradores são humanos o bastante para querer aprovação. Mostre a eles uma lista de empresas ou executivos respeitados que adquiriram seu produto ou serviço.

Fechando com Zombaria

Daniel Brewer, que vende equipamentos de escritório, usa a zombaria – geralmente uma opção arriscada – para vender impressoras para escritórios regionais de companhias aéreas.

"O gerente do escritório queria comprar," disse o vendedor, "mas tinha medo de que seus superiores o criticassem, então a venda furou. Liguei insistentemente. Discuti comigo mesmo sobre a irracionalidade de manter impressoras obsoletas. Isso não era bom.

Feche a Venda: Capitalizando nos Pontos Fracos do Comprador

"Imaginei que se pudesse apelar para seu orgulho, conseguiria eliminar o medo. Então, na visita seguinte, bati sobre sua impressora matricial e disse (alto para todos ouvirem): 'Ford Modelo T! Ford Modelo T!'"

"O que você quer dizer com Ford Modelo T?", o gerente perguntou.

"Ford T. Um calhambeque. Excelente carro no seu tempo. Assim como a impressora matricial. Mas uma relíquia hoje!", disse Brewer.

Isso impressionou o *prospect*. Ele ficou pensando seriamente. Dois dias mais tarde, ele ligou e pediu a Brewer para substituir suas impressoras atuais por impressoras *lasers*.

"O medo do comprador de gastar dinheiro foi mais do que neutralizado ao atacar seu orgulho por comandar um escritório cheio de calhambeques," disse Brewer.

"É claro, eu não faria isso com todos os *prospects* – é perigoso –, mas eu conhecia meu homem e previ sua reação."

Vendendo o Empire

Joseph P. Day, o grande leiloeiro de Nova York, vendeu o Empire Building para o juiz Elbert H. Gary, fundador da U.S. Steel, vencendo o medo.

O juiz Gary queria comprar um prédio, mas nada do que Day mostrava o agradava. Day percebeu que, no seu íntimo, o juiz queria comprar o prédio onde a U.S. Steel sempre alugou escritórios. Ele também percebeu que o obstáculo era o medo que Gary tinha em relação ao que os outros executivos pensariam – os executivos que queriam "algo moderno." Mas Gary nunca disse isso com palavras.

Ao contrário, fez objeções ao Empire State – trabalho em madeira antiquado, localização ruim etc. Day sabia que esses argumentos não eram obra de Gary. Day também sabia que devia ajudar seu *prospect* a superar essas objeções. Então, ele disse calmamente, "Juiz, onde era seu escritório quando o senhor veio para Nova York?"

O juiz Gary fez uma pausa. "Aqui neste prédio," ele disse.

"Onde foi fundada a U.S. Steel?"

"Bem aqui, neste escritório," ele respondeu.

Ambos permaneceram em silêncio. Por fim, o juiz disse: "Praticamente todos os meus executivos mais jovens querem sair deste prédio. Mas é nosso lar. Nascemos aqui. Crescemos aqui. E é aqui que vamos ficar."

Day ajudou o juiz Gary a articular sua defesa. Em meia hora, o negócio estava fechado. O perspicaz Day deixou o juiz vender para si próprio. Ele ajudou seu *prospect* a vencer o medo da opinião dos outros para que pudesse decidir comprar.

Os compradores na iminência de gastar dinheiro devem ter a segurança de que estão agindo sabiamente. Eles podem ficar silenciosos – até inexpressivos. Os compradores precisam que você dê segurança a eles – precisam de sua confirmação de que a transação é a coisa mais sábia que podem fazer naquela circunstância. Todo comprador tem seus medos. Você deve fazer com que ele os supere para que possa prosseguir com o fechamento da venda.

Aniquilando o Medo do Pedido

Um cliente que vem lhe dando atenção e concordando com o que você diz, de repente foge, feito um bandido, no momento de fechar o pedido. Muitos negócios são arruinados quando o vendedor apresenta a papelada do contrato da maneira ou na hora erradas.

O bloco do pedido desencadeia emoções anormais. Os compradores respondem ao medo de colocar seu nome no papel. Ficam apavorados.

Vejamos o exemplo dos treinadores de cavalos. Quando um treinador arreia um cavalo pela primeira vez, ele deixa que o animal cheire a rédea. Deixa que o cavalo sinta o arreio primeiro. Isso familiariza o cavalo com o objeto e torna o fechamento – isto é, o treinamento – muito mais fácil. Os compradores rejeitam o desconhecido, assim como os cavalos.

Lide com o bloco do pedido de forma que ele não assuste o comprador. Apresente-o no *início* das conversações. Deixe que o comprador se acostume gradualmente com ele. Mostre-o casualmente, fale sobre ele, leia algum trecho, mantenha-o à vista durante a visita. Quando chegar a hora do "assine aqui," o comprador não terá motivo para temer aquilo que já lhe é familiar.

Um gerente de vendas inteligente criou um catálogo combinando o bloco de pedido com a lista de preços (em seu ramo, os preços mudam diariamente). A primeira coisa que o comprador quer saber é o preço. O vendedor coloca o catálogo sobre a mesa, abre e faz o orçamento.

O comprador está frente a frente com o pedido em branco sem saber disso. O próximo passo lógico é fazer o pedido. Tudo tão simples, tão natural, tão lógico. Isso elimina uma barreira que, na verdade, não existe na hora do fechamento.

Respostas Diretas que Dão Segurança

Às vezes, a fraqueza do comprador aparece focada em um problema: o medo de assumir risco. Quando isso acontecer, tente responder objetivamente:

"É possível que no momento isso não seja algo confortável. Quando aprendeu a dirigir, sentiu-se confortável? Quando conseguiu seu primeiro emprego, sentiu-se confortável? Já iniciou alguma coisa que parecia confortável no primeiro dia? Não. Bem, aqui ocorre o mesmo. Sei que em poucas semanas se sentirá confortável e terá orgulho de sua decisão."

"Sabemos que parece uma decisão arriscada. Por isso estamos preparados para trabalhar em dobro para deixá-lo satisfeito."

"É exatamente o motivo pelo qual sugeri fazer o investimento agora. Há risco em todos os investimentos. Até mesmo um crediário com pequena taxa de juros não é garantido. Bancos também falham. Este é o momento mais seguro para investir. Todos os indicadores econômicos dizem que a oportunidade de retorno agora é grande e que a probabilidade de perda é muito baixa."

Agora você possui embasamento para fechar mais vendas – transformar as fraquezas do comprador em poder de fechamento.

SEIS

Como os *Prospects* Dizem Que É Hora de Fechar

Alguns anos atrás, na venda pessoal, você esperava pelo momento psicológico certo para fechar, aquele instante fundamental quando tudo estava *perfeito*. A mente do *prospect* estava receptiva. Suas resistências neutralizadas. Sua carteira aberta. Ele era todo seu.

Hoje, é claro, nos tempos em que há todo tipo de consultoria orientada para o cliente, o momento psicológico foi substituído por outra convicção: fechar quando o *prospect* lhe diz para fechar.

Isso significa que não existe uma única hora certa para fechar. Existem várias. Aproveite o primeiro sinal sempre que possível e feche no segundo de muitos no dia.

Através do fechamento experimental (uma pergunta de fechamento inocente que parece uma conversa), você determina se o comprador está pronto ou não. Se estiver, é só finalizar. Caso contrário, enfatize os benefícios da compra e tente novamente. Como disse um câmera ao lendário diretor de cinema Cecil B. DeMille: "Estou pronto quando você estiver, C.B." Esteja sempre pronto para fechar.

"Uma ousadia decente," aconselhou Lorde Chesterfield, "sempre ganha respeito." Aproveite o sinal de compra antes que a venda esfrie. Ousadia ganha respeito e pedidos. Existem momentos em cada venda em que você não tem nada a perder e tudo a ganhar arriscando.

Uma vendedora, profissional experiente, deparou-se com uma resistência inesperada. O comprador da loja de departamentos disparou todas as objeções, incluindo alguns pequenos insultos. A vendedora interrompeu o *prospect* no meio de uma frase. "Espere um minuto, por favor, enquanto eu anoto isso."

"Anota o quê?" perguntou o comprador.

"Seu pedido."

"Mas eu não vou comprar. Já disse isso a você."

"Eu sei, eu sei. Ouvi o que disse. Mas suas palavras me convenceram de que precisa de minha linha."

A ousadia venceu. O *prospect* assinou!

Quando achar que o *prospect* está pronto para fechar, avance. Não diga nada e não faça nada a menos que isso enfatize a convicção de que seu cliente vai comprar. Suponha que a única questão real é *quando*.

Fechando a Transação Milionária de Obras de Arte

O processo de fechamento que resultou na compra e doação de uma inestimável escultura de Henry Moore (avaliada na época em 250 mil dólares) foi quase uma obra de arte em si.

Richard e Elizabeth Ross compraram a peça para o Museu Columbus (em Ohio) de uma galeria de arte em Londres (Marlborough) e a transação levou *seis meses* para ser concluída, segundo Budd Harris Bishop, ex-diretor do museu e mundialmente famoso por aquisições desse porte, que intermediou o processo.

"Meu trabalho," disse Bishop, "era avaliar nossas prioridades de arte e sondar doadores. Minha missão era motivar a doação de arte ao museu. No caso, conseguir o acordo de doação era o fechamento. Dificilmente um negócio, como sempre!"

A obra de Moore, *3-Piece Reclining Figure: Draped,* é uma escultura em bronze de uma mulher deitada e reclinada. Hoje esta escultura está avaliada em mais de 4 milhões de dólares. Os doadores, os Ross, queriam atingir o mais alto padrão do museu.

Bishop e sua esposa, Julia, tornaram-se verdadeiros amigos de Richard e Elizabeth Ross (ela fazia parte da diretoria do museu) e, em certa ocasião, viajaram juntos a Londres para ver a escultura de Moore na renomada Serpentine Gallery, no Hyde Park.

"Neste tipo de amizade, minha esposa, Julia, desempenhou um papel fundamental," disse Bishop. Mas essa proximidade era uma faca de dois gumes. "Eu tinha a impressão de que eles pretendiam doar a obra, mas ninguém discutia o assunto."

A experiência de Bishop em negociações delicadas lhe dizia: "Não force a barra demais. Espere até que os doadores mencionem a doação" (isto é, o fechamento do negócio).

Semanas após a visita a Londres, Bishop concordou em acompanhar Libby Ross a um almoço promocional de artes. No carro, Bishop decidiu que era "agora ou nunca."

"Foi fruto da minha imaginação lá em Londres ou vocês estavam mesmo considerando presentear o museu? Fiz ou disse alguma coisa que desencorajou vocês?"

"Não," ela respondeu. "Vocês *gostariam* que nós déssemos aquela escultura ao museu?

"Por Deus, sim!" ele disse, quase perdendo o controle do carro.

"Está bem," ela disse, "Faremos isso."

"Você se importa de me contar por que esperou até agora para dizer isso?", ele perguntou.

"Bem, você sabe, é bom quando nos perguntam."

Em retrospecto, o vendedor Bishop resolveu nunca agir reservadamente com um amigo. "Agora sei não esperar para fechar – até mesmo com amigos cujos status e refinamento podem ser intimidadores. Se tivesse esperado muito mais, meu museu teria perdido uma obra sensacional de Moore e – oh, sim – eu, uma impressionante arrancada profissional."

Como Tentativas de Fechamento de um Negócio Oferecem Sinais de Compra

Ao implementar o fechamento de um negócio, você terá muito mais confiança depois que aprender a conhecer quando o comprador está pronto. Mantenha-se atento aos sinais de compra – é possível aprendê-los.

Certamente você pode se deparar com alguns blefadores. Mas a maioria dos compradores dá dicas por meio de pequenas coisas. Mesmo quando o comprador expressa grande interesse e poder de compra, você deve tomar a iniciativa. Compradores, por definição, são tipos que hesitam nas decisões.

Na dúvida, parta para o fechamento. Alguns vendedores – que apreciam suas próprias vozes – falam *mais tempo* do que o necessário quando o *prospect* está pronto. Antes cedo do que tarde demais. Se for realmente muito cedo, os compradores lhe *dirão* isso, também. Tente novamente. Seu lema: ABC – sempre fechando.[1]

Como saber? Interpretando *sinais de compra* e usando *tentativas de fechamento*.

Sinais de compra. Nas vendas de imóveis, o *prospect* está pronto para comprar quando comenta sobre o quanto um ambiente é espaçoso, ou sobre como os móveis combinam com o carpete, ou quando pede para ver um ambiente de novo.

---

[1] N. da T.: ABC significa sempre fechando em inglês (*always be closing*).

Outros sinais claros de compra:

- "A geladeira está incluída?"
- "As cortinas ficam?"
- "Quanto vou pagar por mês?"

Freqüentemente, os sinais de compra não são verbais: um comprador, antes ansioso, começa a relaxar; torna-se repentinamente mais amistoso; passa a tratar você pelo primeiro nome; oferece ou pede um café.

Tentativas de fechamento. Uma tentativa de fechamento é um termômetro para determinar se o *prospect* está frio, morno ou quente em relação à compra. Quando o comprador não produz sinais de compra ou quando a sinalização está confusa, a tentativa de fechamento pode clarear o horizonte.

Uma tentativa de fechamento pede uma opinião, que para um *prospect* é muito mais fácil do que tomar uma decisão. Se você receber um não em sua tentativa de fechamento, não perdeu a venda. Ganhou uma noção do que o *prospect* pensa e sente. Dados valiosos!

Comece sua tentativa de fechamento com *lead-ins*: "Você acha que...?", "Se você fosse comprar essa casa, o que acharia se...?" O comprador não está sendo pressionado a tomar uma decisão, mas meramente solicitado a dar uma opinião. *Prospects* gostam de expressar seus sentimentos.

E esta opinião geralmente proporciona um sinal de compra. Neste caso, tente este fechamento: "Parece haver fortes razões a favor desta propriedade, você não acha?"

Lendo Sinais Não-verbalizados

Sinais de compra geralmente não são verbalizados. A maioria dos compradores não está disposta a se expressar com muitas palavras. O Dr. Albert Mehrabian, professor de psicologia da UCLA, relata que as pessoas expressam 55% de seus sentimentos e atitudes de forma *não-verbal*, 38% por meio de entonações. Palavras propriamente ditas transmitem menos de 7% dos sentimentos.

A comunicação não-verbal é vital nas apresentações de vendas. Primeiro, vendedores bem-sucedidos não apresentam simplesmente uma mensagem – eles *são* a mensagem. Segundo, os *prospects* demonstram que estão pensando seriamente em comprar ajustando a distância do banco no carro, polindo uma mesa ou arrumando um display de varejo.

Bons vendedores estudam cuidadosamente as expressões faciais da mesma forma que o detetive Columbo do seriado de TV interroga um suspeito (não tão *devagar* na maioria das vezes!). Certas expressões – especialmente dos olhos – revelam convicção e desejo. Você aprende com a experiência. Esteja alerta para agir rápido quando essas expressões surgirem.

Na linguagem corporal, o comprador dá um passo para trás para observar melhor sua mercadoria. Ela leva a peça até onde há luz para examinar mais detalhadamente. O *prospect* coça o queixo. Ou examina a amostra, lê o rótulo cuidadosamente, levanta o produto, aperta as teclas ou puxa as alavancas. Ela pega um folheto mais uma vez e fica absorta nele. Ele pega o contrato e lê uma ou duas cláusulas cuidadosamente.

Ações corporais dizem, efetivamente: fechar é o próximo passo lógico. Os *prospects* são excessivamente cautelosos para dizer diretamente a você que estão prontos para comprar. Jogue o jogo deles e vá rindo ao banco.

Você entra no escritório de uma compradora. Ela o cumprimenta de maneira amigável, senta-se perto de você, acena positivamente com a cabeça durante a apresentação. Em um determinado momento, ela se inclina para frente e toca seu braço. O sinal está totalmente *verde* para você. Hora de fechar a venda!

Outro comprador cruza um dos braços e apóia o outro com indicador sobre os lábios: sinal *amarelo* indicando dúvida. Conduza-o ao sinal *verde*. Incline-se na cadeira, sorria, não cruze as mãos. Use perguntas com resposta aberta:

- "O que você busca neste tipo de produto?"
- "Como você vê este tipo de produto beneficiando sua empresa?"

Se o *prospect* se mostra agressivo desde o princípio ("O preço de seu produto está exageradamente alto"), evite sinais corporais defensivos (tais como reclinar na cadeira ou cruzar os braços). Em vez disso, irradie confiança e obsequiosidade com suas palavras e ações. Quando as pessoas dizem, "Estou sentindo boas vibrações," isso geralmente significa sinais não-verbais poderosos.

Vendendo um Serviço Não Comprovado

Um fechamento fora do convencional, centrado no *prospect*, deu certo para Hubert Bermont, que oferece um serviço de consultoria de gestão em Washington, D.C. Bermont havia acabado de montar sua empresa de consultoria com escritório, site Web, papel timbrado e telefone – mas nenhum cliente. Para manter-se vivo, ele precisava vender.

Como os *Prospects* Dizem Que É Hora de Fechar

"Telefonei para três ex-colegas," relata Bermont. "Em cada caso, quando me perguntavam por que queria agendar uma visita, eu dizia que desejava oferecer serviços de consultoria."

Em seguida, vinha a pergunta fatal: "Para quem você está trabalhando no momento?" Bermont precisava dizer: "Para ninguém".

Após perder de 0 a 3, Bermont decidiu copiar Mark Twain. Depois de tentar sem sucesso garimpar prata em Nevada, Twain chegou a São Francisco sem um tostão. Ele foi ao jornal mais famoso da cidade e candidatou-se a uma posição de repórter. Nada disponível, disseram a ele. Nenhuma verba editorial. Twain disse ao editor que não queria salário – queria trabalhar como repórter e escrever de graça.

Sob essas condições, Twain conseguiu trabalho imediatamente. Suas histórias tiveram grande receptividade dos leitores. Ele então demitiu-se, lembrando a seus empregadores, "Não estou sendo pago." O jornal ofereceu-lhe um salário e o tornou correspondente oficial.

Bermont tinha o exemplo. Visitou a empresa mais prestigiada de seu ramo, apresentou sua proposta de trabalho e, em seguida, disse ao responsável que faria isso sem nenhum custo. Contou a ele honestamente por quê. O cliente aceitou com prazer.

"Trabalhei como um louco para aquela empresa, agendando reuniões, solucionando problemas, elaborando projetos e produzindo relatórios diários de progresso," disse.

Passadas duas semanas, o chefe visitou – Bermont. Estava impressionado não só com o seu trabalho, mas também com sua abordagem. Perguntou a Bermont quanto gostaria de ganhar. Ele deu um preço. Fecharam negócio.

Bermont esperou pelos sinais de compra. Certamente, este é um caso incomum. Nem todo vendedor pode oferecer seu produto de graça. Mas você pode oferecer serviço gratuito, ajuda gratuita, assistência gratuita. Ofereça alguma coisa de graça e espere por sinais de compra. Vale a pena.

P.S.: Em suas ligações de prospecção posteriores, quando perguntado sobre clientes, Bermont soltava o maior nome do ramo.

Fechando com o *Prospect* Cativo

Conseguir um comprador sozinho – sem interferências – é o sonho de qualquer vendedor. Entretanto, não considere isso uma vantagem. Mesmo com um público cativo, espere até que o cliente lhe indique quando fechar.

SEGREDOS DO FECHAMENTO DE VENDAS

Glenn O. Benz, diretor de vendas da Northland Aluminum Products, convidou Jimmy Peterson, vice-presidente da divisão de produtos alimentícios da Pillsbury, para um cruzeiro de fim de semana. A missão de Benz era fazer com que a Pillsbury chamasse sua nova massa para bolo de Bundt, a panela/forma de alumínio recém-lançada pela Northland.

"O clima do outono era perfeito – claro, fresco," relembra Benz. "As folhas das árvores com seu tom dourado. Nada de TV, nem telefone, nem barulho."

Saíram a bordo do iate, com Peterson, ex-oficial da marinha, no leme. Dá para imaginar um público mais cativo? Então Peterson perguntou a Benz, "Como vocês podem ajudar nosso negócio a crescer?"

Enquanto o iate manobrava entre ilhas, Benz apresentou o plano: dê o nome da panela Bundt a sua massa para bolo. E deixou o assunto de lado.

Após dois dias de navegação, eles voltaram para casa de carro no sábado, tarde da noite – mas se depararam com uma nevasca precoce de outono. A visibilidade estava limitada. O silêncio era total. O único barulho era o ruído do motor e dos limpadores no pára-brisa. Benz ouvia.

Por volta das duas da manhã, Peterson quebrou o silêncio, dizendo, "É uma grande idéia. Venha até meu escritório às 8 horas. Vou envolver nossa equipe e trabalhar nos detalhes com o gerente de marketing."

O resto é história. A Massa para Bolo Bundt capturou uma grande fatia de mercado por vários anos. O comercial de TV de um minuto da Pillsbury, veiculado de costa a costa, implicou que todos que cozinhavam precisavam de uma panela para produzir este bolo revolucionário.

As vendas da panela Bundt dispararam para vários meses de espera. Benz vendeu para lojas de departamentos, lojas de desconto, lojas de conveniência, mercados, por catálogo, para distribuidores, atacadistas e para o exército.

Esperar que o cliente lhe dissesse quando fechar foi um fator importante para Benz. Outro foi vender o conceito total de marketing, não apenas a panela.

"Os detalhes foram executados pessoalmente," relembra Benz, que mais tarde tornou-se diretor de vendas/marketing da divisão de utensílios domésticos da Shamrock Industries. "Essa venda abrangente exigiu inúmeras ligações pessoais, participação pessoal em demonstrações de loja, apresentações pessoais para comitês de compras do exército/catálogo/showroom e ligações pessoais para atacadistas e distribuidores premium. O fechamento pessoal sempre estará conosco. Não existe substituto para a venda pessoal."

Como os *Prospects* Dizem Que É Hora de Fechar

A Abordagem Columbo para Fechamento de Negócios

Provavelmente o maior entusiasta de sinais de fechamento de negócios seja David H. Sandler, um profissional de treinamento de vendas, de Stevenson, Maryland, ele próprio um ás do fechamento.

Sandler acredita que 95% dos vendedores fecham vendas de maneira totalmente errada. "As pessoas compram a despeito da venda agressiva, não devido a ela," ele afirma.

Normalmente, em uma visita o vendedor insiste com o cliente para comprar e o comprador insiste com o vendedor para deixá-lo em paz.

"Vou pensar" ou "Vou conversar com meu sócio" são respostas-padrão. Muitos gerentes de vendas usam 27 respostas diferentes para lidar com essas saídas. Não, Sandler. Eis como Sandler refuta a sabedoria popular:

- **Premissa 1:** Os vendedores devem ser extrovertidos. *Sandler:* Errado. Quanto mais experiente o vendedor, mais ele sabe manter a discrição.
- **Premissa 2:** O vendedor deve aprender tudo sobre seu produto. *Sandler:* Isso geralmente se traduz no vendedor tentando impressionar o *prospect* com o quanto sabe. A maioria dos vendedores descreve as características do produto antes que o *prospect* esteja interessado. Sementes não brotam no concreto.
- **Premissa 3:** Sempre pergunte pelo pedido e esteja preparado para objeções. *Sandler:* Nunca pergunte pelo pedido e sempre exponha as objeções antes que o cliente pense sobre elas.
- **Premissa 4:** O supervendedor sabe falar. *Sandler:* O supervendedor sabe ouvir.

A maioria das pessoas imagina erroneamente um supervendedor com um perfil de James Bond – atraente, educado, jovial. Mas o modelo que Sandler recomenda é o de Columbo, o detetive da TV desgrenhado, distraído, esquisito. Os suspeitos acham que ele é estabanado e burro – até serem presos!

"Columbo não faz suposições," diz Sandler. "Ele não tenta ler a mente dos outros. Ele obtém o que quer fazendo perguntas e mais perguntas e algumas mais. É assim que se vende. Perguntando, não contando. Ouvindo, não falando."

"A venda não é um show de animais amestrados. As melhores vendas são aquelas que você nunca vê, onde o cliente faz o trabalho e o vendedor simplesmente faz perguntas e preenche o pedido sob a instrução do cliente."

"Lembre-se da lei da inércia: um corpo em movimento tende a manter-se em movimento. Se seu *prospect* está se movimentando no sentido contrário ao seu, não tente bloqueá-lo, porque vocês podem colidir. Leve-o gentilmente para uma posição neutra. Em seguida, inicie o movimento a seu favor. Faça isso desarmando-o. Diga exatamente o que ele não espera."

Se um *prospect* diz que não está interessado, ele espera que o vendedor lhe diga por que deveria estar. Começa a queda de braço. *Prospects* dizem não, vendedores dizem sim – num vai e vem – até que um lado desiste.

Veja como Sandler lida com um *prospect* pouco amistoso.

Prospect: Não estou interessado.

Vendedor: Talvez não deva mesmo. Mas me permita perguntar. No que está interessado?

Prospect: Não quero gastar dinheiro.

Vendedor: Talvez não deva mesmo. Mas me permita perguntar. Quanto deseja gastar?

"Neste ponto," diz Sandler, "saímos do não para o neutro e é apenas uma questão de tempo antes que o cliente passe para o sim. Conseguimos isso dizendo a ele que talvez não deva se interessar mesmo, o que o surpreende e então fazemos as perguntas."

Um *prospect* espera um vendedor entusiasta. Se em vez disso o vendedor se recusa a vender e tenta desencorajar a venda, o *prospect* quase sempre pedirá ao vendedor para começar a venda. Em vez de resistir, o *prospect* estimula a venda.

"Quando um supervendedor encontra um *prospect* super-resistente, isso geralmente significa uma batalha de gladiadores," diz Sandler. "O cliente, acuado e apavorado. O vendedor, ofegante, dominando o *prospect* pensando que fez um bom trabalho."

"Para uma boa venda, comporte-se exatamente da forma oposta," diz Sandler. "Deixe o cliente fazer o trabalho. Ele fala, você escuta."

A abordagem de Sandler pode não funcionar para todo mundo, mas o que ele quer dizer – mais uma vez - não é apenas ouvir as dicas para fechar? E se você não ouvir nenhuma, tentativas de fechamento as revelarão.

Nossos avós diziam assim: "Você pode levar um cavalo até a água mas não pode forçá-lo a beber." Não mesmo.

Como os *Prospects* Dizem Que É Hora de Fechar

A Estratégia de Venda Reversa de Sandler

Sandler também acredita que perguntas reversas mantêm o vendedor longe de encrencas. Observe o vendedor não-questionador cavar sua própria cova:

Prospect: Você tem mais que um deste?

Vendedor: Por que, sim! (excitado e esperando fechar a venda)

Prospect: Fico imaginando quantos desses são produzidos.

Vendedor: Várias pessoas compram este modelo.

Prospect: Sinto em saber disso. Gosto de comprar exclusividades. (Som: *Bong!*)

Veja a pressão desnecessária que o vendedor causou! Em vez disso, poderia ter empregado perguntas bate-volta como essas:

Prospect: Você tem mais que um deste?

Vendedor: E uma pergunta interessante. Por que quer saber?

Prospect: Fico imaginando quantos desses são produzidos.

Vendedor: Isso faz sentido. Posso perguntar por que isso é importante para você?

Prospect: Gosto de comprar exclusividades.

O vendedor agora tem flexibilidade para lidar com a verdadeira questão, pensar sobre isso sem uma pressão indesejada. Eis mais exemplos bate-volta:

Prospect: O preço está muito alto.

Vendedor: O que significa...

Prospect: Significa que precisaremos discutir internamente para ganhar apoio para fechar este negócio.

Às vezes vale a pena perguntar ao *prospect* qual seria sua solução ideal: "Linda, se você tivesse uma varinha mágica que pudesse produzir a solução ideal para este problema, qual seria ela?"

O *prospect* agora se sente livre para falar abertamente. Você pode se surpreender!

Quando as coisas ficam tensas, Sandler sugere: "Aqui pra nós, Homer, em que preço você está pensando?"

Por fim você pode ouvir:

Prospect: Nós realmente gostamos de você, Rich. Estamos levando você em alta consideração.

Vendedor: Obrigado, Dan. Mas permita-me perguntar. O que significa "alta consideração?"

Adivinha quem vai devolver a bola? O *prospect*.

SEGREDOS DO FECHAMENTO DE VENDAS

O Que Você Pode Aprender com Varejistas Astutos

É comum entre vendedores empresariais fazer pouco de varejistas dizendo que são "tomadores de pedido que não vendem realmente." Mas Don K. Covington, da Harbor Sales Company, de Baltimore, não pensa assim. Ele aconselha os vendedores a observar varejistas para buscar inspiração. Covington cita essa jóia do varejo sobre observar sinais de compra:

Minha esposa com freqüência me pede para comprar umas coisas de uma padaria "no caminho de volta" do trabalho. Na verdade, essa padaria é totalmente fora de mão e difícil de estacionar. Portanto, sob pressão de tempo e economia de combustível, paro em uma loja mais conveniente com estacionamento, self-service, caixa expresso e produtos de qualidade.

Missão cumprida. Bem, quase. Não.

Sob forte interrogatório doméstico, admito que o produto não veio do estabelecimento ABC mas de uma loja mais conveniente XYZ. Nesse momento o produto se torna imediatamente inferior, segundo o padrão de minha mulher. Por que isso? Só vim a descobrir no dia em que a acompanhei nas compras de mercado.

Observei que ela procurava meticulosamente itens em promoção, com desconto em cupons, comparando preços unitários.

"Por que não fomos à seção de padaria?", perguntei.

"Vamos buscar a torta na padaria ABC," ela respondeu.

Quando chegamos lá, vi clientes felizes esperando no balcão. Cada um tinha uma senha. Nosso número era 84 e eles estavam atendendo o 56.

Quando finalmente chamaram nosso número, minha mulher anunciou. "Vamos esperar pela Mary." "Aha, então Mary era o ingrediente secreto," pensei.

Mary despediu-se graciosamente de seu cliente. Virou-se para nós e disse: "Olá Sra. Covington [reconhecimento pessoal]. Em que posso ajudá-la hoje?"

"Quero uma torta," minha esposa respondeu. "Espero que você tenha de cereja. Nosso filho e sua família vêm para o jantar. Cereja é sua favorita."

"Bem," disse Mary, "estou muito feliz que tenha vindo à ABC [identificação de marca] hoje, Sra. Covington. Justamente esta manhã nosso confeiteiro fez tortas de cereja maravilhosas."

Ela foi até uma gôndola com dezenas de tortas de cereja, escolheu uma, mas hesitou. Voltou e pegou outra torta. Olhou diretamente nos olhos de sua cliente e disse orgulhosamente: "Esta torta é perfeita para o que precisa, Sra. Covington!"

Como os *Prospects* Dizem Que É Hora de Fechar

Todas as tortas de cereja daquela gôndola foram feitas ao mesmo tempo e da mesma forma. Entretanto, uma cliente ABC satisfeita foi revelada pelo conhecimento de que aquela torta foi escolhida especialmente para ela, e, portanto, era excepcional.

Um bom fechamento é algo para se admirar.

A probabilidade de que você venha a comercializar tortas é estatisticamente mínima. Mas ouvindo isso você consegue traçar um paralelo com o relacionamento que mantém com seus clientes? Se o faz, já está fechando muitas vendas (se não, é um conselho).

Sete Perguntas Poderosas de Fechamento

Para o cliente, suas perguntas são parte de uma conversa amigável. Para você, essas perguntas – quando utilizadas corretamente – fecham vendas. A seguir estão exemplos de perguntas de fechamento poderosas:

1. "Falando confidencialmente, existe alguma verba em seu departamento que poderíamos usar para cobrir as despesas extras a fim de realizarmos este treinamento antes do final do ano?"
2. "Pelo que me parece, você gostou das características. A data de entrega lhe agrada?"
3. "Gosto de ajudar você com este plano e prometo continuar a fazê-lo depois que o projeto estiver concluído. Permita-me fazer-lhe uma pergunta. Em uma escala de um a dez, como você classifica nossa chance de ganhar este contrato?"
4. "Você parece feliz com o que o produto pode fazer. Você também se sente confortável com a possibilidade de pagar essas baixas parcelas?"
5. "Parece que eu e você concordamos: este produto *é* de fato superior aos outros que você viu. *Entendi você corretamente?*"
6. "Parece que falamos sobre tudo. Deixe-me fazer uma pergunta. O que precisamos fazer para fechar com sua empresa?
7. "Esse design avançado não vai deixar seus concorrentes roxos de inveja?"

Falando Negativamente para Obter Resultados Positivos

O pensamento positivo somado a um discurso positivo é um conselho sólido na maioria dos casos. Mas, às vezes, ao encorajar sinais positivos de compra, é bom saber quando falar *negativamente* e quando *não* falar algo.

Joseph R. Alexander, um especialista no setor imobiliário do Tennessee, acredita que uma afirmação negativa freqüentemente ganha o dia. No ramo imobiliário, por exemplo, sempre leve os clientes no seu carro para ver uma propriedade. Não seja avarento pensando que vai economizar combustível indo no carro deles. No carro do cliente, você não tem controle. *Ele* pode decidir quando já viu o bastante. Mantenha-se no controle.

No caminho para a propriedade, não passe por terrenos baldios ou regiões decadentes. Escolha a rota mais bonita possível. Não desperdice o tempo valioso do trajeto falando sobre trivialidades. Use o tempo falando negativamente: "É um imóvel de excelente valor, mas precisa de pintura interna e externa." Se você *não* mencionar isso durante o caminho, os visitantes o mencionarão para *você* assim que chegarem lá. Tire essa munição deles.

Se a propriedade estiver em más condições, piore essas condições mais ainda. Diga: "As paredes estão com isso e o carpete precisa disso e a grama está alta. Bem, precisa mesmo de muita reforma. Está em péssimas condições. Mas posso afirmar que está 12 mil abaixo do preço de mercado."

Quando chegarem lá, estarão entusiasmados com o preço fabuloso. Quando virem o imóvel dirão, "Sabe, não está *tão* ruim."

Se você não contar antes, eles passarão os próximos 15 minutos na sua orelha falando sobre a fortuna que custará consertar tudo.

Quando estiver mostrando um imóvel, faça com que os visitantes lhe digam no próprio imóvel tudo o que não gostam. Sinta o que os atrai mais – a varanda fabulosa, a cozinha, o quintal. Depois de mostrar tudo, volte em direção àquele lugar mais atraente. Torne a última lembrança deles memorável. Sabe, há uma lava-louça embutida, mas não *aponte*. Diga: "Nossa, Eduardo e Cíntia, esse imóvel tem tudo o que vocês querem – uma linda varanda, uma cozinha completa, praticamente tudo. Espere um minuto. Não me lembro se tem microondas. Você notou, Cíntia?"

Se ela não notou, faça com que volte à cozinha e diga para você, "Ei, tem microondas. Até isso!"

E você chega ao destino desejado com uma afirmação negativa. Como Davi advertiu no livro de Samuel: "Não conte em Gath. Não divulgue nas ruas de Askelon."

Esteja Sempre Alerta

Quando você começa a procurar sinais de compra, achará relativamente fácil decidir quando comprar. Quanto mais experiência tiver em observar sinais, mais fácil será reconhecê-los. Eles logo se tornam intuitivos.

Ele diz: "Quando você pode entregar?" Você diz: "Para quando quer a entrega?" Ele diz: "O mais rápido possível." Ele comprou.

Anote o pedido e diga "Que dia é hoje?" Pergunte a data para obter envolvimento. Quando ela responde a data, está dizendo: "Quero ir adiante."

Pare de falar quando determinar que o comprador está pronto para fechar. Se continuar falando, você perde.

Feche a venda o mais rápido possível. Não permita que nenhuma venda se arraste mais tempo do que o necessário – mesmo que tenha apresentado apenas metade de seus argumentos. A qualquer indicação de fechamento, abandone todo o resto, pare de falar, avance e tente fechar.

Vendedores experientes sabem quando o *prospect* mostra-se favorável, desfavorável ou indiferente. Todos abominamos o *prospect indiferente* que não responde, independentemente do que você faça. Esta é a pessoa que precisa ser mais trabalhada. No momento que sentir que é hora, tente. Você ficará surpreso com que freqüência isso funciona.

Preste atenção! Ao fechar vendas no mercado de artes, lembre-se desta regra: "Nada é mais importante do que estar sempre alerta" – conselho de Henry David Thoreau. Ninguém antes ou desde então ofereceu um conselho melhor sobre fechamento.

SETE

Aprimorando Sua Experiência de Fechamento

As aparências sozinhas sempre enganam. Um sujeito tosco entrou numa imobiliária de Miami. Parecia um fazendeiro passando o inverno na Flórida. Na verdade, ele *era* um fazendeiro de Iowa, aposentado e "buscando um lugar para botar um pouco de dinheiro".

Felizmente, a corretora se recusou a fazer qualquer pré-julgamento. Sua visão foi além do chapéu deformado e dos sapatos grosseiros. Ela "cultivou" o fazendeiro com amabilidade, preocupando-se em explicar sobre diferentes tipos de propriedades.

Ele era um homem sossegado, de fala mansa, portanto, ela não o apressou. Ela percebeu que seu cliente era conservador. Nada de promoções fique-rico-logo para ele. Sua dedicação foi recompensada. O fazendeiro aposentado comprou um lote de terra caro. E continuou comprando. Toda vez que se encontravam, ela fazia progresso; ela continuou prestando atenção nas pistas. No final, ela vendeu o equivalente a 2 milhões de dólares em propriedades para ele.

Todo *prospect* fornece pistas. Todos dizem a você como continuar aprimorando sua experiência de fechamento.

À medida que você experimenta o *aprimoramento de sua experiência de fechamento*, você avança para o final da seção de preparação psicológica. Primeiro você colocou o *fechamento* em uma mesa de luz para ver o que é (e o que não é). Depois, aprendeu a *pensar* sobre o fechamento – deixe sua mente em ordem antes de entrar na mente das idéias do comprador.

Aprimorando Sua Experiência de Fechamento

Versatilidade: Seu Diferencial no Fechamento

Por acaso ouvi você dizer que não tem capacidade de vender para alguns compradores? Bobagem! Um bom vendedor é versátil. Ajuste-se ao humor e à mentalidade do comprador. Aceite os compradores como eles são – o durão, o fácil, o desconfiado, o agradável, o rápido, o lento. Todos são manjares para um vendedor habilidoso.

Certamente, existem vários tipos de comprador. Planeje maneiras de lidar com cada tipo. Estabeleça o clima psicológico apropriado para cada encontro.

A proporção de pensamento varia. Um comprador pensa à frente. Outro precisa ser arrastado. O seguinte parece acompanhar seu pensamento e vê as coisas de forma muito parecida com o que você explica. (Chocado? Acontece!)

Se você fala muito rápido para alguém que pensa devagar, seu fechamento pode não alcançar a eficiência máxima. Falar devagar demais para alguém que pensa rápido também não é bom, porque você irrita o comprador. Ajuste seu ritmo à velocidade do cliente.

Você gosta daquele comprador que decide em um tempo razoável ou rapidamente. Você não gosta do comprador indeciso que não consegue tomar nenhuma decisão.

Entretanto, a matéria-prima da qual você produz vendas, dia-a-dia, consiste de compradores de muitos tipos (todos? Não, tirando aqueles de seu melhor competidor!). Ajuste seu fechamento a seus ouvintes.

Como Pensam os Quatro Tipos Básicos de Comprador

O Dr. Paul Mok, um consultor de Dallas, divide os clientes em quatro tipos básicos: intuitivos, pensadores, sensíveis e sensoriais. Além disso (surpresa!), todo vendedor também se encaixa predominantemente em algum desses quatro tipos apresentados mais abaixo.

"Primeiro descubra de que tipo você e seu consumidor são," diz o Dr. Mok. "Depois, mude seu comportamento para harmonizar com o do comprador. Chamo isso de Estilo Flexível. Funciona."

A seguir, estão os quatro tipos:

1. O *intuitivo* especula, imagina e prevê. Deve perceber seu produto como um instrumento que o ajuda a concretizar seu plano mestre de longo prazo.
2. O *pensador* racionaliza, deduz, analisa e pesa opções. Deve perceber seu produto como testado, comprovado e confiável – refletindo seu julgamento analítico.
3. O *sensível* interage, lembra, reage e relata. Deve perceber seu produto como um aliado pessoal. Ele compra com base no julgamento das pessoas.
4. O *sensorial* toma decisões com base no que seus sentidos dizem *exatamente agora* sobre o produto. Ele está empenhado, focado e competindo para chegar neste ponto. Deve perceber seu produto como aquele que proporciona uma ferramenta para vencer o jogo.

Naturalmente existem poucos estilos puros. Para a maioria das pessoas, essas características variam em momentos diferentes no tempo. Mas, de modo geral, você e seu cliente possuem um estilo mais predominante do que outro.

Nenhum estilo é bom ou ruim. Cada um deles pode ser usado de forma eficiente ou ineficiente. Características positivas estão associadas a cada estilo, assim como negativas, que geralmente resultam de um exagero das positivas. (Qualquer ponto forte levado ao extremo se torna um ponto fraco.)

"Pense sobre o botão de volume de sua TV," diz o Dr. Mok. "Quanto mais você o aumenta, mais alto fica o som. Leve-o ao máximo e o som ficará distorcido. Os pontos fortes funcionam da mesma maneira."

Um *sensorial* exagerado torna-se tão competitivo e focado em resultados que os clientes o vêem como rude, ávido por poder, ganancioso.

Um *pensador* extremamente cauteloso torna-se tão detalhista e analítico que nunca toma uma decisão. Ele insiste primeiro em definir a proposta à luz de todos os ângulos possíveis. Pode ser visto como rígido, minucioso, inflexível.

A originalidade do *intuitivo* pode ser vista como irrealista. Sua visão generalizada pode parecer dispersa ou impraticável.

O comportamento espontâneo, enfático, sondador e introspectivo do *sensível* pode parecer excessivamente impulsivo, personalizado demais, sentimental ou subjetivo.

Aprimorando Sua Experiência de Fechamento

Analisando o Estilo de Seu *Prospect*

Como saber de que estilo é seu *prospect*? Examine o estado de sua mesa, os quadros na parede, a decoração do escritório e como se veste. Ouça como fala ao telefone. Leia seus e-mails e memorandos. Procure outras pistas.

Pistas no discurso
Intuitivos: prolixos, mas distantes, impessoais
Pensadores: ordenados, comedidos, com estilo de negócios
Sensíveis: calorosos e amigáveis
Sensoriais: rudes, objetivos, controlam a conversa

Pistas na redação
Intuitivos: escrevem como falam – em termos intelectuais, freqüentemente abstratos
Pensadores: bem organizados, estruturados, específicos, firmes
Sensíveis: breves e altamente personalizados
Sensoriais: objetivos, voltados para ação, imediatista

Pistas na decoração do escritório
Intuitivos: futurista, estilo cibernético
Pensadores: correta, de bom gosto, mas convencional
Sensíveis: informal, aconchegante, personalizada
Sensoriais: atravancada

"Depois de conhecer seu estilo e o de seu *prospect*, faça todo o possível para que eles cooperem, não que entrem em conflito," diz o Dr. Mok. "Flexibilize seu estilo. Harmonize-se com seu *prospect*. De repente, vocês estarão falando a mesma linguagem. Na tela do computador de nenhum dos dois estará piscando *rejeite*."

Fechando com Estilo Flexível

A seguir, obtidas dos arquivos do Dr. Mok, estão apresentadas as maneiras como nove vendedores de sucesso fecharam vendas analisando o estilo dos clientes e adaptando seu estilo ao deles.

1. Um *pensador* (vendedor de xarope de refrigerante) descobriu que seu *prospect* era um *sensível* e condensou sua apresentação de 90 minutos em quatro. Ele arrebatou um pedido de 150 mil galões de xarope.
2. Um vendedor de equipamentos pesados estava ressentido com seu *prospect* rude que não parava de interrompê-lo. Então, percebeu que o *prospect* era um *sensorial* objetivo. Parou de bombardear o homem com fatos que ele não queria saber e conseguiu um pedido de 100 mil dólares em 18 minutos.
3. Um vendedor fortemente *pensador*, percebendo que seu *prospect* era um *sensível*, modificou sua abordagem usual de apresentar um descrição detalhada da proposta. Em vez disso, convidou o *prospect* para "conhecer a equipe e sentir que tipo de pessoas trabalhariam em sua conta." O *prospect* assinou o contrato naquele dia.
4. Um vendedor *intuitivo* de uma importante revista de finanças mudou sua abordagem conceitual para adequar-se ao estilo de um cliente *pensador*. Ele fez uma apresentação abrangente de 90 minutos, incluindo opções de website e variações. Deixou uma proposta detalhada e pediu ao *prospect* para analisá-la e revisá-la. Dois dias depois, o *prospect* assinou um contrato de exploração no valor de 260 mil dólares.
5. Uma corretora imobiliária, ao avaliar um *prospect* como fortemente *intuitivo*, mudou sua abordagem do tipo oferta final, chance única na vida, o preço vai subir. Passou 15 minutos falando sobre o valor estético de um terreno. Ela estimulou o *prospect* a imaginar a propriedade daqui a dez anos. Conseguiu uma entrada 20 minutos depois.
6. Um corretor de seguros de vida notou que seu *prospect* estava ficando entediado e irritado à medida que discorria sua apresentação de 35 páginas. Percebendo que o *prospect* era fortemente *sensorial*, o vendedor fechou repentinamente o portfólio e disse: "Vamos aos números, quanto isso vai lhe custar e o que sua esposa receberá caso algo aconteça a você." Dez minutos mais tarde, ele preencheu uma apólice de seguro de vida no valor de 200 mil dólares.
7. Um vendedor de hardware fez uma apresentação para três donos de um estúdio gráfico de médio porte. Em seu estilo *pensador* foi à apresentação trajando terno e gravata e levando na maleta três propostas diferentes detalhadas. Para sua surpresa, todos os três donos chegaram atrasados vestindo calça esporte e tênis. Percebendo rapidamente que esses clientes do tipo *intuitivo* provavelmente não teriam paciência de ficar sentados ouvindo por muito tempo, o vendedor fez uma breve introdução da filosofia, tirou o paletó, afrouxou a

gravata e indicou que preferia que eles, clientes, desenhassem seu próprio sistema. Pediu aos clientes que fossem à lousa (havia uma no escritório deles) e que, usando sua imaginação, fizessem um diagrama do sistema que atenderia a suas necessidades. "Não se preocupem com o nome dos componentes. Apenas indiquem o que querem que eles façam," disse o vendedor. Quando os clientes terminaram, ele foi até o desenho e com um marcador vermelho colocou o nome dos componentes de hardware no lugar apropriado. Então afastou-se, examinou o diagrama e disse: "Senhores, este sistema é sensacional." Após uma rápida demonstração de seus componentes, os clientes fizeram um pedido. Eles nunca viram as tais propostas.

8. Um gerente de conta de uma grande corretora descobriu que mandando notas *sensíveis* a clientes *sensíveis*, notas de parágrafo único sobre "ação sugerida" para *sensoriais* e cartas mais longas especulativas para *intuitivos* (ele reservou o informativo detalhado de análise de mercado para os *pensadores*), seu nível de fechamento aumentou dramaticamente.

9. Um vendedor de produtos industriais, uma potência ao telefone, treinou sua secretária para, ao receber a ligação de um *prospect*, identificar o estilo provável deste com base na saudação, tom de voz e comportamento básico ao telefone. Isso permitiu a ele lançar mão da abordagem inicial de estilo flexível.

    O vendedor não só economizou um tempo valioso, mas começou a registrar mais vendas com base no que aprendeu com isso.

O Dr. Mok, pioneiro em treinamento de vendas, afirma que você pode se tornar um especialista em analisar tipos de personalidade – fechar mais vendas. "Conheça seu estilo predominante," diz o Dr. Mok, "aquele em que você parece mais natural. Identifique o estilo do cliente; depois adapte seu estilo ao dos clientes. Isso fecha vendas."

Faz sentido. Afinal, as pessoas preferem comprar daqueles com o mesmo tipo de personalidade. Você não?

Como Trabalhar as Peculiaridades da Personalidade para Obter Vantagens

Além dos estilos gerais de personalidade, às vezes você se depara com pequenas peculiaridades da natureza humana que, a princípio, parecem ser barreiras ao fechamento.

No entanto, depois que as entende, você pode converter essas peculiaridades em vantagens a seu favor:

- O *Negociador*. Nunca é expansivo ou magnânimo, mas está sempre relutante, buscando uma vantagem. Fica sempre na defensiva, deixando você desconfortável com atitudes mesquinhas. Não tente forçar o *Negociador*. Você não pode pressioná-lo, mas pode conduzi-lo.
- No extremo oposto está o *Egocêntrico*. Ele tem certeza de que sabe mais sobre o que você está vendendo do que você. Ele o irrita falando sobre os serviços que você oferece. Ele acha que é a excelência em habilidade de compra. Mas o *Egocêntrico* carrega consigo a semente de sua ruína. Brinque com seu ego. Peça seu conselho. Consulte-o sobre detalhes. Faça elogios. Enalteça-o. Jogue com as fraquezas dele – feche a venda.
- *Somente fatos*. Apelos emocionais não atingem este comprador. Ele se ilude pensando que vive no mundo da razão. Para vender para ele, empilhe dados, despeje estatísticas, apele para seu bom senso. Depois disso ele não será tão durão.
- O *Econômico*. Bob Schiffman está entre os melhores como vendedor-de-topo-de-linha em Nova York, um dos mercados de automóveis mais difíceis e abonados do mundo. Ele vendeu cem carros por ano e ganhou um lugar no famoso Crest Club, uma associação de elite limitada a 200 vendedores em qualquer tempo. "Não importa qual seja seu produto ou serviço, use uma abordagem de benefício financeiro," aconselha Schiffman. "Isso é particularmente verdadeiro se você vende para executivos. Para eles, o mundo *é* dinheiro." Schiffman sempre fez seu dever de casa financeiro antes de enfrentar um cliente. Certa vez, o presidente de uma empresa de manufatura não estava respondendo à abordagem de Schiffman para um Cadillac novo.

Schiffman tirou números do bolso. "Sr. Leiter," ele disse, "fiz alguns cálculos para o senhor. Se comprar este carro de US$74.000 negociando o carro do ano passado por US$69.000, pode conseguir os US$5.000 extras com economias. Veja como os número funcionam."

O homem fechou o negócio.

"Já tive até clientes a quem mostrei que podiam *ganhar* dinheiro negociando carros," diz Schiffman. "Que tal isso como benefício?"

Aprimorando Sua Experiência de Fechamento

Bob Schiffman nunca vendia carros. Ele vendia benefícios financeiros. Na verdade, ele estava meramente flexibilizando seu estilo para adequar-se ao cliente – exatamente como o Dr. Paul Mok aconselha.

- O *Sr. Indecisão* provavelmente é o tipo de comprador que você menos gosta. Ele balança a cabeça, expressa dúvidas e medos, e diz: "Não sei, não. "Ele não se decide. E então? Faça a sua cabeça *primeiro* e *depois* a dele, empurre-o para um fechamento. Aplique um pouco mais de pressão do que com qualquer outro tipo de comprador.

- O *Aproveitador* está sempre buscando uma vantagem. Ele não compra, a menos que consiga um negócio melhor do que qualquer outra pessoa. Está sempre procurando pechinchas, preço, preço, preço. Você logo aprende como lidar com ele. Seu produto é sempre "feito por encomenda" para este comprador. Quase sempre ele responde favoravelmente a isso. Para ele, é o que os médicos chamam de elixir universal.

- E há o *Sr. Irritável*: rude, grosseiro e humano. Ele vocifera, xinga, ameaça e amaldiçoa. Se você for tímido, não venderá para ele. Fique com ele até a tempestade passar. Quando você dá uma dura no *Sr. Irritável,* geralmente ele se mostra de coração mole, não tão difícil de fechar um negócio.

- O *Reclamão*. Não importa o que você faça, nada está certo. Ele tem uma cisma permanente, por complexo de perseguição, e acha que sua organização trabalha 24 horas por dia para trapaceá-lo. Não faça pouco de sua queixa.

   Ouça-o com paciência e condescendência. Deixe que fale até cansar, e então ele não será tão difícil de convencer. Mas cuidado – ele tentará fazer com que você tome partido dele contra sua empresa. Isso é o que um bom vendedor nunca faz.

- Provavelmente você tampouco gostará da *Sra. Temperamental*. Uma compradora que num minuto é só sorriso e no minuto seguinte mal olha na sua cara. Você nunca sabe como ela reagirá. Seja paciente e compreensivo e esteja disposto a ir atrás dela. Conseguir que ela lhe dê pistas é seu caminho para vender para a *Sra. Temperamental*.

- O *Regateador*. Em uma cena inesquecível do filme *Oliver Twist*, Oliver surpreende o diretor do orfanato pedindo *mais* no café da manhã. Mais! Não é isso que todos os compradores querem, afinal? E não é seu trabalho proporcionar *mais* e fechar vendas no processo? *Mais* é tudo na maneira como você apresenta sua oferta.

Walter A. Lowen, um headhunter pioneiro, certa vez presenciou uma situação surpreendente em uma loja que vendia balas por peso. Uma das vendedoras estava atendendo uma fila de clientes. A outra estava sem fazer nada. Os clientes pareciam felizes por esperar na fila para comprar.

Quando o movimento diminuiu, Lowen perguntou à vendedora bem-sucedida, "Por que os clientes preferem você em vez das outras?"

"É fácil. As outras vendedoras pegam mais que meio quilo e depois *tiram* algumas balas para chegar ao peso certo. Eu pego *menos* que meio quilo e depois acrescento."

Todas as vendedoras pesavam meio quilo de balas para os clientes, mas aquela atendente tinha habilidade e oferecia *mais*. Pense em maneiras de dar mais a seus clientes. Você pode fechar vendas com *mais* quando consegue criar o clima psicológico certo.

Atendimento Excepcional

Dois vendedores, ambos em seu primeiro emprego de vendas, aparentemente tinham o mesmo potencial para ser bem-sucedidos. Entretanto, Jack Farber parecia ter as oportunidades a seu favor. Ele fechava vendas a torto e a direito e trazia pedidos. Jared North trazia álibis.

Jack tornou-se o principal vendedor da empresa, o que ganhava dinheiro, Jared mal ganhava para sobreviver. Por fim, Jared abandonou as vendas. Jack agora é vice-presidente de vendas.

Qual era seu segredo? Ele tinha o tal *ir em frente*. Sempre que abordava um *prospect*, ele ia até o fim. Algumas de suas idéias não eram consistentes, mas as idéias boas compensavam as ruins. Suas vendas sempre cresciam a cada ano.

Certa vez acusei Jack de ser um vendedor nato. "Nem um pouco," ele disse. "Estou sempre disposto a ir em frente – às vezes contra as probabilidades. Esse impulso me leva ao sucesso." Esta foi sua explicação sincera. Gostei dela. Embora as condições nem sempre fossem apropriadas, Jack ia em frente e tentava um fechamento. Ele não esperava por condições ideais.

John Chapin é famoso por vender bicicletas em Durham, Carolina do Norte. Suas vendas aumentaram 20% ao ano. Quando engrenava uma venda, Chapin fazia tudo para que desse certo.

Aprimorando Sua Experiência de Fechamento

"Certo dezembro, revendi 22 bicicletas como a maior parte de presentes de Natal para meninas de sete a nove anos de idade," lembra Chapin. "A entrega estava atrasada por causa de uma greve nas docas e no depósito e, além disso, também por causa de uma nevasca. Em 21 de dezembro, em vez de enfrentar 44 pais tentando explicar por que Papai Noel não vinha – e, mesmo assim, sem querer perder a venda –, dirigi 1.600 km numa viagem de ida e volta na neve para pegá-las."

Este atendimento excepcional é um requisito para sucesso no fechamento. Você está disposto a tanto? Vendedores excepcionais estão – e fazem.

Frank Irving Fletcher, conhecido por seu volume incógnito de vendas, disse: "Um vendedor deve esperar o *dobro* do que consegue com o ressentimento melancólico de que é apenas *metade* do que ele vale".

Muitos vendedores não pensam assim. Eles não conseguem se ver fechando a quantidade de vendas necessárias para ganhar dinheiro.

Um vendedor da casa de 100 mil dólares ao ano usava a seguinte fórmula: "Nunca sinta-se satisfeito. Sempre tente vender ao comprador mais do que ele quer. Tente vender para mais compradores. Fique insatisfeito. Eu estou – até hoje".

T. Coleman du Pont, da família famosa, deu o seguinte conselho para vendedores: "Não se sintam satisfeitos meramente com sua parte no negócio. Você quer tudo. Tente obter tudo".

Venda Colocando-se no Lugar de Seu Cliente

Art Harris, gerente de vendas do varejo para a WRGH-TV em Schenectady, Nova York, acredita que você cria o clima certo para a venda quando entra na pele do cliente. A seguir, estão três maneiras de como Harris utiliza esta técnica para vender espaço na televisão.

1. Capitalize nas Interrupções

Interrupções em apresentações de vendas podem fornecer dicas sobre um *prospect*.

"Minha primeira visita ao Sr. R. foi rápida e pouco encorajadora," disse Harris. "Entretanto, durante os dez minutos que estive em seu escritório, enquanto ele atendeu diversos telefonemas, eu examinei a sala.

"Em uma estante de livros vi três exemplares com capa de couro das cartas de navegação aérea Jeppesen Airway Charts (sou fã de aviação)."

Ao sair, Harris perguntou à recepcionista se o Sr. R. se interessava por aviação. Muito! Ele tinha um avião. E logo teria sua qualificação de vôo por instrumentos. Harris encomendou uma carta de navegação de Washington – campos, rotas e estações omni.

O desenhista da estação fez uma superposição da área de cobertura da TV no mapa aéreo. Harris mandou o mapa para o Sr. R. juntamente com uma carta explicando que a cobertura da emissora se estendia da VOR Poughkeepsie até o radio farol de Glens Falls – jargão de aviação, é claro.

Harris perguntou quando poderiam se encontrar novamente.

"Uma semana depois, recebi uma ligação do Sr. R.," disse Harris. Logo depois fui passageiro de seu Piper Twin Comanche. Ele me mostrou como seus instrumentos funcionavam em condições VFR[1]."

Como o Sr. R podia recusar uma visita à estação de TV para ver os novos gravadores de vídeo? Em pouco tempo, o Sr. R estava sentado na sala de controle vendo seus comerciais sendo gravados. Harris havia fechado a venda.

2. O Modo Carta

O Sr. D. era mais difícil. Ele também ouvia você de maneira indiferente, mas não havia pistas sobre seu escritório.

Harris deu uma olhada no estacionamento. Nenhuma pista.

Ele assinou o jornal da cidade do Sr. D. Acertou em cheio. "Um dos primeiros números trazia uma carta do Sr. D.," disse Harris. "Era um protesto contra a demolição de um hotel de 80 anos – um prédio histórico que devia ser preservado."

Harris enviou uma carta ao Sr. D. concordando enfaticamente com seu protesto. Ele incluiu um folheto sobre um roteiro de passeio a pé pela área.

"Recebi de volta a carta mais amável que já vi de um *prospect*," disse. "Apenas três pessoas comentaram sobre esta carta. Ele estava surpreso que alguém de tão longe a tenha visto."

Harris fechou. O Sr. D. tornou-se comprador de 52 semanas por 6 anos.

---

[1] N. da R.: VFR significa, basicamente, pilotar uma aeronave no modo visual, com uma visibilidade de três milhas, permanecendo a mil pés de distância de quaisquer nuvens. Entretanto, como na maioria dos aspectos da aviação, as coisas são um pouco mais complexas.

Aprimorando Sua Experiência de Fechamento

3. A Família: Sim e Não

Torne-se próximo do cliente, sem ser intrometido. Não diga, "Você tem um filho de 10 anos. Eu também. Ele está na Liga Júnior?".

Harris se concentra no *prospect*. Ele não envolve a família, *a menos que* o *prospect* tome a iniciativa.

"O Sr. S. assinou um contrato de espaço comercial na TV", relata Harris. "Mas confiou em mim para escolher bons spots. Quando nos conhecemos melhor, fomos juntos à corrida em Saratoga."

Durante encontros de negócios ou sociais, o Sr. S. nunca mencionou sua família. Quando descreveu a viagem que faria em breve ao Japão, "não perguntei se sua esposa iria".

Fez bem. Harris soube mais tarde que o Sr. S. acabara de enviuvar. Que desastroso teria sido dar uma de sentimental com: "Como vai a esposa?".

Art Harris aprendeu a arte de estar na pele do cliente – com restrições. Fechar a venda também significa mantê-la fechada durante um relacionamento duradouro.

Como Ouvir Sinais Precocemente

Warren Armstrong dirige uma agência de publicidade em Lancaster, Pensilvânia. Ele considera ter um bom ouvido – isto é, ouvir sinais de compra na primeira reunião –, uma ferramenta vital para conseguir clientes novos para a empresa. Além disso, Armstrong diz que você deve ouvir *precocemente*.

"Marque ponto com o cliente no primeiro contato de vendas – antes da apresentação," diz Armstrong.

"Isso significa vender para você mesmo e estabelecer o clima e a harmonia corretas. Se você não sair das reuniões preliminares sabendo exatamente o que o *prospect* procura, não fez o primeiro gol."

Recentemente, Armstrong teve uma reunião com um varejista de prestígio e seu filho. Embora fundada há quase cem anos, essa empresa nunca contratou uma agência de publicidade.

As duas primeiras reuniões foram dedicadas a ouvir. Como freqüentemente acontece, pai e filho tinham opiniões divergentes. Armstrong decidiu continuar a reunião até eles resolverem o que realmente queriam alcançar.

"Decidimos que a divergência de idéias entre o pai e o filho poderia ser solucionada por meio de pesquisa de marketing," disse Armstrong. "Recomendei isso. Eles concordaram. Com fatos na mão, apresentamos não o que um ou o outro queria, mas o que a pesquisa tinha indicado! Conseguimos o contrato.

"Ouvir é a ferramenta mais importante de todas. Fale sobre estratégia somente depois que o 'ouvir' instruir você sobre o que falar. O sucesso do fechamento depende do poder de análise de seu ouvido."

Sabendo Quando Não Falar

Bons vendedores sabem como ninguém avaliar o momento certo para falar. Aqueles que não têm essa facilidade de avaliação podem falar até fazer a venda e depois continuar falando até perdê-la – e fazem isso sempre.

Mark Twain contou sobre um pregador que começou exortando sua comunidade a doar dinheiro para enviar missionários à China.

O pastor fez uma apresentação de mestre. Mark Twain, na última fila, ficou comovido. Resolveu doar 25 dólares. O pastor continuou com sua oratória. Passados 15 minutos, Twain cortou sua contribuição para 10 dólares.

O reverendo não fechou sua venda, mas continuou falando. Twain decidiu economizar metade de seus 10 dólares e dar apenas 5.

Mas o pastor continuava falando. Twain, cada vez mais entediado, resolveu doar apenas 1 dólar. Depois de quase mais meia hora de falatório, o pastor fez o fechamento. A sacolinha de coleta foi passado. Em vez de dar os 25 dólares que havia planejado no início, Twain tirou 1 dólar da sacolinha!

Bons vendedores sabem que quanto menos palavras na hora do fechamento, melhor. Um dos vendedores mais eficientes, Harry Emsley, tinha um sério problema de dicção. Pelos padrões comuns ele jamais poderia ser vendedor. Mas ele era um excelente vendedor. Falava pouco. Falar era difícil para ele e mais difícil ainda falar para o *prospect*. Mas ele fazia perguntas e acabava convencendo o comprador. Fechava suas vendas com um mínimo de palavras. Outros vendedores deveriam aprender com isso.

Harry era novo na empresa e no território. O terreno era árido. Mandá-lo para aquela arena mortal era como jogar cristãos aos leões. Seu chefe tinha receio de arruinar aquela carreira que ele considerava promissora.

Podia ter guardado sua compaixão. Harry começou a vender. Fez mais vendas do que jamais alguém havia feito naquele território antes. Ele deixou o chefe confuso.

Aprimorando Sua Experiência de Fechamento

Rapidamente tornou-se o vendedor número um. Por quê? Harry era um homem de idéias.

Ele é uma fonte inesgotável de idéias. Idéias sobre como seus clientes podem apresentar os produtos para obter o maior proveito possível.

"Ed, estive no norte na semana passada e vi uma idéia que talvez você possa usar aqui. Deixe-me contar do que se trata."

O clientes se viam lucrando com idéias testadas por varejistas de outros lugares.

"Se eles podem fazer isso," pensavam, "também posso." Então compravam a idéia de Harry - e seus produtos.

Harry tornou-se um homem de grande sucesso. Ele continuou semeando seu território com novas idéias brilhantes. Continuou fechando grandes pedidos.

O Poder do Entusiasmo

Outra qualidade presente em praticamente todos os grandes vendedores é o inestimável *entusiasmo*. Você pode rejeitá-los, evitá-los, colocá-los para fora do escritório, dizer para nunca mais voltarem, e o entusiasmo deles não diminui. Eles acreditam em sua empresa, nos produtos, em si mesmos, nos clientes e, provavelmente, em suas estrelas da sorte.

Veja o caso do vendedor cruzando o norte do Alasca para oferecer ventiladores elétricos aos esquimós. Em cada iglu que visitava, os residentes exclamavam surpresos: "Ventilador? Quem quer um ventilador? Estamos a 60 graus abaixo de zero aqui!"

"Tenho consciência disso," afirmou calmamente o vendedor. "Mas o tempo é uma coisa imprevisível. Amanhã pode saltar para zero." (O.k. – conte isso para quebrar o gelo.)

Sabendo Quando Esperar

Existem ocasiões em que os melhores vendedores mudam os planos e tentam não uma venda, mas uma saída. Em certas ocasiões, uma boa técnica é *não* tentar fechar.

Vendedores sem habilidade às vezes grudam no cliente e tentam vender. Bons vendedores se afastam e depois voltam quando os ventos estão mais favoráveis.

Isso requer discernimento. Requer mais do que discernimento, requer *coragem* para levar a venda até um certo ponto, deixar de lado todas as vantagens que conquistou, parar e voltar outro dia. Mas normalmente é a melhor técnica de vendas – assim como é sempre a melhor tática militar.

Robert E. Carl, vice-presidente sênior da Vantage Companies, de Dallas, aprendeu como recuar hoje para fechar amanhã ao vender para H. L. Hunt, na época o homem mais rico do mundo.

"Muito antes de seus dois filhos se tornarem nomes famosos no mercado da prata, um Hunt de aspecto angelical fundou uma organização de relações públicas chamada Facts Forum," ele relembra. "Sua missão era elucidar o público sobre questões políticas atuais."

Carl representava uma gráfica e vendeu muito para Hunt no passado.

O lendário Hunt, um homem reservado, modesto, evitava publicidade. Ele levava seu almoço todos os dias para o trabalho num saco de papel. Usava um modelo de carro simples de três anos atrás. Usava ternos de segunda.

"Entretanto, naquele dia o homem com uma renda estimada em 1 milhão de dólares por semana estava visivelmente perturbado: poucas pessoas entendiam a Facts Forum. Vi uma oportunidade de venda."

Carl disse a Hunt que teria uma sugestão no dia seguinte. Sua idéia era um boletim informativo.

De volta ao escritório, ele criou um layout para a *Facts Forum News*, escreveu um exemplo de história e fez o orçamento para o custo de impressão.

"No dia seguinte apresentei o plano ao Sr. Hunt: baixo custo *versus* o amplo entendimento comunicado para milhares por todo o país," relatou Carl. "Um custo decrescente por unidade à medida que a circulação aumentava."

Hunt ouviu atentamente e depois ficou carrancudo. Mandou Carl embora. Será que Carl havia sugerido uma idéia extremamente ambiciosa?

"Passei um fim de semana inteiro pensando onde errei," Carl disse. Ele tinha:

- estabelecido uma empatia pessoal com um comprador qualificado;
- demonstrado a superioridade do produto;
- adaptado o plano aos principais problemas do comprador;
- apresentado um conceito visual de como atender as necessidades do comprador;
- relegado o preço à perspectiva apropriada na decisão de compra;
- enumerado os benefícios.

Aprimorando Sua Experiência de Fechamento

Carl decidiu não pressionar e deixar Hunt dar o próximo passo. "Na segunda de manhã recebi uma ligação do Sr. Hunt," disse Carl. "Ele queria começar imediatamente! Eu tinha feito a coisa certa. Ele apenas reagia lentamente."

Por fim, a *Facts Forum News* tornou-se uma revista de circulação nacional e um negócio muito lucrativo.

"Essa experiência me convenceu de que apesar dos avanços da televisão, computadores extraordinários e outros dispositivos sofisticados, a venda pessoal sempre será um elo vital e insubstituível no fechamento de vendas," Carl disse. "Este era um homem que podia comprar literalmente tudo o que quisesse, mas só comprou depois que demonstrei pessoalmente o que ele realmente precisava."

Bob Carl sabia quando fazer um recuo estratégico. Ele teve que ir embora e roer as unhas durante um fim de semana sem pressionar um cliente bom, mas facilmente irritável. Ele fechou a venda sabendo *quando* esperar.

Destruidores de Vendas Garantidos

Bons vendedores também evitam outras atividades que seguramente criam um clima desfavorável de fechamento, como:

- falar em excesso;
- parecer muito ávido;
- agir despreparadamente ou fazer uma apresentação mal planejada;
- tentar apressar o comprador com métodos de pressão grosseiros.

Fugir do assunto também é um destruidor eficiente, assim como o negativismo. O clima certo para o fechamento é o positivismo.

OITO

Crie Empatia e Feche Mais Vendas

O. C. Halyard, um craque em corretagem de imóveis e treinamento de vendas de Maitland, Flórida, é especialista em empatia. Sua apresentação inteira tem como objetivo criar empatia com o *prospect*. Em muitos casos, ele usa as perguntas do *prospect* para elaborar um fechamento com empatia. Segundo Halyard:

> *O Comprador Sincero fará perguntas que normalmente são sinais de compra. Lembre-se, as pessoas criticam aquilo de que gostam. Use essas perguntas para desenvolver empatia.*
>
> *O prospect pergunta: "o vendedor vai deixar as cortinas?" Isso é um sinal de compra. Pergunte: "O senhor gostaria de ficar com as cortinas?"*
>
> *Prospect: "Quando o proprietário vai entregar as chaves?" Resposta: "Quando gostaria de receber as chaves?"*
>
> *Objeção: "Os quartos são muito pequenos." Resposta: "O senhor acha o quarto muito pequeno?" seu comprador pode responder: "Sim, mas acho que não é tão ruim." O fato de você não achar o mesmo ajuda a convencer o comprador de que não é de fato uma objeção.*
>
> *Se a objeção não for lógica, não discorde. Diga: "Entendo o que sente, Sr. Jones, mas o senhor já considerou o seguinte?" Acima de tudo não discuta com o prospect. Mesmo que ganhe, você perde.*
>
> *Converta objeções em benefícios. Por exemplo:*
>
> - *"Uma propriedade pequena será mais fácil de manter e os impostos serão menores, resultando em mais tempo livre e mais economias."*
> - *"Sei que prefere quartos maiores. No entanto, este imóvel é típico desta faixa de preço. A maioria das famílias quer espaços mais amplos na sala de estar e na cozinha, como vemos aqui. É onde passam a maior parte do tempo. Para estar numa área tão desejá-*

Crie Empatia e Feche Mais Vendas

vel quanto esta, devemos considerar as vantagens quanto ao tamanho dos outros ambientes."

Uma objeção para o preço de US$4.500 não parecerá tão forte quando você converter esse preço em um investimento diário ou semanal.

Após mostrar o lugar, sente-se com os prospects no ambiente mais confortável e discuta sobre o imóvel. Em seguida, dê aos prospects a oportunidade de conversar em particular.

Muitos vendedores falam demais. Em vez disso, ouça os prospects e faça boas perguntas para orientar as decisões deles. Deixe que eles ajudem a se convencer.

Quando o prospect está concordando com você, dê a ele a oportunidade de confirmar sua própria decisão. Não interrompa. Mostre interesse com um aceno ocasional. Se ele fizer uma pausa, espere e permita que ele ponha seus pensamentos em ordem. Responda perguntas sucintamente sem incluir novos itens. Quando ele indicar que está pronto para fechar, pegue sua assinatura.

Seu fechamento experimental pede uma opinião. Meça a temperatura de compra do prospect antes de pedir por uma decisão. Faça perguntas sobre aspectos menores enquanto espera uma resposta positiva:

- "Sr. Jones, o senhor acha que há espaço adequado para a mesa na cozinha?"
- "O senhor acha que o quintal oferece a privacidade que deseja?"

Use a palavra *achar* em vez de *pensar*. Não queremos que eles pensem a fundo. Queremos simplesmente sua reação emocional. Então, quando a temperatura de compra estiver quente, feche.

Note como cada passo na apresentação de Halyard destina-se a provar sua compreensão das – e consideração com as – necessidades e opiniões do *prospect*. Quando você constrói empatia ao longo do processo, o fechamento é um passo final lógico.

Nenhum vendedor se tornou excepcional sem que tivesse empatia. É o segredo das relações humanas. Seu significado é simples: "O entendimento total e evidente dos sentimentos e motivações dos outros."

Quando você tem empatia, entende os sentimentos e motivações do *prospect* e pode abordá-los nos termos dele.

Palavras Empáticas que Fecham Vendas

O vendedor eficiente não se influencia com o que o *prospect pensa,* mas usa palavras baseadas em *sentimento* ao fazer perguntas e tranqüilizar o *prospect.*

aborrecido	desapontado	insatisfeito
aflito	desconfiado	inseguro
alegre	desconfortável	irresoluto
aliviado	desconsolado	irritado
ameaçado	desestimulado	leal
angustiado	desinteressado	magoado
ansioso	duvidoso	nervoso
apreensivo	encantado	orgulhoso
aventureiro	estimulado	otimista
cauteloso	exasperado	paciente
cético	excitado	perplexo
chateado	feliz	perturbado
chocado	hesitante	preocupado
complacente	hostil	pressionado
confiante	impressionado	receoso
confortável	incerto	relutante
confuso	incerto	resignado
confuso	incomodado	satisfeito
constrangido	indeciso	surpreso
contente	indiferente	surpreso
curioso	indignado	tentado
decepcionado	inquisitivo	zangado

Uma Tática Extrema de Empatia

Um homem levantou para fazer uma apresentação perante um grupo. Sua boa reputação como orador e vendedor o precedeu. Era um convite ao prazer.

Crie Empatia e Feche Mais Vendas

Que decepção! O homem não sabia falar. Ele pigarreava e balbuciava, procurava palavras, gaguejava. O público, em vez de criticá-lo, tentava ajudar o pobre sujeito a encontrar as palavras. De repente estávamos ajudando o homem a fazer a apresentação.

Ele queria que cada ouvinte investisse 250 dólares num curso de aprendizado a distância. Num período de meia hora todos o fizeram!

Foi uma obra de mestre. Após a reunião, em uma conversa privada, o mestre – Paul J. Meyer, de Waco, Texas – revelou seu segredo. É o segredo que todo vendedor deve aprender e aplicar: *empatia!*

Segundo Meyer, "Quando busco palavras e você tenta me ajudar, estamos fazendo algo juntos. É isso que significa empatia. Não quero brilhar, reluzir, ser mais inteligente do que meu público.

Quero que as pessoas pensem que são mais inteligentes e espertas do que eu. Então vão querer me ajudar. É isso o que eu quero."

O ponto essencial é que você está empregando a arma já comprovada de pedir (mesmo que não verbalmente) um favor a outra pessoa – em vez de fazer um para ela. Funciona em praticamente todas as situações nas relações humanas.

Veja como é popular fazer as pessoas cantarem juntas num show. O público está ajudando os profissionais a atuarem! Chave para o sucesso: o público sempre vai aplaudir mais a ele mesmo.

Tente e verá.

Entenda Primeiro a Pessoa

Jack B. Perkins entrou em meu escritório, exalando personalidade de quem domina as vendas. Ele irradiava tal confiança, que tive a impressão de que sempre foi assim – um vendedor nato de sorte destinado ao sucesso desde a infância. Ele me fascinava com sua maneira cativante e a maneira fácil com que apresentava seus produtos. Todos invejamos personalidades magnéticas.

"A maioria de nós luta durante anos para adquirir o que é natural em você," disse a ele. "Eu o invejo – por ter nascido com esse dom."

"Você dificilmente diria isso se soubesse o que eu era até dois anos atrás," ele disse. "Um fracasso. Tentei dezenas de coisas diferentes e falhei em todas. Tudo o que eu tocava dava errado."

O que causou essa mudança?

"Parece tão bobo, raramente conto isso," ele disse.

Dois anos atrás, ganhando a vida com dificuldade, Jack Perkins parou em um hotel barato no Kansas. Após um jantar simples, ele assistiu a um jogo de beisebol na TV. Depois do jogo veio um seriado em que o pai tentava transformar seu filho talentoso em gênio.

Kevin era muito novo para ler, então o pai trazia quebra-cabeças – cada vez mais difíceis – para desenvolver o intelecto do menino.

O pai acabava de desembrulhar um quebra-cabeça dificílimo – um Mar de Sargasso de peças com corte complexo. Quando pronto seria um mapa mundi. Ele disse a Kevin: "Monte este quebra-cabeça em um dia e lhe darei 10 dólares. Se levar dois dias lhe dou cinco."

"O.k., pai," o menino disse e começou o trabalho.

Termina a cena. Volta a cena 15 minutos mais tarde. O pai estava surpreso. Kevin havia montado o quebra-cabeça. Cada peça perfeitamente encaixada. O pai pergunta. "Kevin, como você montou este quebra-cabeça complicado tão rápido?"

"Fácil, pai," disse o garoto. "O lado da frente é um mapa. Eu olhei atrás. É a figura de uma pessoa. Então trabalhei para fazer *a pessoa dar certo*[1]. Com isso, eu sabia que o mundo daria certo."

"E essa – Jack Perkins disse – foi a lição mais importante de sua vida".

"Me atingiu como um raio," disse Perkins. "Entenda bem a pessoa e você entenderá bem o mundo. Se eu entendesse meu cliente, entenderia o mundo. Então resolvi fazer minhas vendas entendo bem a pessoa.

"No dia seguinte prestei mais atenção do que nunca em meus clientes e *prospects*. Eu os estudei. Tentei realmente me comunicar com eles. Desse dia em diante, os antagonismos que eu acreditava fazer parte das vendas (contendas, decepções, mal-entendidos) desapareceram. Era um novo mundo – um mundo sobre o qual sonhei mas nunca esperei ver. Entenda bem a pessoa e você entenderá o mundo!"

As técnicas de fechamento deste livro funcionam melhor quando você entende bem a pessoa primeiro. Harmonize as técnicas de fechamento com os desejos de seu *prospect*, usando as idéias deles.

Antes de tudo, o fechamento é a grande arte de agradar as pessoas, em especial, uma pessoa: seu *prospect*. Poucos de nós compra de um vendedor de que não gosta. Rejeitamos uma oferta se isso significar comprar de um vendedor que nos irrita.

---

[1] N. da T.: A expressão usada pelo autor – *get the person right* – possui dois significados. No caso do menino, significa fazer o quebra-cabeça da pessoa do modo certo. No caso do vendedor, significa entender ou conhecer bem as pessoas.

Alimentar o Ego Cria Empatia

Denise Claridge entendia bem apenas de uma coisa: das antiguidades que ela havia colecionado como hobby. Com algumas peças que tinha em casa, ela alugou uma casa antiga em uma estrada perto de Boyertown, Pensilvânia, e abriu uma loja. Seus amigos deram seis meses para ela quebrar.

Em seis anos ela expandiu seu negócio cem vezes. Sua reputação alcançou três estados. Como ela conseguiu esse sucesso? Ela aprendeu a afagar o ego.

"Logo aprendi a não falar sobre mim, mas a fazer com que as pessoas me contassem sobre elas," ela relatou. "Nove de cada dez clientes, com apenas um pouco de persuasão, se abrem – se eu os deixo falar. Eles se sentiam felizes em mostrar seu conhecimento. Gostavam tanto do que *eles* me contavam sobre as antiguidades, que as compravam!

"Acabei desenvolvendo uma técnica de fechamento chamada Alimentar o Ego. Quando uma cliente entra na loja, mostro uma peça, faço alguns comentários e então paro e pergunto o que ela acha. Ela geralmente se enaltece, orgulhosa em mostrar seu conhecimento. Fico feliz em ouvir. No processo de falar sobre meus produtos, o *prospect* faz uma avaliação melhor de si próprio, da mercadoria e de mim. Meu negócio é marcado por boas amizades e bom lucro. Eu alimento o ego."

Em última análise, fechar uma venda sempre será a arte e a ciência de entender e controlar a natureza humana. Se você entender bem o lado humano de qualquer trabalho, as técnicas de fechamento serão duas vezes mais eficientes.

Seis Perguntas de Empatia que Fecham Vendas

Os *prospects* adoram compartilhar as experiências deles com você quando solicitados pede da maneira certa. Tente as perguntas a seguir quando buscar respostas:

1. Qual é sua experiências em lidar com sua chefe? Você acha que ela gosta deste estilo? Por que sim ou por que não?
2. Eu valorizo sua opinião. Sua empresa vê este serviço como uma necessidade ou um luxo? O que podemos fazer para que o vejam como uma necessidade?
3. Respeito seu julgamento. Quanto tempo devo levar explicando para seu supervisor? Ele gosta de reuniões breves ou de explicações mais detalhadas?

4. Você é um especialista nos assuntos internos de sua empresa. Entendo que você não tem uma verba para um gasto deste tipo no momento. *Existe alguma outra verba que pode ser alocada?* Sua ajuda é de grande valor para mim.
5. Qual tem sido sua experiência em termos de quantidades? Você pode encomendar _____ caixas por mês? O que acha?
6. Sua empresa parou de fazer negócios com alguns fornecedores neste campo. O que deu errado nesses relacionamentos?

Como Abrir a Boca de um Caladão

Você pode falar com um Caladão, mas ele não responde. Ele apenas te olha. Isso é irritante. Você perde a paciência. Mas é possível abrir a boca do Caladão facilmente e com sucesso agindo sobre uma força poderosa: o ego.

Apele para a vaidade do Caladão criando uma situação em que ele desempenhe a parte principal. Ele responderá tornando-se um grande tagarela. Georgina Thompson conheceu um dos mais resistentes boca-fechada. Ele era tão impassível quanto a Esfinge. Era desmoralizador. Certo dia, ela lhe disse: "Se existe algo que admiro em um homem é a capacidade de não falar exageradamente. Quando estou com o senhor, estou com um pensador. O senhor não fica falando sem parar – gosto disso. Como desenvolveu esse talento magnífico?"

Essa linguagem foi bastante forte. Thompson não sabia se ele a colocaria dali para fora. Mas ela não se importava – não chegaria a lugar algum de outra forma.

Pela primeira vez o Caladão se abriu. Falou bastante depois que começou. Explicou por que era insensato falar sem parar.

"Prefiro manter minha boca fechada e parecer um bobo do que abri-la e tirar toda a dúvida," ele disse.

Passados três anos ele ainda continuava a falar toda vez que Thompson o via. Ela fez com que ele *falasse* elogiando seu *silêncio*.

O que funcionou aqui pode não dar certo com outras pessoas. Entretanto, o princípio é o mesmo. Se você conseguir tornar o Caladão a figura central, ele não será mais calado. Fale sobre as esperanças, aspirações, os negócios ou os problemas dele. Faça elogios a ele com bom senso. Peça seu conselho. Estimule-o a tirar a máscara e revelar o lado humano que há por baixo.

Crie Empatia e Feche Mais Vendas

Como Atrair um Matraca

Outros *prospects* falam tanto e tão rápido que não dão chance de você abrir a boca. Pode ser sobre os mais diversos assuntos. Você se vê conduzido para fora da sala antes mesmo de chegar perto do ponto de fechamento do negócio.

O princípio de ação é exatamente o mesmo: apele para o ego. Direcione a conversa para os usos criativos de seu produto, dando ao *prospect* a oportunidade de se convencer. Interrompa apenas o tempo de elogiá-lo por ser um conversador inteligente. Então direcione os pensamentos dele para a compra da seguinte forma:

"Achei interessante o que disse um minuto atrás sra. Mason." Faça uma pausa por um instante e então diga: "A senhora disse que todo mundo deveria fazer uma provisão para difundir seu negócio."

Ela: "Sim."

Você: "Não preciso lhe dizer, sra. Mason, que concordo, assim como toda pessoa sensata deveria. É exatamente aí que nossa proposta se adapta ao seu caso." Então faça seu serviço.

Apelar fortemente para o ego do *prospect* banirá outros pensamentos e lhe proporcionará um bom terreno para o fechamento.

O Fator Humano Vital

Com a ênfase atual na comunicação global instantânea, é fácil esquecer que o fechamento baseia-se na arte de baixa tecnologia de tratar pessoas como pessoas.

O vendedor domina perfeitamente as particularidades do processador de texto com a impressora laser. Mas esse conhecimento não vai vender uma única unidade se o vendedor não convencer o comprador de que ele *precisa* e *quer* o produto.

Você já passou pela experiência de comprar um carro e se sentir bombardeado por milhares de termos técnicos que nunca quis saber? Sua cabeça lateja enquanto você tenta comparar os benefícios de um plano de financiamento de cinco anos com a opção de um leasing de três anos. Você foge da concessionária. E junto se vai aquela sua empolgação pelo lindo modelo vermelho em exposição.

As pessoas não compram características, elas compram *benefícios* comerciais ou pessoais. Isso é mais verdadeiro nesta era do que jamais foi. O vendedor que se esquece disso está em apuros.

Considere o seguinte paradoxo: as pessoas são todas iguais. No entanto, cada pessoa é única. Aprender truques para lidar com cada indivíduo é uma missão impossível.

Mas quando você percebe que todo mundo precisa e quer ser reconhecido como um indivíduo especial, está no caminho certo.

Você pode criar empatia sem pronunciar uma única palavra: apenas com um sorriso. O vendedor que não sorri, não agrada. Grandes vendedores sempre usam esta técnica importante. Ela aumenta inquestionavelmente as chances de fechar vendas.

Considere o pior dos cenários: seu *prospect* lhe diz que não vai comprar. Nesse momento, sorrir é a última coisa que você tem vontade de fazer. Você se sente rejeitado, derrubado, irritado. Mas não pode demonstrar. Sorria. Isso denota mais expressivamente do que palavras que você aprecia o ponto de vista e entende a decisão dele. Também esconde emoções reais até que você possa decidir sobre como responder.

Um gerente de vendas contratou Jay B. Iden, um diretor famoso da Broadway, para ensinar seus vendedores como sorrir! Iden pegou um por um da equipe, ensaiou seus melhores sorrisos, os criticou, apontou erros e os deixou constrangidos. Muitos achavam que já sabiam como sorrir, pois faziam isso todos os dias na linha de fogo. Mas este especialista em comunicar emoções pessoais ressaltou: "Geralmente o que você acha que é um sorriso é um *sorriso amarelo.*"

Um sorriso de verdade conquista afeição. Um sorriso amarelo a destrói. Os olhos fazem a diferença. Num sorriso verdadeiro, os olhos também sorriem. Num sorriso amarelo, apenas a boca o faz. Os olhos continuam duros, frios, hedonistas.

Após duas semanas na clínica de sorriso, o pessoal treinado por Iden aumentou as vendas em 15 %. O tipo certo de sorriso fará isso.

A Pausa que Refresca o Fechamento

Um dos elementos mais dramáticos em uma peça de teatro é o intervalo inserido estrategicamente. Às vezes, o espaço em branco em um anúncio é mais eloquente do que o enorme título. No fechamento de uma venda, a pausa – o bloco de silêncio – geralmente concretiza o negócio.

A pausa permite que você controle a conversa como nada mais consegue. Ela lhe dá uma vantagem sobre o comprador. Ajuda você a se recompor caso o comprador o pegue desprevenido. O silêncio é uma ferramenta poderosa para influenciar os outros.

Você vem tentando fechar uma venda e o comprador rejeitou você. As objeções dele não têm embasamento e você sabe como responder a elas. Em vez de responder, você faz uma pausa. Não diga nada. Observe o sorriso dele e fique quieto. A pausa lhe dá uma vantagem. Poucos conseguem ficar em silêncio. Ele ficará imaginando o que você vai dizer. Isso lhe dá uma vantagem quando começa a falar.

Nove

Sua Fórmula Mestra:
Sete Técnicas de Fechamento

A esta altura você já deve ter chegado a essa conclusão: fechar vendas não é algo simples que acontece sozinho. Bons vendedores seguem uma fórmula. Eles sabem o valor de tudo o que fazem. Esses homens e mulheres são meticulosos. Sua habilidade em lidar com os detalhes aparece na maneira como eles utilizam a fórmula já comprovada de fechamento.

A fórmula mestre de fechamento, venerada por todo bom vendedor, é composta por quatro partes simples. No entanto, ao seguir essas regras, bons vendedores conseguem milagres de vendas e ganham fortunas. E você também pode.

A fórmula clássica composta por quatro partes consiste em:

1. tornar cada visita uma visita de vendas;
2. tentar fechar logo de princípio em todas as vendas;
3. fechar em cada objeção;
4. continuar tentando repetidamente.

Estou ouvindo gozações como "simplista demais" e "infantil" por aí? Já imaginava! O maior problema com as grandes idéias é torná-las muito simples. Seus pares vêm simplificando há décadas. Agora é hora de você capitalizar no produto do suor deles. Certamente não existe nada novo ou complicado sobre a fórmula – se você a utilizar com regularidade.

Vamos dissecar a fórmula passo a passo.

1. Torne Cada Visita uma Visita de Vendas

Por que fazer uma visita sem tentar fechar uma venda? Você não é um visitante nem quer matar o tempo no trabalho. (Embora muitos vendedores se qualifiquem para ambos.) Você é um vendedor. Sua principal finalidade é trazer pedidos.

Adotar a primeira regra - tornar toda visita uma visita de vendas — confere a você uma imagem que supera aquela de *embaixador da boa vontade* ou *missionário*. Você será reconhecido pelo único título honroso de que precisa: *vendedor* especializado em *fechamento*, hora da verdade na arte de vender.

Eventualmente (até mesmo os melhores vendedores falham de vez em quando), você acabará como um missionário da boa vontade. Deixe que seja acidental, nunca programado, quando acontecer.

Se você tornar toda visita uma visita de vendas, tentará fechar em cada uma dessas ocasiões, não é mesmo? Isso nos leva à segunda regra.

2. Tente Fechar de Princípio em Cada Demonstração

Você sabe o que Hugh Bell pensa sobre fechar logo. A maioria dos bons vendedores pensa assim: tente logo; às vezes, até mesmo com suas primeiras palavras!

Tom Cook, um vendedor determinado e insistente, começava cada venda com um apelo por um pedido – freqüentemente em suas primeiras palavras. Os compradores *não conseguem* resistir a essa firmeza e insistência por muito tempo.

O método de Cook é tão sincero e direto quanto uma criança pedindo bala.

"Sr. Phillips, estou fazendo esta visita hoje para pegar seu pedido de meus serviços, assim que eu conseguir provar o valor deles para o senhor."

É isso. Sem vacilar. Sem rodeios. Sem duplos sentidos. Apenas uma afirmação objetiva: "quero um pedido, e estou aqui para consegui-lo."

Geralmente ele conseguia. Este ex-pregador amealhava 100 mil dólares por ano. Grandes vendedores não são tão rápidos em seu fechamento, mas tentam obter seu pedido no princípio da conversa. Utilize a segunda regra bem e consistentemente. Ela levará você ao banco sempre.

3. Feche a Cada Resistência

Feche a cada resistência. Conselho estranho? Espere, funciona. É isso que importa, não é – técnicas que produzam mais vendas e dinheiro?

Sua Fórmula Mestra: Sete Técnicas de Fechamento

O comprador acaba de fazer uma objeção. Ele não vai comprar. Não gosta de seu produto. Não gosta de sua empresa. Ele já está com a desculpa pronta. Ouvir a história dele de que é tão pobre, que sua tia idosa de Keokuk precisou trabalhar de caixa num supermercado para ajudá-lo. Você não espera que ele compre, espera?

Comprar é *exatamente* o que você espera. Quando ele disser não, avance com uma ação de fechamento.

Jack Nickerson, que vende serviços de gerenciamento, está fazendo uma visita a Caleb Busch, um comprador com o dobro de sua idade (sempre um desafio para um jovem). O veterano Busch é um espanta-vendedor. Ele se orgulha de nunca ser convencido. Mas a idéia da compra deve sempre ser dele, nunca do vendedor.

Neste dia, para complicar a situação, Busch não está se sentindo bem. Além disso, seu fundo de ações está em queda. Ele está com pressa de se livrar de Jack.

"Não quero comprar, filho. Não estou interessado. Já esqueci mais sobre gerenciamento do que sua empresa jamais saberá. Passe bem."

Ele volta-se para a papelada em sua mesa. O que esse jovem vendedor dispensado faz? Tenta um fechamento, é claro. Jack começa a preencher o contrato. "Quem disse que quero o serviço?" berra Bush.

"Eu ouvi o senhor," diz Jack. "Não acreditei. Não acredito que o *senhor* acredite. O que o senhor me diz sobre finalizarmos isso logo?"

Caleb Busch, que queria o serviço, mas como uma idéia sua, assinou.

"Você faz isso com todos seus *prospects* – tira pedidos quando eles acabam de lhe dizer que não vão comprar?" Bush perguntou a Nickerson.

"De que outra forma? Eu jamais terei o *prospect* em outra posição mais vulnerável do que quando está me dispensando. Quando um boxeador dá um soco forte ele perde o equilíbrio. O mesmo acontece com um *prospect*. Ele está sem equilíbrio e sua mente está temporariamente fechada. Que momento melhor para ir atrás de um pedido?"

Isso não funciona com todo mundo. Talvez não funcione em três de cinco vezes. Mas se você tentar fechar em uma resistência e perder, que risco você corre? O comprador já disse não mesmo. Aprenda, memorize, pratique e siga a terceira regra: feche a cada resistência.

4. Continue Tentando Repetidamente

Continue tentando fechar, não importa quantas vezes o comprador o tenha rejeitado. Continue tentando fechar.

Volte um pouco atrás na venda. Reconstrua o processo novamente. Então, tente um novo fechamento. Tente todas as ações de fechamento que conhece até que ele compre – o que provavelmente ele fará – ou que, finalmente, se livre de você para sempre.

Certa vez testei um vendedor profissional para ver o quanto ele insistiria até fechar. Rejeitei-o propositadamente, conscientemente, irracionalmente, mas ele continuou obstinadamente tentando fechar.

Eu precisava desse produto no escritório. Eu o queria de qualquer maneira, mas queria ver quantas vezes ele voltaria. Ele tentou 16 vezes.

Quando tudo acabou, pedido assinado, perguntei a ele quantas vezes mais ele continuaria tentando fechar.

"O quanto você tivesse me deixado – uma semana, se necessário," ele respondeu. Esse era um profissional veterano falando, recomendando a quarta regra da fórmula: continue tentando.

Sete Chaves Secretas de Fechamento

Verdadeiros profissionais de vendas seguem esta fórmula de quatro pontos, associada a técnicas comprovadas de fechamento de vendas.

Agora você terá uma noção prévia dessas técnicas de fechamento. Mas lembre-se sempre da *fórmula* e ative-a por meio das *técnicas*. Muitos vendedores fecharam vendas volumosas com a mais insipiente das técnicas. Mas qualquer vendedor que não tenha utilizado a fórmula de quatro pontos não conseguiu grandes resultados.

Rudyard Kipling descreveu os cinco sentidos como "cinco serviçais que me ensinaram tudo o que sei." Os vendedores usam *sete* – sete chaves secretas que abrem as vendas.

Na verdade, você estará munido de um arsenal de chaves de fechamento tão poderoso quanto uma metralhadora de helicóptero. Domine e utilize essas sete chaves. Uma vez que aprenda o básico, as variações vêm depois.

Fechar vendas é como jogar pôquer. Todo mundo consegue aprender após algumas rodadas, mas nenhum jogador sério domina completamente o jogo se parar de aprender mais. Amarillo Slim, o homem que venceu o Campeonato Mundial de Pôquer em Las Vegas, vence em um ano consciente de que alguém pode passar a sua frente no ano seguinte, como, às vezes, acontece.

Sua Fórmula Mestra: Sete Técnicas de Fechamento

As regras de fechamento são simples, mas ninguém jamais dominou a técnica o suficiente para tentar parar de se aprimorar. Nos próximos capítulos, você verá detalhes sobre as sete técnicas comprovadas de fechamento de vendas – com exemplos dos vendedores mais eficientes do mundo.

Adapte e adote essas técnicas em seu fechamento. Cada chave depende muito das circunstâncias e de duas personalidades: a sua e a de seu *prospect*. Algumas técnicas nunca parecerão naturais para você. Algumas sim. Algumas você nunca conseguirá usar com eficiência. Outras sim. Você não precisa usar todas para aprimorar seu fechamento consideravelmente.

Mas mantenha o maior número de flechas possível em sua aljava de vendas. No momento e no local certo, você terá o arsenal para fechar uma venda difícil – qualquer tipo de venda. Comece conhecendo todas as técnicas. Se você encontrar alguma que não combina com seu temperamento ou personalidade, utilize-a apenas ocasionalmente. Mas comece com conhecimento. Você ficará surpreso em ver como surgirão maneiras diferentes para utilizá-las.

Temperamento, seu e do *prospect*, diz muito a respeito de sua escolha de técnica de fechamento. Se você dominar todas as técnicas através de uma prática diligente, terá sete vezes mais oportunidades de fechar. Não entre na rotina de usar sempre a mesma técnica. Ajuste as sete chaves a sua personalidade, produtos e *prospects*. Mais vendas certamente virão.

A seguir, estão as sete chaves secretas para fechar vendas:

1. **Sem sombra de dúvida.** Você fecha supondo que seu *prospect* vai comprar. Você considera garantido que o comprador dirá sim.
2. **Pergunta menor.** Fazendo o comprador decidir sobre algo de importância secundária, tal como a cor do estofamento de um automóvel ou o formato da suíte máster de uma casa de 300 mil, você motiva o comprador a lhe dizer se está pronto para comprar.
3. **Faça alguma coisa.** Bons vendedores seguem esta regra: ação física é a maneira mais fácil, garantida e rápida de fazer o comprador comprar. Nove de cada dez vendas devem ser fechadas através de alguma forma de ação física.
4. **Evento iminente.** Baseia-se num evento iminente que apressa o fechamento da compra. Embora possa sugerir alta pressão, tem um lugar legítimo na maleta de um vendedor eficiente, como você verá.

5. **Endosso de um terceiro.** Esse é um fechamento narrativo. Você conta histórias sobre outros usuários para ilustrar aspectos e estimular a ação. Esta técnica – uma das mais eficazes – ajuda você a fechar vendas que, de outra forma, seria difícil.
6. **Algo por nada.** Você conclui seu argumento introduzindo uma persuasão à compra. Esta técnica é quase perfeita se usada apropriadamente. Ela apela para o desejo algo-por-nada do ser humano.
7. **Peça/pergunte e obtenha.** Em certas situações, a melhor estratégia de vendas é pedir corajosamente pelo pedido. Esta técnica, assim como as outras seis, deve ser usada cuidadosamente, no momento certo e sob as condições certas.

Dominar estas sete técnicas de fechamento apresentadas fará uma grande diferença em sua renda.

Como Adequar a Ferramenta à Necessidade

A pergunta óbvia é: *Qual* das sete chaves devo usar *quando* estou em uma determinada situação de fechamento? A alguns *prospects* é mais difícil de vender do que a outros. Alguns não responderão a certas técnicas. Alguns reagem favoravelmente a uma técnica. Outros não responderão a essa técnica em nenhuma circunstância.

Considere a chave Evento Iminente, uma maneira comprovada de fechar se empregada apropriadamente para os *prospects* certos. Mas alguns indivíduos desconfiados sentem-se ofendidos se você os pressiona mencionando um evento que pode afetar a capacidade de compra deles em outra ocasião. Por outro lado, a técnica funciona com sete de cada dez compradores.

Como você sabe com quais compradores não deve tentá-la? Porque faz um estudo contínuo dos *prospects* e clientes. À medida que avança em uma venda, faça anotações mentais sobre o tipo de *prospect* com quem está falando. Selecione as técnicas de fechamento com maior probabilidade de fazer esse *prospect* comprar. Consultar seu inventário mental e acrescentar dados a ele paga grandes dividendos.

Não aborde todos os *prospects* da mesma maneira. Examine as características de cada um (elas virão à tona se você conversar o tempo suficiente) e associe essas características à técnica de fechamento mais adequada ao temperamento do *prospect*.

Adaptando Técnicas à Sua Personalidade

Não surpreende que alguns vendedores se saem melhor com uma técnica do que com outras. Nem todos conseguem empregar as sete técnicas com a mesma habilidade e eficiência.

Desenvolva as suas favoritas o máximo possível, mas não negligencie as outras. Quando um comprador não responde a sua técnica favorita, utilize alternativas.

Pratique cada uma das sete técnicas diversas vezes, primeiro em sua mente e depois com os próprios *prospects*. Logo você conseguirá saber quais são as mais naturais e eficazes para seu temperamento.

Quando o momento do fechamento chegar, o discernimento assumirá o comando – discernimento baseado na experiência adquirida. Se você avaliou mal um *prospect*, não o considere uma causa perdida. Volte atrás e reconstrua. Tente fechar novamente, usando uma técnica diferente.

Muitas vezes, um *prospect* irredutível a seus maiores esforços através de uma determinada técnica, pode responder a outra. Quanto mais técnicas você dominar, mais oportunidades terá de fechar. Na verdade, você tenderá a escolher a técnica certa instintivamente – após conhecer bem a todas. Repetindo, a utilização de uma ou outra depende de sua convicção em uma determinada técnica, sua personalidade e, sim, seu *tamanho*.

A abordagem de um ex-jogador de futebol americano de 100 kg vendendo aço para o setor certamente será nitidamente diferente da abordagem de uma vendedora de cosméticos de 45kg. Ele pode preferir uma abordagem mais "física", ela uma abordagem mais refinada e charmosa. (Surpresa: pode ser exatamente o oposto!) Entretanto, ambos podem ser vendedores eficientes.

Certamente, você terá suas técnicas favoritas. Por exemplo, Red Motley normalmente escolhia a técnica Endosso de Terceiros; contar histórias era natural para ele. Ele fechava vendas assim.

Bob Blaney, um indivíduo sem refinamento que vendia grandes quantidades de carne no atacado, baseava-se em pedir e obter. Era natural para ele. Ele não conseguia contar histórias como Red Motley. Ele era do tipo cão de caça e capitalizava sobre seus talentos dessa forma.

Agora é hora de você estudar cada capítulo e empregar os métodos utilizados pelos campeões.

PARTE II

CAPITALIZE COM SUA HABILIDADE DE CONTROLAR AMBOS – APRESENTADOR E COMPRADOR

Agora que você sabe quem você é e quem é seu comprador, é hora de começar a conduzir encontros comprador-vendedor para o terceiro ato – o fechamento. Aqui, examinaremos as técnicas de fechamento documentadas e aplaudidas por profissionais.

As principais técnicas que você utilizará com mais freqüência se tornam intuitivas. Você as amplia suas possibilidades com técnicas especiais que lhe dão poder para responder a situações incomuns – freqüentemente técnicas simples que causam impacto. As técnicas principais e especiais de fechamento aplicam-se tanto a compradores individuais como empresariais.

Em pouco tempo, você dominará essas técnicas para alavancar sistematicamente sua carreira de vendas, uma carreira fundamentada pelas mudanças na nova ordem mundial de velocidade e interconexão global.

DEZ

Fechando com a Chave Sem Sombra de Dúvida

O letreiro do espetáculo de um *show-man* dizia: *Banjo Dancing*. Uma crítica foi citada: –"Fascínio Americano." Mesmo assim, enquanto lotavam o teatro, as pessoas pareciam duvidosas. Afinal, este tipo de espetáculo depende sobretudo das habilidades e do apelo desse único ator. Mas quando Stephen Wade entrou descontraidamente vindo do fundo do auditório, ganhou o público.

Após uma abertura eletrizante, cantando e tocando seu banjo, Wade mostrou uma caneta esferográfica e apontou para um homem na primeira fila:

"Você está pronto para comprar esta caneta, agora. Somente 25 centavos." O espectador pagou os 25 centavos e levou a caneta.

"Nunca perca a oportunidade de vender para clientes com dinheiro na mão." Ele correu para o palco e pegou um punhado de canetas.

"Essas canetas escrevem dos dois lados do papel," ele disse, e vendeu outras dez.

Correu de um lado para outro dos corredores.

"Essas canetas escrevem em qualquer língua," disse ele, e vendeu outras 20. O público estava excitado. As pessoas de pé, com o dinheiro na mão, gritavam: "Aqui! Pegue o meu! Eu sou o próximo!"

Após vender 40 canetas por 25 centavos cada, o produto de Wade se esgotou – e ele continuou o espetáculo.

"O quadro, baseado na tática de um vendedor real, também faz parte do tal fascínio americano," Wade disse. "Neste país, se você assume que as pessoas vão comprar, peça direito e elas *de fato* compram."

SEGREDOS DO FECHAMENTO DE VENDAS

Não Há Dúvida, Você Fechará

Você acaba de participar de uma demonstração da técnica *Sem Sombra de Dúvida*. Wade nunca duvidou de que seu público compraria (Posteriormente, cada comprador descobriu que havia comprado uma caneta promocional do *Banjo Dancing*, o tipo de brinde que os promotores geralmente oferecem de graça.) Mas, como o público sentiu que Wade sabia que eles comprariam, compraram em massa uma peça promocional do show pelo qual já haviam pago para ver.

Agora observe um profissional de vendas de tempo integral utilizando a mesma técnica. Bill Decker vende móveis para hotéis, universidades e outras instituições. Decker é um mestre. Em seu ramo, não podemos pressionar um *prospect*; você deve usar uma tática de venda lenta, suave e, então, um fechamento agressivo.

Ao vender um pedido de 250 mil dólares para mobiliar e equipar um hotel novo, Decker precisa fechar com:

- o arquiteto ou o suporte (comprador-especificados);
- o operador ou o proprietário do hotel (comprador verdadeiro).

O comprador-especificados está sempre envolvido. "Geralmente é o arquiteto," afirma Decker, "e, às vezes, o decorador de interiores. Pode ser o financeiro – quase sempre um comprador astuto também."

Decker vai ao comprador-especificador primeiro. Ele usa a técnica Sem Sombra de Dúvida. Ele supõe que seus móveis e equipamentos são o que o comprador quer. Nenhuma dúvida quanto a isso. Ele descreve uma imagem de como o hotel ficará refinado com essas instalações.

"Será maravilhoso ter móveis de qualidade como esses desde o princípio!", ele diz entusiasmadamente. "Você quer aparência e durabilidade, não quer?"

"Parece bom," o comprador-especificador diz.

A venda número um está feita. Agora Bill aborda o operador ou dono do hotel, munido da aprovação do designer ou do financeiro. É claro que ele diz ao operador que "essas características são exatamente o que o Sr. Especificador quer."

Ele joga de um para o outro, como o famoso trio do beisebol: Tinker para Evers[1] para Assinatura – e não para Chance.

---

[1] N. da T.: O autor faz um trocadilho com a expressão *Tinker to Evers to Chance*, cunhada pelo jornalista Franklin Pierce Adams em um poema sobre o passe criado pelo famoso trio de jogadores de beisebol do Cubs de Chicago: Joe Tinker, Johnny Evers e Frank Chance. No caso, a palavra *chance*, que significa possibilidade, é substituída por *sign up* (assinatura).

Fechando com a Chave Sem Sombra de Dúvida

É a mais simples das técnicas de fechamento: ele assume que conseguirá o pedido e consegue. Uma técnica de fechamento interessante e bem-sucedida: "Sem Sombra de Dúvida".

Você já conhece a condição emocional do comprador no fechamento – não é normal. Isso significa que você deve ter certeza – nunca dúvida – sobre tudo o que diz e faz. Se você duvidar, hesitar, questionar, pensar ou se prender a minúcias, o comprador fará o mesmo. Seja positivo, dogmático, firme e confiante e construirá qualidades semelhante na mente do comprador – e fechará o negócio.

Para usar a técnica Sem Sombra de Dúvida, você induz o comprador mantendo essa premissa fixa em sua mente e perante o comprador.

Você está na empresa do comprador. Percebe que é hora de fechar. A chave Sem Sombra de Dúvida enquadra-se perfeitamente. Você diz, "Posso usar o telefone um minuto? Quero ligar para meu escritório e dizer como você quer que eles cuidem disso." O comprador diz: "Claro." Sua resposta: feito!

Não foi simples, natural e fácil? Você meramente assumiu que ele compraria e deu um empurrão. Ele comprou. Mas talvez isso não acontecesse se um vendedor despreparado tivesse proposto o pedido com menos segurança.

O grande segredo desta técnica é ter certeza de que o comprador comprará. Você *sabe* que ele vai comprar. Quanto a isso você é positivo. Você supõe que é meramente uma questão de acertar alguns detalhes como condições e entrega. A única questão é *quando*. Como William S. Gilbert escreveu em *Os Gondoleiros:*

> *Disso não é possível existir dúvida*
> *Qualquer dúvida possível*

Como Conduzir seu *Prospect*

A palavra *quando* é mágica em bater o martelo no fechamento. Até mesmo um *quando* não verbalizado é útil. Se seu cliente quer o que você está vendendo, certamente existe um momento em que a receptividade dele está no auge. Faça com que ele se concentre na questão do tempo e você arrematará a decisão.

Suponha que você esteja mostrando roupas a uma cliente do varejo. Ela gosta de um casaco, mas está indecisa. Você diz: "Deixe-me ver. Você quer esta peça até o próximo sábado, no mais tardar. Hoje é sexta-feira. Temos como arranjar isso. Podemos entregar sábado."

Você não precisa perguntar *se* ela vai comprar. Você assume que ela irá. A menos que existam obstáculos consistentes que impeçam isso (tal como a impossibilidade de pagar), você fechará a venda na hora. A técnica *Sem Sombra de Dúvida* geralmente facilita a compra.

Para variar seu fechamento, pergunte a ela: "Para quando você precisa deste conjunto?" A suposição de que o *prospect* irá comprar deve vir de você. Deve estar em *sua* mente primeiro, indissociavelmente vinculada a sua opinião de si mesmo de vendedor profissional.

Se você hesitar, o mesmo acontecerá com o cliente. Se você mostrar dúvida ou apreensão, então dúvida e apreensão tomarão conta da mente dele. Você deve estar seguro, positivo, impetuoso. Não diga ou faça nada que não implique a convicção absoluta de que vai fechar.

Um consultor administrativo estava em busca de um imóvel comercial de luxo em Manhattan para alugar. A corretora dominava seu negócio. Ela mostrou diversos escritórios, sem nunca supor por um momento que seu cliente não alugaria. A única questão era *quais* imóveis o atenderiam melhor. Após explicar sobre cada escritório, a corretora chegou à conclusão de que era hora de fechar. Ela utilizou a técnica Sem Sombra de Dúvida.

Levou o cliente a um escritório com vista para o rio: "Gosta desta vista?"

O *prospect* disse que sim, que gostava.

Então a vendedora preparada levou o cliente ao outro lado do prédio e perguntou se ele gostava da vista da cidade.

"Muito," o consultor respondeu.

"Qual das vistas prefere?"

O *prospect* pensou e disse, "O rio é imbatível."

"É verdade. Este é o imóvel que deseja, com certeza," disse a vendedora.

O *prospect* não teve chance de escapar.

Você desenvolverá muitas formas de usar Sem Sombra de Dúvida. Esta técnica é valiosa porque é útil em muitas situações diferentes e é segura. Supor que o *prospect* comprará não ofende. Você não faz nenhuma pressão. Discretamente você o leva a uma decisão, porém, essa decisão chegou em sua mente primeiro.

Quando o empreiteiro Samuel Horowits, um dos maiores vendedores de sua geração, começou a conversar com Frank W. Woolworth sobre construir o que viria a ser o Woolworth Building em Nova York, ele encontrou forte oposição.

Mas persuasão demais era elixir para Sam. Após mais uma visita infrutífera a Frank (o mesmo jeito evasivo e indeciso), Horowitz, com uma ligeira demonstração de ressentimento, levantou-se, estendeu a mão e disse petulantemente: "Vou fazer uma previsão, Sr. Woolworth. O senhor vai construir o maior prédio do mundo e eu vou levantá-lo para o senhor."

Ele foi embora.

Vários meses depois, quando as obras começaram, Woolworth disse a seu vendedor mestre, "Você se recorda do dia em que me disse que eu construiria o maior prédio do mundo e você o levantaria para mim?"

"Sim."

"Bem, nunca consegui tirar isso de minha mente."

É claro, você não vende prédios de milhares de dólares. Mas a mesma técnica de fechamento funciona para seu produto ou serviço.

A mesma pretensão de qualidade, a mesma auto-confiança, a mesma serenidade e convicção que vendeu o Woolworth Building fechará vendas para você. O que está esperando? Você sabe que o *prospect* vai comprar!

Temos que Ir

O velho Amos Hawkins, um sargento-major reformado do exército britânico, tinha extremo valor para que ficasse aposentado quando a guerra estourou de novo. Mas os recrutadores não conseguiram fazê-lo voltar à ativa. O magistrado local conversou com ele, dizendo que era sua obrigação se alistar. Nada funcionou. Sua esposa e filhos tentaram convencê-lo. Ele estava irredutível.

Outros com influência sobre ele apelaram para patriotismo, dever, obrigação com o país. Todos foram rechaçados. Nessa guerra, Amos disse, eles teriam que se virar sem ele.

Passado um tempo, seu ex-comandante de batalhão disse, "Acho que posso fazer Amos se alistar. Deixe-me tentar."

"Você não vai conseguir," disse o recrutador. "Todos nós já tentamos."

"Em todo caso, vou falar com ele."

O capitão foi até a casa de campo onde Amos desfrutava sua aposentadoria. Ele não apelou para patriotismo, dever ou sacrifício pessoal.

"Você se lembra de quando atolamos em Venture Ridge e do que passamos lá?" ele perguntou a Amos.

"Lembro-me muito bem."

"E você se lembra da lama e dos ratos?"

"Ninguém consegue esquecer isso!", Amos respondeu.

Conversaram assim por quase dez minutos. Então o capitão, após um longo silêncio, levantou-se e disse, "Bem, Amos, estamos nela de novo, e acho que temos que ir."

Amos levantou em posição de continência e disse "Sim, senhor. Estamos nela de novo e temos que ir!" Ele foi até o escritório de alistamento e reativou. Sem Sombra de Dúvida.

E. F. Gregory, corretor conhecido no ramo de seguro de saúde e de acidentes, prefere utilizar esta técnica a qualquer outra. Gregory não pergunta a seu *prospect* nome, idade, endereço e assim por diante. Ele pergunta: "Você já fez alguma cirurgia?"

"Sim. Dez anos atrás."

Gregory preenche a informação na ficha de admissão na frente do cliente. Ao ver Gregory escrevendo, o *prospect* reage rapidamente.

"Ei, eu não disse que queria o seguro."

Gregory responde calmamente: "Sei que não disse. Neste momento, enquanto conversamos, não vejo razão para não conseguir. Mas nosso departamento de subscrição é bastante exigente. Só depois de examinarmos essa declaração de saúde poderemos dizer se será aceito ou não."

Agora o *prospect* quer provar que *pode* se qualificar. No final do jogo, o *prospect* percebe que *sim,* que quer o seguro.

Viu como é eficaz fechar com Sem Sombra de Dúvida?

Pedindo Mais por Via Indireta

Uma variação da técnica de Gregory é pedir mais do que você espera. Um homem que quer US$ 25 emprestado, pede US$ 50. Para se defender, o amigo diz que US$ 50 não é possível, mas US$ 25 ajudaria?

O ex-vice-presidente americano Thomas R. Marshall, do estado de Indiana (famoso pela frase "O que este país precisa é de um bom charuto de cinco centavos."), concluiu que a melhor forma de obter a aprovação de uma previsão orçamentária no Congresso era pedir o dobro do necessário. O Congresso, considerando-se perspicaz e econômico, cortava o orçamento pela metade – aprovando o montante exato que Marshall queria. Desde então, esta técnica tornou-se praxe em Washington, D.C.

Em seu fechamento, faça uma recomendação mais ambiciosa do que acha que o *prospect* pode aprovar. Se ele precisar de uma quantia maior, e aceitar, ótimo. A probabilidade é de que ele sugira um compromisso, uma quantia menor.

James Morris, um vendedor de equipamentos para escritório, atingiu um recorde extraordinário em um campo difícil sugerindo que o cliente experimentasse um determinado número de equipamentos – um número muito maior do que o *prospect* conseguiria usar. Reduzir o pedido distrai o cliente. Ele não se preocupa mais se deve testar os equipamentos, mas apenas quantos deve testar. Esta técnica "tente um número maior" funciona!

Pedindo Mais e Conseguindo

Charles Mandel, vendedor de espaço publicitário em uma revista de aviação, leva o plano, "pedir mais" um passo adiante: ele pede mais e espera conseguir *tudo*. Muitas vezes, acontece.

"Se um indivíduo quer comprar uma página, então meu trabalho é vender *duas* para ele," diz Mandel. "A função de um vendedor é maximizar a compra. Quando visito um anunciante que quer comprar uma página, sei que meu trabalho é convencê-lo a levar quatro."

Mandel, cuja experiência em vendas o ascendeu a editor da *Science Digest*, diz a sua força de vendas para transformar um talvez em um sim, um comprador de duas páginas em um de quatro, um de quatro páginas em um de doze.

"Recentemente, um de meus vendedores chegou com uma campanha de doze páginas" disse Mandel. "Ele me contou que o anunciante era sensacional e que adorava a revista." Eu disse, "Excelente, vamos voltar lá e falar com ele." Meu vendedor achou que eu ia acabar com o negócio. Perguntei ao cliente por que havia comprado doze páginas. Ele explicou que tinha uma verba que devia gastar até o Natal. Eu disse "Por que não compra trinta e seis páginas?" O pedido passou de 12 para 36 páginas.

"Na verdade, quando o anunciante diz que quer doze páginas, o trabalho do vendedor está apenas começando. Sua tarefa é conseguir que o anunciante de 12 passe para 36 páginas. Afinal, o comprador pediu 12 páginas *por conta própria!*"

Mandel acredita que a pergunta-chave é *por quê?*

Charles Mandel pede mais, espera conseguir e quase sempre consegue. Isso é Sem Sombra de Dúvida com um nível maior de potência.

A sugestão é talvez a força mais poderosa no relacionamento humano, mas muitos vendedores usam o método indireto para aumentar o lucro. Os psicólogos afirmam que sete de cada dez pessoas respondem a uma sugestão apresentada de maneira apropriada.

"Você vai querer esta roupa para usar na reunião de sexta-feira, não vai?" você pergunta. "Sim," o *prospect* responde.

"Esta cor combinará melhor com suas cortinas do que a outra?"

"Acho que sim."

"Você acha que três dúzias é um bom começo?"

"Sim."

É assim que funciona – você fazendo sugestões e seu *prospect* concordando.

A melhor coisa sobre a pergunta indireta é que raramente você recebe uma negativa. Peça diretamente a uma pessoa para comprar e ela pode dizer não. Mas isso não acontecerá com uma pergunta indireta.

Nove Argumentos Arrematadores

Às vezes, o vendedor está indo bem com Sem Sombra de Dúvida. O *prospect* está na iminência, mas ainda não fechou. Você precisa de um argumento para arrematar. Tente o seguinte:

- Você não está entusiasmado para ter este novo _____?
- Podemos ter seu sim neste contrato?
- Você pode imaginar a felicidade do pessoal de seu escritório quando você contar a eles que está implementando este novo sistema?
- Por favor, rubrique estas instruções de despacho.
- Você não está feliz por ter dominado o touro pelos chifres e tomado uma decisão hoje? *Posso ter seu autógrafo?*
- Você está feliz por ter tomado esta decisão produtiva?
- Não é um grande alívio poder pôr um fim em sua busca?
- Não é maravilhoso você ter encontrado o que procurava?

A História de Sucesso de Mehdi

Mehdi Fakharzadeh, uma das histórias de maior sucesso em vendas, é um usuário de primeira de Sem Sombra de Dúvida. Entretanto, é o vendedor mais improvável que

Fechando com a Chave Sem Sombra de Dúvida

já existiu. Em 1948, Mehdi emigrou do Oriente Médio para os Estados Unidos. Precisou aprender inglês. Começou trabalhando como trainee para a Metropolitan Life. Também teve que aprender sobre seguros. Todas as probabilidades iam contra ele.

Hoje ele é o que mais produz da força de vendas da MetLife, composta de 25 mil integrantes. As comissões das vendas fizeram dele um milionário.

Mehdi sempre assume que cada *prospect* irá comprar. A maioria compra. Ele nunca duvida de sua habilidade de vender – ou da capacidade do *prospect* de comprar. Mehdi vendeu nove planos Key Person para uma empresa de consultoria conhecida de Nova Jersey.

"Ele foi muito profissional," um dos sócios disse. "Ele não pressionou. Exatamente o oposto do vendedor agressivo. Falou com embasamento. Citou números. Após apresentar seus argumentos, a única coisa sensata a fazer era comprar."

As apresentações Sem Sombra de Dúvida de Mehdi para empresários apelam primordialmente para a razão. Veja como Mehdi discute sobre o plano Key Person com Tony e Tom.

Mehdi: Tom, o que acontecerá com este negócio se seu sócio Tony morrer? [Mehdi nunca sugere que a pessoa com quem está conversando irá morrer.] A perda de uma pessoa importante pode prejudicar uma empresa mais do que qualquer outra tragédia. É uma das principais razões do fracasso das empresas. Eu tenho um plano que pode proteger sua empresa.

Tom: Não sei se temos cacife para isso.

Mehdi: Eu recomendo um seguro para você e Tony no valor de 300 mil dólares cada. Se seu sócio falecer, minha empresa pagará a importância segurada livre de impostos.

Tom: Me parece uma cobertura muito alta.

Mehdi: Verdade? Você e Tony juntos respondem por 6 milhões de dólares em vendas ao ano. Quanto ganham em cada dólar vendido?

Tom: No ano passado cerca de cinco centavos por dólar.

Mehdi: É essa a conta. Cinco por cento de 6 milhões é 300 mil. Uma apólice empresarial irá assegurar seu lucro. Mas Tom, isso não é tudo. Isso tornará mais fácil para a empresa conseguir empréstimos.

Tom: Como?

Mehdi: Considere o seguinte. Qual é a preocupação de um banco ao emprestar dinheiro?

Tom: Receber o dinheiro de volta, é claro.

Mehdi: Bem, se Tony morrer, sua empresa pode fracassar, visto que vocês respondem por 6 milhões de dólares em vendas. Vocês podem ir a falência. Comprar este plano assegura a capacidade de sua empresa pagar um empréstimo vultoso.

Tom: E quanto isso custará?

Mehdi: Praticamente nada. É como transferir dinheiro de um bolso para outro. O dinheiro que você transfere para meu plano sempre estará disponível para você. Durante os 12 ou 13 primeiros anos do plano, a diferença entre sua contribuição anual e a quantia disponível é de cerca de dois anos de contribuição. Depois disso, mais dinheiro fica disponível para você.

Tom: Então, com quanto contribuo a cada ano?

Mehdi: Dependendo de sua idade, cerca de 2,5 a 3% de sua renda bruta.

Tom: Isso é quase 12 mil dólares! Você sabe quanto retorno sobre investimento eu consigo com 12 mil dólares em minha empresa? Cinqüenta por cento!

Mehdi: Sei que você é um excelente homem de negócios e pode conseguir esta taxa de retorno. Se sua empresa enfrentar uma emergência, a seguradora lhe emprestará o dinheiro que pagou, menos dois anos durante os últimos 12 ou 13 anos. Eles cobrarão apenas cinco por cento.

Tom: Mas se eu empresto dinheiro, tenho menos cobertura, certo?

Mehdi: Verdade – e por isso é importante pagar empréstimos de apólice assim que possível. Mas ao menos até que o empréstimo seja pago posso acrescentar uma cláusula de que o *valor real* do plano seja garantido. Requeremos que parte de seus dividendos comprem uma apólice com prazo de um ano correspondente ao *valor real*. Então como vê, meu plano ajuda a proteger o lucro de sua empresa caso algo aconteça a você ou ao Tony.

Sua empresa recebe dinheiro livre de impostos no mesmo montante que a sua contribuição de lucro. Esta proteção do lucro, por sua vez, ajuda a melhorar sua classificação de crédito. Além disso, o dinheiro que você contribui no plano fica disponível para uma situação de necessidade. Você sempre sai ganhando.

Em algum momento você percebeu Mehdi duvidar de que Tom compraria? Não? Tampouco Tom ou Tony.

Não surpreende que os clientes de Mehdi dizem que quando ele termina, só há uma coisa que você pode fazer: comprar.

Sem Sombra de Dúvida é uma técnica útil e eficiente, a mais simples de aplicar e mais segura. Você vai se surpreender sempre fechando negócios que considerava impossíveis. Assuma que o *prospect* comprará – que não pode evitar a compra – e que você fará a venda. Então, haja como se estivesse apenas acertando alguns detalhes.

ONZE

Usando a Técnica Pergunta Menor

O fechamento raramente é uma situação simples do tipo ou/ou. Se você forçar o comprador a lhe dar um *sim* ou um *não*, pode muito bem ser um *não*. Mas se você conduzir o comprador gentilmente dando a ele perguntas fáceis e seguras para responder, geralmente ele lhe dirá, de fato, que comprará.

Não pressione o comprador exigindo uma resposta para uma pergunta importante. Faça uma pergunta simples confirmando o que você está vendendo. Ao responder, ele está comprando.

Esta é a base para a técnica Pergunta Menor.

Não Pergunte "Se," Pergunte "Qual"

Em Long Island, Bryce Harrow quebrou todos os recordes vendendo um carro de luxo no valor de 68 mil dólares. Após conversar com o cliente e estimular seu interesse, só faltava a assinatura do cheque. Harrow fisgava três de cada cinco propostas, segundo o jargão do setor.

Um especialista corporativo veio da China para aprender como Harrow fazia. O especialista acompanhou Harrow por mais de uma semana, observou detalhadamente como ele vendia e tudo o mais no processo. Após oito dias, o especialista concluiu que Harrow era o mais forte no que muitos eram os mais fracos – no fechamento.

Harrow desenvolveu sua própria técnica de fechamento, e assim como todas as melhores técnicas, esta era simples, natural e aparentemente imbatível. Funcionava para idosos, funcionava para jovens. Funcionava para homens e mulheres. Para os arrogantes, assim como para os humildes.

Harrow conhecia seu carro, portanto descrevia suas superioridades, fascinava o cliente e apelava para o ego – todas boas técnicas. Então, quando chegava a hora do fechamento, ele mostrava-se extremamente despreocupado – despreocupado, mas não indiferente. Ele trazia um pequeno catálogo de monogramas dourados, do tipo que você vê nas portas de carros de luxo. Colocava na frente do cliente.

"Agora vamos decidir que tipo de monograma combina mais com você," ele dizia.

Lembrando, o cliente não disse nada sobre comprar o carro, nem mesmo deu indício de estar mais que interessado nele e não disse que estava convencido. Não importa. Harrow falava de maneira cativante sobre os monogramas. Ele discutia sua preferência e perguntava ao cliente se gostava do mesmo tipo de letra. Não? O cliente mostrou-se inclinado pela fonte Old English.

"Difícil de ler, não é? Sugeriu Harrow. Sim, mais difícil de ler do que a Times New Roman. Verdade. Mas classe – ela tem classe, não acha?" Isso Harrow admitia. A discussão sobre monogramas prosseguia e finalmente o cliente decidia sobre o melhor deles.

E ao decidir sobre os monogramas, o cliente concordou em comprar e pagar por um carro de luxo.

Harrow estava usando o fechamento *Pergunta Menor*, que dizia respeito a uma fase secundária ou subordinada da venda do produto. Entretanto, ao responder a pergunta, o comprador deu permissão para dar entrada em seu pedido.

Os compradores às vezes mostram-se retraídos sobre uma decisão de alto risco que talvez prefiram não tomar. O Fechamento por Aspectos Menores pede ao *prospect* para tomar uma decisão de baixo risco sobre data de entrega, recursos ideais, cor, tamanho, condições de pagamento ou quantidades. O vendedor de sistemas de vídeo diz: "Prefere um controle remoto único ou multifuncional para acompanhar seu sistema?

Você não pergunta se eles o querem, pergunta *qual* querem:

- "Qual prefere, o vermelho ou o azul?"
- "Quando deseja a entrega, na sexta ou pode ser na próxima semana?"
- "O pagamento será em dinheiro, cheque ou cartão?"

Alguns vendedores argumentam que esta técnica sempre funciona. Com esta pergunta o *prospect* tem que comprar. Ridículo! Ele *não tem* que comprar! Mas *Pergunta Menor* lhe dá uma vantagem na decisão, porque conduz o *prospect* na direção que você quer. Funciona muitas vezes!

Acerte os Detalhes/Feche a Venda

A técnica *Pergunta Menor* assume que a venda já está feita e que você está simplesmente acertando alguns detalhes.

A vendedora se aproxima de uma cliente que examina uma bolsa e diz, "Essa bolsa é linda, combina com seus sapatos. Gostaria de levá-la agora ou prefere que a entreguemos em sua casa?" Se a cliente ainda não decidiu comprar, não prejudica em nada. A vendedora simplesmente está ajudando a cliente a encontrar uma bolsa que lhe agrada mais.

Um corretor de imóveis, após mostrar a um *prospect* uma casa de US$ 290.000 diz, "Sr. e Sra. Rockland, sei que vocês vão adorar esta casa. Querem ter seu nome na caixa de correio? Será Jim e Esmeralda Rockland?"

Mais uma vez, a decisão de compra é algo assumido. Em vez de perguntar "Vocês querem comprar esta casa de US$ 290.000?", o vendedor sugere uma decisão muito pequena. Se os *prospects* responderem, "Rocklands está bom," concordaram em comprar.

A pergunta subordinada exclui a pergunta principal, que sempre é: "Vocês vão comprar esta casa de mim?" Esta pergunta simplesmente é ignorada. Fica presumido que o comprador vai comprar; a pergunta é sobre um detalhe secundário.

No entanto, quando o cliente responde esta pergunta secundária, ele deu, sem entrar em conflito, sua anuência para a compra.

A técnica *Pergunta Menor* é a forma mais suave de fechar. Não prejudica em nada. Se a cliente ainda não estiver pronta para comprar, ela acha que você *realmente está* perguntando sobre alguns detalhes. Se *estiver* pronta para comprar, ela aceita a pergunta como prática usual e compra, acreditando que tomou a decisão por si e que você não tem nada com isso!

Antes você aprendeu como iniciar fechamentos experimentais o mais breve possível. Perguntas são a maneira ideal de expressar seu fechamento experimental.

Você: "Você prefere o terno marrom ou o azul?"

Comprador: "Prefiro o azul." É o mesmo que dizer, "Vou levar o terno azul," mas é muito mais fácil para o comprador dizer!

Bill Tobin diz: "Dê ao cliente a opção de dois sins! 'Você gosta da cor azul ou da branca?' (venda uma ou a outra – ou ambas!) 'Você acha dez mil muito?' (Mostre um artigo de 5 mil em vez disso!) Qualquer resposta é um compromisso de compra."

Se o cliente não estiver pronto para comprar, ele lhe dirá que existem certos pontos que deseja esclarecer. Ou talvez ele peça para ver outras opções. De qualquer modo, você não perdeu nada perguntando – aliás, ganhou muito.

Se der uma forçada na situação, esteja ciente de certos perigos. Se você não conseguir lidar com a pergunta habilmente, o *prospect* terá a impressão de que você o está apressando. Então, é claro, ele lhe dirá: "Posso tomar minha decisão sozinho, obrigado!" Mas se você for gentil e perspicaz o bastante ao fazer a pergunta certa, ele não saberá que é *você* que está decidindo.

A técnica *Pergunta Menor*, quando empregada muitas vezes e da maneira certa, venderá para clientes que não podem ser conquistados com outra técnica.

Sua Técnica de Fechamento Assuntivo

Robert Connolly usa a técnica *Pergunta Menor* em seu fechamento assuntivo. Ela funciona.

Ao usar esta técnica, você assume que seu *prospect* tomou a decisão de compra. Você prossegue explicando a próxima ação necessária.

Quando o *prospect* ainda não chegou a uma decisão positiva, o fechamento assuntivo o deixa mais próximo disso, ou ao menos faz com que ele se abra. Com o fechamento assuntivo, você descobre onde está pisando e geralmente consegue o pedido.

Seu *prospect* dá a impressão de que é uma determinada propriedade o que ele quer. Mas ele parece inerte, incapaz de tomar uma decisão. Talvez ele esteja protelando. Tente o fechamento assuntivo.

"Sr. Jones, vejo que o senhor está fortemente inclinado pelo imóvel (em branco) e que ele atende muito bem as suas necessidades. Deixe-me fazer uma sugestão: vamos apresentar uma proposta 10 mil a menos do que o preço pedido e ver o quanto conseguimos economizar para o senhor. É mais conveniente para o senhor preparar a proposta no meu escritório ou aqui?"

Nunca tenha medo de incluir *Pergunta Menor* no fechamento assuntivo. Se você falar com sinceridade e demonstrar preocupação pelos interesses de seu *prospect* o fechamento assumido só pode ajudar.

Usando a Opção *Win-win*

Lola Peterson, uma vendedora de chapéus de Chicago, liderou seu departamento três anos seguidos. Seu segredo: ela vendia para os *olhadores*. Um olhador diz francamente que ele ou ela só está "dando uma olhada," e a maioria das vendedoras tem verdadeira aversão por eles.

Mas para um vendedor capaz e competente, um olhador é minério de urânio esperando para ser processado. Lola Peterson os via dessa forma. Ela dizia para si: "É hora da *Pergunta Menor*."

Quando chega com o Olhador a um ponto de fechamento, Peterson faz apenas esta pergunta: "Gostaria de ir usando o chapéu ou prefere que seja entregue em sua casa?" Nada de original até aqui. Mas usar esta técnica consistentemente possibilita um recorde de fechamento notável.

Um agente imobiliário que comercializa loteamentos vendeu o equivalente a 3 milhões de dólares em lotes em um único ano. Sua pergunta de fechamento: "Quer que este lote seja registrado em seu nome ou no de sua esposa?"

Um dos melhores vendedores fez sua pergunta de maneira tão gentil e hábil que o *prospect* não teve como ficar ressentido. Ele estava demonstrando um sistema de computador muito complexo e caro. Sua apresentação durou duas horas. Ele parecia não ter nenhuma pressa ou ganância para fechar. Permaneceu descontraído e amistoso.

Quando julgou que era hora de fechar, disse de maneira muito calma e prática apenas isto: "Devo entregar via FedEx ou entregador local?" Viu como é fácil fazer o pedido, simplesmente fazendo uma escolha secundária sobre transporte? O *prospect* fez a escolha e a venda foi fechada sem estardalhaço ou incerteza.

Como Motivar o Hesitante

Hubert Bermont nos conta sobre como usar *Pergunta Menor* de uma maneira diferente – perguntando por que o cliente está hesitando:

> A certa altura eu estava perdendo vendas que não podia me dar ao luxo de perder. Eu tinha excelente relacionamento com os prospects. Eles pareciam confiar em mim e gostavam de minha mercadoria e de meus preços. Mas não conseguia vencer sua indecisão.
>
> "Tenho que falar com minha mulher."
>
> "Vou dar uma pensada."
>
> "Ligo para você amanhã sem falta."
>
> Simplesmente não conseguia fechar as vendas. Então marquei uma reunião com um vendedor veterano que ganhava 125 mil dólares em comissões ao ano. Expliquei minha situação. Ele disse algo que nunca esqueci: "Já que você vai chutar bola fora mesmo, por que não faz isso abrindo o jogo?"
>
> "Eu pensei que estivesse abrindo o jogo!"

"Por que você simplesmente não pergunta aos clientes por que você não está fechando a venda?" ele sugeriu. "Como eles gostam de você, da mercadoria e dos preços... em vez de perguntar para mim por que eles vão embora sem comprar, por que não pergunta para eles? Você está esquecendo do passo final mais importante: Perguntar pelo pedido!"

Tentei isso. Perguntei ao cliente seguinte por que estava hesitando. Ele pareceu confuso e disse: "Na verdade não sei. Não tenho motivo. Embrulhe."

Esta pergunta simples fechou oito de cada dez dessas perspectivas de venda. Abrindo o jogo eu parei de chutar a bola fora em metade das vezes.

Dê ao Cliente uma Opção Secundária

Sempre dê ao cliente uma opção secundária (nunca prioritária). Sinta-se feliz com uma *pergunta menor*. Lembre-se do conselho do pioneiro do teatro Stanislavsky: "Não existem papéis menores, apenas atores menores." As possibilidades são infinitas. É versátil, fascinante, poderoso, seguro e simples.

Não importa para quem ou o que você está vendendo, seja de luxo ou de desconto, a técnica *Pergunta Menor* é uma máquina de fechamento.

Quando chegar o momento de fechar, simplesmente pergunte sobre algo secundário – e então deixe o comprador com uma decisão menor (não a opção de comprar ou não) para tomar.

De modo geral, o comprador não hesita quando tem de tomar uma decisão menor. No entanto, se você pede por uma decisão importante, seu comprador pode se retrair.

A técnica *Pergunta Menor* proporciona continuamente grandes vendas por meio de perguntas pequenas.

DOZE

Demonstração: A Técnica Faça Alguma Coisa

A mala direta em seis cores sugere que você compre uma "revista maravilhosa sobre natureza." No folheto de bom gosto há um espaço em branco. Incluídos no envelope estão dois selos gomados. "Cole os selos, indique sua opção de pagamento e envie sua carta-resposta imediatamente para nós," explica o folheto.

Por que usar o selo? Por que não enviar simplesmente o pedido num formulário pré-postado? Por uma razão muito boa: as pessoas ficam mais positivamente inclinadas a comprar quando *fazem alguma coisa*. Você vende mais assinaturas quando dá ao *prospect* a opção de colar o selo, dizem os especialistas.

O *porquê* disso pode intrigar os gurus das compras por mala direta, mas os vendedores experientes entendem isso muito bem com base em sua prática diária.

Bem no meio de sua apresentação, Court French tinha a atenção de Toni Beacham. As coisas iam bem. Então, French levantou-se, foi até a mesa de Beacham e perguntou: "Posso usar seu telefone?"

"Claro."

"Só quero ter certeza de que temos o suficiente deste produto para atender suas necessidades," ele explicou. "Odiaria ver o senhor desapontado no ponto em que chegamos."

O *prospect* não deteve a ligação, então French assumiu que a venda estava fechada. E estava!

French estava usando a técnica Faça Alguma Coisa. Você começa a fazer alguma coisa que implica consentimento. A menos que o comprador o detenha, você fechou a venda. É uma técnica de fechamento poderosa. Domine e utilize-a.

Um fabricante criou um plano de fechamento usando a técnica Faça Alguma Coisa que fez aumentar suas vendas em 28% em apenas um ano. Ele enviou a cada varejista um enorme lápis azul. Em uma carta pessoal ele pedia a cada varejista para seguir uma rotina simples ao falar com um *prospect* sobre seu produto.

Seu produto era um CD player. Após demonstrar o equipamento de som, o vendedor da loja deveria se aproximar do *prospect* e oferecer o lápis azul, dizendo: "Suponhamos que você pegue este lápis e marque suas iniciais no gabinete, certo?"

"Para quê?" o *prospect* perguntou confuso.

"É sua escolha pessoal. Aquela que você escolher é aquela que levará."

"Mas eu só estava olhando," objetou o cliente.

"Certamente. Eu entendo. Mas só existe uma questão a decidir. Este equipamento maravilhoso lhe proporciona tudo o que o ouvido pode desejar em termos de música? Em caso afirmativo, você o quer. Se você marcar suas iniciais com este lápis no aparelho, posso despachá-lo imediatamente para sua casa para que você o use antes do jantar."

Grande habilidade em vendas! Uma força poderosa trabalhando a favor de conseguir as iniciais do cliente no gabinete. Na maioria dos casos, quando o vendedor chega ao ponto de oferecer o lápis azul ao cliente, já conseguiu o pedido.

O lápis azul, a base física para fechar vendas, provou-se imbatível. Em cidades grandes ou vilarejos, em lojas grandes ou pequenas, funcionou.

Como Kathy Lida com "Só Estou Olhando"

O mercado lá fora é difícil, mas não para Kathy Williams, uma vendedora top da Chico's em Charlotte, Carolina do Norte, uma rede de roupas femininas com mais de 400 lojas nos Estados Unidos. "Em um dia bom geralmente faço três vendas grandes," diz Williams. Isso pode significar uma venda de US$ 1.100, uma de US$ 900 e uma de US$ 600 numa única manhã. "Muitas clientes entram dizendo: 'Só vim ver um cinto,' e saem com uma sacola cheia," ela diz.

Muitos vendedores no varejo lutam contra a desculpa "Só estou olhando." Williams pergunta: "Já comprou conosco antes?" para revelar seu conhecimento da linha de produtos Chico's. "Se uma cliente diz, 'Só estou olhando,' bem, o que ela está procurando?" diz Williams, "Tento despertar seu interesse em algo."

Uma vez que desperta o interesse da cliente, Williams seleciona um artigo baseado nele. A Chico's não coloca espelho nos provadores, o que deixa Williams diretamente com a cliente. "Não me considero uma vendedora. Sou uma consultora de guarda-roupa," ela diz. "Eu tiro a idéia de lá de dentro para elas."

Williams faz anotações sobre cada cliente após a venda e depois faz um acompanhamento com uma ligação ou um bilhete escrito à mão.

Williams descobre o que não deu certo para a cliente e encontra uma solução, que pode ser outra cor, outro tamanho ou outro modelo.

"Em nove de cada dez vezes, se compraram uma vez, elas voltam a comprar," ela diz. "Muitas vezes, acabam comprando mais. Podem devolver itens no valor de 300 dólares e comprar 500 dólares."

O Segredo: Fazer Tão Bem Quanto Falar

Na verdade, é claro, o plano anterior baseia-se em mais do que um lápis azul. O lápis era simplesmente um símbolo. A força está em colocar ação física no fechamento.

Um segredo de todos os grandes vendedores: eles *fazem* algo tão bem como *dizem* algo. Nas vendas, assim como na vida, ações falam mais alto. Através do uso de ações assim como de palavras em seu fechamento, você faz as vendas se multiplicarem – num terreno onde somente palavras não são suficientes.

Use este princípio sólido e muito bom de se trabalhar: comece algo que o cliente terá que interromper para evitar consentir logo de primeira a compra.

Uma vendedora, falando com um *prospect*, sente que é hora de fechar, hora de ação física. Ela já deixou o bloco de pedido sobre o balcão no início da conversa, para não chocar o *prospect* surgindo com ele de repente. Ela começa a escrever o pedido como se estivesse falando consigo mesma.

"Tantas dúzias disso," ela diz, anotando. "E tanto daquilo." Anota também. Ela mantém os olhos fixos no bloco, sem olhar para o comprador. Para evitar que ela faça o pedido, o comprador precisa fazer algo imediatamente. Interromper. Dizer para a vendedora que ela está se adiantando. Nem todos os compradores têm coragem de interromper a ação, mesmo que não estejam totalmente determinados a comprar quando você começa a escrever. A maioria dos compradores deixa você ir adiante e escrever o pedido – e o assina. A ação física exerce uma fascinação peculiar na mente humana.

Lembra-se do tocador de banjo que começou empurrando uma caneta esferográfica para seu *prospect*? Diretores de teatro conhecem o poder das ações para influenciar espectadores. Se você passar um tempo no teatro, logo notará que a ação é mais importante que o diálogo. O mesmo é verdadeiro nas vendas, em que as ações que levam ao fechamento são freqüentemente mais persuasivas e mais poderosas do que as palavras.

Num julgamento de homicídio, o promotor de defesa pegou a evidência A, um revólver, e apontou para sua cabeça. Enquanto os jurados e os espectadores prendiam o ar apreensivos ele puxou o gatilho. Click! A arma não disparou. O advogado sabia que ela não dispararia. Ele havia testado várias vezes antes do julgamento. O réu foi absolvido.

O advogado poderia ter trazido dezenas de especialistas em armas para o banco das testemunhas, mas seus testemunhos teriam sido insignificantes comparados àquela demonstração.

Drama! Habilidade artística! As mesmas técnicas que transformam *prospects* em compradores. Um toque dramático oportuno atrai a atenção e a *mantém*. O tempo de atenção do comprador é curto. Mas faça manobras com um iô-iô e ele lhe dará atenção imediatamente. Todo produto ou serviço tem potencial de demonstração. Vendedores enfiam canetas no piso, pintam as paredes do comprador, desmontam artigos peça por peça. Vendedores de cera de polimento tocam fogo em carros.

Vendendo Disjuntores

Harold Jordan baseou-se na técnica Faça Alguma Coisa para construir uma empresa de milhões de dólares em Detroit. Ele vende disjuntores, agora amplamente aceitos. Mas quando começou, poucas pessoas sabiam o que era um disjuntor e o resto não ligava. Era necessário um sério pioneirismo.

Jordan era toda sua força de vendas, e não vendia. Ele tentou conversar com os *prospects* sobre a necessidade de disjuntores. Nada. Então ele baseou sua estratégia totalmente em Faça Alguma Coisa. E vendeu. À medida que contratava vendedores, os ensinava como usar essa estratégia. Em poucos meses o negócio cresceu além de suas projeções para os cinco primeiros anos. Por fim tornou-se mundial.

Como funcionou? O vendedor foi à empresa do *prospect*, colocou uma amostra sobre a mesa e disse: "Puxe a chave." Aquela ação física inicia a venda. Nove de cada dez puxavam.

"Como vê," disse o vendedor, "Nenhuma faísca, nenhum risco de incêndio, nenhuma chance de alguém morrer eletrocutado quando puxa a chave." Então acrescentou: "Que tipo de dispositivo de segurança utiliza em sua fábrica?"

Demonstração: A Técnica Faça Alguma Coisa

"Nenhum," disse o *prospect*.

O vendedor mostrou espanto: "Como? Não utiliza nenhuma chave de segurança em sua fábrica?"

"Não, em nossos dez anos de operação nunca tivemos um acidente." Enquanto isso, o vendedor puxava a chave do disjuntor. Ele empurrou a amostra para que ficasse ao alcance do *prospect*. A maioria dos *prospects* a puxava uma ou duas vezes. Era o mais natural a fazer. O vendedor continuou: "Tem seguro contra incêndio?"

"Lógico."

"Há quanto tempo?"

"Dez anos."

"Já teve algum incêndio?"

"Não."

"Por que não deixa de fazer seguro?"

"Por que, podemos ter um incêndio a qualquer hora, queremos estar protegidos."

"Exatamente isso. Poderia também ter um acidente com a chave hoje. Um acidente custará mais do que equipar toda sua fábrica com disjuntores."

Hora de fechar. O vendedor, com seu bloco de pedidos estrategicamente já posicionado sobre a mesa ao lado da amostra do produto, perguntou: "Quantos interruptores há na fábrica?"

Se o *prospect* soubesse, não diria. Se não soubesse (geralmente o caso), o vendedor diria: "O senhor poderia chamar seu eletricista, senhor Sutton? Vou acompanhá-lo num passeio pela fábrica para fazer uma contagem."

Quando voltou da inspeção, o vendedor já tinha o pedido pronto. Ofereceu casualmente a caneta ao *prospect*. "Apenas ponha seu nome na última linha, por favor."

Segundo as estatísticas, nove de cada dez *prospects* assinavam. Se não assinavam, o vendedor retornava um mês depois e repetia a rotina, usando o bloco de pedido já preenchido como sua apresentação. Daqueles que ainda relutavam, apenas um de cada dez não assinava.

Harold Jordan acabou tornando o uso do disjuntor um padrão. Graças à técnica Faça Alguma Coisa.

Facilite a Compra

Faça Alguma Coisa pode variar de empurrar a caneta para o comprador a pedir ao *prospect* para marcar suas iniciais num gabinete ou colocar o nome do *prospect* em um pedido em branco. Mas o princípio permanece o mesmo: comece uma ação que resulta em uma venda, *a menos* que o comprador de fato a interrompa.

O famoso Clube do Livro do Mês foi elaborado com base neste princípio: Você recebe um aviso de que o CLM lhe mandará o título deste mês, *a menos* que você o cancele. Quando recebe o livro, você o comprou, *a menos* que o mande de volta. P.S.: A embalagem de remessa precisa ser destruída para abrir e pegar o livro. Não há uma maneira fácil de devolver. Não surpreende que a venda de livros pelo correio vem prosperando há décadas – usando uma ação física é difícil de impedir!

Você não precisa de ferramentas sofisticadas para obter benefícios dessa força poderosa. Todas as manhãs Ned Sterling senta com uma lista de visitas a sua frente. Ele escreve o nome e o endereço de cada *prospect* em um pedido em branco.

"Você está desperdiçando blocos de pedido," seu chefe observa gentilmente.

" Eles não são baratos?"

"Tudo bem, use quantos quiser, Ned", diz o chefe.

Quando Sterling faz uma visita, ele coloca a folha de pedido, com o nome do *prospect*, exatamente debaixo do nariz dele. "Quero que ele se acostume a vê-la."

Sterling faz sua apresentação, então preenche quantidade/preço, às vezes sob o protesto do *prospect*. Ele empurra o pedido em direção ao *prospect*: "Apenas coloque suas iniciais aqui, por favor."

Existe algo extremamente básico nisso – facilite a compra, não dificulte.

A única coisa que você pode perder preenchendo de antemão é o bloco de pedido (que, como Ned ressalta, é barato).

Outra empresa, fazendo uma experiência com pedidos pré-preenchidos, constatou que quatro de cada cinco *prospects* confrontados com seus nomes em um pedido, assinaram.

Sempre preencha antecipadamente o nome e o endereço no pedido ou redija uma carta simples de compromisso. O que você tem a perder?

Venda Queijo Cottage

Às vezes, a chave Faça Alguma Coisa assume formas estranhas. Gary Fink, um corretor de seguros campeão, certa vez mandou a seguinte carta para um *prospect*:

Demonstração: A Técnica Faça Alguma Coisa

Caro Dale,

Conforme solicitou, venho por meio desta resumir nosso almoço de negócios no Clube Atlético em 1º de julho. Pelo que me lembro, você pediu um sanduíche de salada de ovo com queijo cottage em pão integral e leite desnatado e eu pedi um cheeseburger salada diet e soda limonada.

Se tiver qualquer dúvida ou quiser informações adicionais, não hesite em me contatar.

Gary

Gary Fink ganha mais de 150 mil dólares por ano vendendo seguros em Mineápolis. Ele acredita na técnica Faça Alguma Coisa.

Pausa Dramática com Água

Bruce Alexander, um exímio corretor imobiliário do Tennessee (em um estado repleto de concorrentes), aplica a técnica Faça Alguma Coisa com o refinamento de um ator experiente.

Após uma reunião de negociação com o vendedor de um imóvel, ele chega à casa dos compradores *prospects* com a gravata afrouxada e meio descabelado. Os compradores, obviamente, esperam ansiosos informações sobre a reação do vendedor a sua última oferta.

Quando a Sra. Comprador *Prospect* abre a porta, Alexander entra correndo, gira os olhos, segura a cabeça e diz, "Preciso rápido de um copo d'água!"

O casal corre para a cozinha, temendo alguma calamidade de saúde. Ele toma a água de uma vez, senta e fecha os olhos. A pausa é dramática. Lentamente ele olha para cima.

"Nos últimos dez anos nunca tive uma reunião de negociação tão bizarra quanto esta," ele diz. "Fiquei louco, mas segurei o jogo para vocês. E, acreditem, esta oferta que ele fez é a final. Espero conseguir me recuperar."

A oferta final, é claro, continua sendo maior do que os compradores *prospects* querem pagar. Mas agora eles estão convencidos de que esse superempreendedor deu tudo de si. Em muitos casos, eles compram imediatamente. Faça Alguma Coisa vence de novo.

Superando o Medo do Comprador com Detalhes

Por que alguns vendedores têm medo do bloco de pedidos? Eles têm medo porque o *cliente* terá medo!

Ponha o bloco de pedidos na frente do cliente o mais cedo possível na venda. O comprador se acostuma com ele. Quando chegar a hora do fechamento, o cliente não se assustará. Haja naturalmente. Nunca faça do bloco de pedidos um assunto importante. Trate-o meramente como mais um detalhe.

Quando apresentar o pedido, torne difícil para o comprador olhar você de frente. Olhe para o formulário. Pareça ocupado escrevendo. Este é aquele raro momento na venda em que você *não* quer um contato olhos nos olhos. Se você olhar para o *prospect* ele poderá lhe dizer que ainda não está pronto para comprar, que quer dar uma pensada. Mas se você continuar olhando para o formulário e escrevendo, o comprador vai precisar parar você nas duas tarefas que está fazendo para impedi-lo de terminar o pedido.

Depois de preencher, passe o pedido para que o " Sr. Comprador verifique." Ao mesmo tempo, passe a caneta, sugerindo calmamente que ele ponha seu nome "aqui nesta linha, por favor." Faça tudo da mesma maneira tranqüila, natural. Por causa da forma extremamente sensível e pouco normal que o comprador *pensa* na hora de fechar, você, com sua maneira confiante, tranqüila, sempre consegue uma assinatura.

Devolvendo o Formulário de Pedido

Penn Glade, um vendedor de suprimentos de escritório bem-sucedido, sempre faz questão (após empurrar o pedido para o cliente) de pedir que ele devolva o formulário.

"Deixe-me ver se o preço que lhe dei no item três está correto," Glade explica. "Um comprador como você deve ter o melhor preço que podemos oferecer. Sim, está certo – nosso preço com desconto máximo para compradores de grandes quantidades."

Da mesma maneira descontraída ele empurra o pedido em direção ao comprador para que assine.

"Tirar dele o pedido do cliente o deixa mais ávido para tê-lo de volta. Raramente um cliente deixa de assinar quando recebe o pedido pela segunda vez. Além disso, o fato de checar o pedido para ver se existe algum erro desenvolve confiança."

Demonstração: A Técnica Faça Alguma Coisa

Use a técnica Faça Alguma Coisa, essa força poderosa de fechamento. É o passo de ação que você precisa quando seu cliente está indeciso, quando *fazer* alguma coisa em vez de *dizer* alguma coisa fará você ganhar o dia.

Por que a Arte de Representar Vende

Psicólogos dizem que as pessoas se lembram de um quinto de tudo o que ouvem, dois quintos do que vêem, mas quatro quintos de tudo o que *ouvem* e *vêem*. Não surpreende que seja tão importante *mostrar,* assim como *dizer* para elas.

A rápida aceleração de um automóvel, a forte sucção de um aspirador, a rigidez de uma peça de plástico, a textura macia de uma carpete – tudo se torna poderoso quando *visto* e *sentido*.

Mas a arte de representar é igualmente importante para vender bens intangíveis. Quando o produto não pode ser visto – seguros, investimentos, anúncios –, existe uma razão a mais para encontrar uma maneira de mostrar os benefícios.

Qualquer produto ou serviço pode ser demonstrado. Seu *prospect* tem cinco sentidos: visão, audição, tato, paladar e olfato. Apele para o maior número deles sempre que fizer uma demonstração.

Além disso, em sua demonstração, *faça o cliente participar.* O comprador deve se envolver para comprar. Criar uma demonstração estonteante é um primeiro passo importante, mas quando o comprador é o ator principal, isso é decisivo.

A arte de representar lhe dá uma vantagem frente a seus competidores. Hoje, não importa o que se venda, já existe alguém com um produto ou serviço semelhante, visitando *seus* clientes. Quando você apresenta um espetáculo melhor, destaca-se na multidão. Faça Alguma Coisa vence de novo.

TREZE

Eventos Iminentes Estimulantes

Que argumento de advertência pode ser melhor do que dizer a seu *prospect* que os preços estarão mais altos amanhã? O comprador assina agora para evitar de pagar mais depois. A subida do preço é algo incontestável hoje.

Preços em via de aumentar é parte da chave Eventos Iminentes. Por trás dessa chave existe uma filosofia poderosa das relações de negócios: a ameaça da perda.

Você se depara com a oportunidade evitar-perdas todos os dias do ano. Dramatize a possibilidade de perda e muitos compradores acabam se tornando mais dóceis.

As pessoas geralmente não se sensibilizam com promessas futuras ou satisfação imediata, mas se temem perder o que já têm, elas fazem o impossível para agir da forma certa.

Chauncey Depew, contador de histórias e empresário bem-sucedido, descreveu evitar-perdas da seguinte forma:

"Se um homem fosse a minha casa às três da manhã, me acordasse e dissesse que se eu fosse até a sala ganharia US$ 100 eu o chutaria para fora e voltaria para a cama. E você também.

"Mas se o mesmo homem me acordasse e dissesse que se eu levantasse, me vestisse e fosse com ele poderia evitar perder US$ 100, eu diria, 'Me dá só um minuto.' O medo da perda é um dos maiores temores da vida," Depew concluiu.

Evite Perder o Que Ainda Não Tem

Evitar perdas motiva o comprador mesmo que ele esteja prestes a perder o que ainda não tem – mas que pensa que estão tentando lhe tirar.

Eventos Iminentes Estimulantes

O que acontece se alguém lhe diz que não pode ter algo? Você passa a querer isso instantaneamente! Quando você se depara com um *prospect* indeciso, comece balançando a cabeça e escolha o comentário mais adequado:

- "Não tenho certeza se tenho seu tamanho. Você quer que eu tente um pedido especial?"
- "Nosso clientes têm comprado toda nossa produção. Não sei se ainda temos algo em estoque."
- "Bem, sei que está pensando em encomendar uma quantidade X, mas realmente precisamos encomendar [uma quantidade maior]. Agora temos em estoque, mas não creio que conseguiremos suprir a demanda e atender seu pedido de verão."

Para o produto, pessoas e situação certos, evitar-perdas é uma excelente tática de fechamento. Você faz o cliente querer tanto que ele não pode esperar para comprar. Faça um favor a ele encorajando-o a comprar agora – usando esse fechamento "últimos lugares disponíveis."

A Necessidade Urgente: Evite essa Perda

A chave Evento Iminente lida com este desejo de evitar perda – não importa quanto custe.

Você ressalta que se o comprador deixar de aproveitar sua oferta, ele sofrerá uma perda irremediável devido a um evento ou ação iminente.

Note a diferença sutil entre este apelo e enfatize o quanto o cliente lucrará se comprar. O apelo evitar-perda é infinitamente mais forte e sensibilizador. Tão arraigado na natureza humana que praticamente nunca falha.

Para usar esta técnica, você descreve um evento iminente que requer uma ação no momento do fechamento. O evento, em si, tem pouca conseqüência. O varejo usa essa técnica em publicidade: "A partir de 25 de maio, os preços sofrerão um aumento de 25%." A mensagem é: compre agora para evitar a perda.

Este apelo funciona inclusive quando a perda está implícita. Veja o caso de um posto de gasolina de Nova Jersey: à medida que os motoristas se aproximavam da entrada para Manhattan, viam uma grande placa: *Última chance de comprar gasolina em Nova Jersey*. O posto vendeu vertiginosamente anos a fio. Afinal, se esta é a última chance, devo aproveitá-la (o que o posto não diz, é claro, é que quando você atravessa o túnel, tem a *primeira* chance de comprar gasolina em Nova York).

Outro exemplo é o do vigarista que põe o anúncio nos classificados: *esta é sua última chance para me mandar um dólar,* seguido de seu endereço. Milhares mandaram notas de um dólar.

"Última chance", eles pensavam. "Melhor fazer antes que percamos."

O princípio funciona da mesma forma na linha de fogo ética quando a vendedora lembra você de que o lote que deseja comprar será oferecido ao público às três da tarde. Ela sugere que se você não agir rapidamente, não terá chance nenhuma de obtê-lo. Após as três, você sofrerá uma perda.

Você não quer perder, então decide comprar agora, embora preferisse pensar um pouco mais sobre isso. Se o que a vendedora disse a você sobre o Evento Iminente for verdade, não há nada de errado com esta técnica. (É claro, os inescrupulosos falsificam eventos iminentes. Mas quando os compradores descobrem um embuste, como fazem, então não funciona mais.)

O vendedor de roupas diz para você que o terno que está querendo, mas está indeciso, é o último que sobrou desse tipo. Além disso, outro cliente que viu esse terno ontem voltará ao meio-dia.

"Mas é claro, você está aqui agora," ele lhe diz, "e se você decidir, terei que dizer ao Sr. Elliot que ele veio tarde demais." Você compra. O evento iminente fez você ir adiante.

O vendedor de seguros de vida aparece no dia anterior da mudança de sua apólice. Se esperar até amanhã você perderá muito, e isso, da *noite para o dia!* Você nunca iria querer uma perda como esta. Talvez você não esteja preparado para mais seguro, mas a perspectiva de perder se você não comprar é mais do que pode suportar. Você compra para evitar a perda.

O Evento Iminente pode ser uma condição: o *prospect* está prestes a adiar a decisão. Você conta a ele sobre a pequena quantidade remanescente de um determinado item. As lojas no varejo costumam usar isso em vendas de quantidade limitada. Uma empresa de venda pelo correio vendeu 100 mil dólares em coleções de livros ressaltando que restavam apenas alguns exemplares.

A possibilidade de ficar de fora, de perder algo, é muito para o *prospect* comum, e ele compra quando a técnica é aplicada apropriadamente.

Como Vencer a Protelação do Comprador

Embora *Faça Agora* seja a grande máxima americana, muitos compradores – como todo vendedor sabe – têm uma forte inclinação para esperar até amanhã. "Ficaria feliz

Eventos Iminentes Estimulantes

em poder fazer isso, Sr. Waterson", você diz a ele, "Mas temo que quarta-feira ou semana que vem seja tarde demais."

"Por quê?"

"Porque..." você conta a ele o evento ou a condição, um aumento no preço ou a impossibilidade de conseguir a mercadoria sobre a qual está falando.

Se este Evento Iminente for uma certeza, você não está arriscando nada. Se ele realmente quiser seu produto, você só está pressionando-o a comprar agora em vez de mais tarde. Se o Evento Iminente não for uma certeza, mas apenas uma probabilidade, ainda assim você pode fazer dele um bom argumento.

"Bem, não posso jurar que o preço deste papel subirá de 20 a 40% nos próximos 30 dias," o vendedor de papel me disse. "Isso eu não sei. O que sei é: se o passado é um bom indicador, posso estar errando para o lado conservador ao prever um aumento no preço de meros 40%. Deixe-me mostrar o que o mercado fez dois anos atrás quando as condições eram praticamente idênticas às atuais."

Através da demonstração de números reais de dois anos atrás, ele me convenceu de que se não comprasse agora, o Evento Iminente (esperado, mas não garantido) resultaria em uma perda para mim. Eu comprei, é claro. Meu medo de perder era maior do que minha disposição de esperar até que eu tivesse pensado sobre o assunto.

Seis Fechamentos Eventos Iminentes Testados

Pratique esses fechamentos que melhor se adaptam à situação de seus *prospects*:

- "Esta oferta só vale para hoje. Excelente compra, não é?"
- "Não posso garantir que conseguirá este preço no mês que vem. Melhor começar a guardar dinheiro hoje!"
- "Deixe-me ressaltar que esta oferta termina no dia 20. A nova lista de preços já está sendo impressa. Está curioso sobre quanto vai economizar encomendando hoje?"
- "Se eu fosse você, agarraria isso agora. Sabia que estamos quase sem estoque?"
- "Esta é uma oportunidade muito especial – restaram apenas dois! Na semana passada tínhamos 50. Reservei um para você – até as 17 horas de hoje!"
- "Alguns dizem que nosso preço é alto comparado com o de outras empresas. Tenho certeza de que eles sabem o quanto seu produto vale. Assim como nós. O nosso não é tão alto pelo que oferece. Estamos esperando um

aumento a qualquer momento. Por que não começar agora, adquirindo nossa qualidade pelo preço de hoje?"

Fechando com o Gesto Dramático

Você cria um Evento Iminente. Richard Considine é mestre em fechar com gesto dramático.

Considine foi o fundador da Lincoln Logs Ltd., em Chestertown, Nova York. Certo dia às 17h, após ter lançado a construtora inovadora, o telefone tocou. George Jones, de Rochester, estava inquirindo sobre um chalé. Dick descreveu as vantagens e como era fácil construir numa base faça-você-mesmo. Jones estava interessado, mas não decidido. Afinal, uma casa era algo caro.

Dick recorreu ao Evento Iminente *criado*.

"Sr. Jones," ele disse, cancelando mentalmente seus planos para aquela noite, "Estou a três horas de distância do senhor. Pego o meu carro e vou até Rochester. Devo chegar por volta das 20h. Tenho certeza de que podemos ajeitar esse chalé para o senhor."

Às 21h, Considine tinha um cheque de mil dólares na mão como sinal. O gesto dramático fechou a venda.

"Sempre que vejo sinais de compra de um *prospect*, largo o que estou fazendo para ajudá-lo a tomar uma decisão," diz Considine. "Qualquer vendedor que não coloca o fechamento antes de *tudo* não é um vendedor de verdade."

O Evento Iminente Que Nunca Existiu

O dono de uma agência de publicidade local, W. C. Newton, sabia que o departamento de turismo de seu estado estava a procura de um serviço de publicidade. Ele elaborou toda sua apresentação baseada no fato de ter nascido no estado, conhecer os problemas locais e dar ao cliente atenção pessoal total — coisa que, segundo argumentou, as agências de Nova York não podiam proporcionar.

Era um estado do sul; era inverno. Aquecendo-se ao sol na manhã da apresentação, ele pegou o jornal local. Na página 2, um grande anúncio dizia: "Enquanto a nevasca cai lá fora, divirta-se aqui!"

O anúncio mostrava um casal sentado em frente a uma lareira e, através de uma janela enorme, via-se a nevasca lá fora.

Eventos Iminentes Estimulantes

Newton sabia que o anúncio havia sido publicado por seu maior concorrente. Ele descartou a apresentação preparada e comprou uma dúzia de exemplares do jornal, entrou na sala de reunião e distribuiu o jornal aberto na página do anúncio.

"A concorrência para esta conta agora resume-se à Agência Bigshot e a minha empresa," ele disse. "Eu disse a vocês que estou sempre aqui, conheço seus problemas e posso resolvê-los melhor do que alguém de fora. O anúncio que vocês estão vendo foi preparado pelos Importantes. É um anúncio lindo, muito bem feito. Este espaço neste jornal em particular desta cidade custou quase mil dólares ao cliente. É o dinheiro do cliente, assim como será seu dinheiro que eles ou eu gastaremos em seu anúncio."

"Agora, tenho apenas uma pergunta: quantos de vocês já viram uma nevasca?"

Dois dos doze levantaram a mão.

Ele fechou a venda.

"Sei que a agência grande podia me superar em tudo, exceto em uma vantagem," ele admitiu. "Tive sorte de descobrir uma forma tão bonita de dramatizar."

Se você só tem uma vantagem para vender, use o Evento Iminente que nunca existiu – esse é seu resumo de fechamento.

Antecipe as Necessidades Futuras de seu *Prospect*

Faça uma previsão das necessidades de seu *prospect* para meses futuros. Inclua seu produto ou serviço nessas necessidades.

Sid Bostic, um vendedor bem-sucedido de equipamentos médicos, vem tentando há tempos fazer o Dr. Colin Burns se interessar em substituir seu equipamento de esterilização. Mas o bom doutor era um especialista em protelação.

"Mais adiante, provavelmente considerarei a compra deste equipamento, mas agora simplesmente está fora do meu alcance. Talvez na próxima primavera. Até lá saberemos mais sobre esta conversa de recessão. O quadro político está tão incerto. O mercado de ações não está muito otimista. Meu gerente do banco prevê outra Segunda-feira Negra antes do fim do inverno."

Sid tem ouvido o Dr. Burns contar a mesma história há um bom tempo. Antes era "Talvez depois das eleições. Talvez a receita melhore até lá."

Então Sid decidiu agir. Ele criou um evento. Ele telefonou para dizer: "Venho querendo falar com o senhor, Doutor, sobre um assunto de grande importância. Diz respeito seriamente ao senhor. Poderia almoçar comigo na quarta-feira?"

Surpreso, Burns concordou.

Ao sentar na mesa, Burns foi direto ao assunto: "O que é essa coisa importante?"

Sid pegou um cartão de seu bolso e o colocou sobre a mesa virado para baixo.

"Quando vence seu contrato de locação, Doutor?"

"No próximo outono, em outubro."

"Suponha que o senhor não consiga renovar seu aluguel porque o prédio esteja a venda?"

O Doutor pareceu preocupado. "Onde você ouviu isso?"

"Bem, não é oficial, mas creio que a universidade esteja estudando a possibilidade de abrir um novo *campus* neste bairro. O senhor teria que se mudar, certo?"

"Bem, sim."

Sid continuou. "O senhor poderia mudar seu consultório para outro local. E a despeito da situação política ou de uma possível recessão ou qualquer outra condição temporária, as pessoas continuariam precisando de seus serviços. E o senhor decidiria mudar."

O Doutor consentiu.

"Então, por que não decide agora? O senhor ainda tem mais de 20 anos de prática pela frente. Certamente não vai ficar neste consultório apinhado para sempre, vai?"

O doutor sorriu. "Você está certo sobre o espaço apertado."

Sid estendeu-lhe o cartão na mesa. O Dr. Burns leu a mensagem datilografada: "Aquele que precisa ver tudo claramente antes de decidir nunca decide."

"Meu pai tinha este lema emoldurado na parede," disse Sid. "Pessoas bem-sucedidas não esperam até que sejam forçados a tomar uma decisão. Eles a antecipam."

"Engraçado," Dr. Burns disse, "Grace e eu falamos sobre isso quando compramos nosso primeiro carro e mais tarde quando compramos nossa primeira casa. É sempre ela que antecipa o futuro e insiste que tudo vai dar certo. E, de alguma forma, sempre dá."

O Doutor bateu na mesa. "Está certo. Muito obrigado por seu conselho. Vou mudar de consultório neste verão."

Duas semanas depois, Sid recebeu uma ligação de Grace Burns: seu marido assinou um contrato de aluguel de 10 anos no novo prédio de consultórios. Ela disse a Bostic que o Doutor conversaria com ele em breve sobre um equipamento totalmente novo.

"Mas antes de tudo," ela disse, "muito obrigada por tirá-lo daquele consultório minúsculo."

Viva ao evento antecipado!

Distraia seu *Prospect* com Arranjos

Tom Tierney vendeu um serviço de consultoria para uma empresa com base em uma técnica semelhante. Após descrever seu serviço e seus melhores profissionais, Tom passou para o fechamento.

"Sr. Smythe, o senhor já nos ouviu delinear o que planejamos fazer para solucionar seus problemas. O primeiro passo para realizar o trabalho requer conversar com seus executivos e obter alguns dados. Meu plano é que tenhamos quatro pessoas aqui amanhã."

Imediatamente o *prospect* se envolveu em recepcionar os quatro visitantes, definir quem eles devem ver, quando isso deve ser agendado, e assim por diante. Ou talvez ele diga que depois de amanhã seja melhor.

Obviamente a venda está fechada – por um Evento Iminente.

Colapso Nervoso como Evento

Albert D. Lasker fundou a agência de publicidade líder da época, mas que o levou a um colapso nervoso. Enquanto estava no hospital, soube que havia sido agendada uma reunião com um determinado *prospect* – uma oportunidade importante de fechamento.

Lasker brigou com enfermeiras e médicos, vestiu suas roupas e foi à reunião onde o alto escalão corporativo conversava sobre orçamentos milionários.

"Senhores, vim aqui para levar sua conta para minha empresa," Lasker disse. "Não deveria estar aqui. Estava no hospital me recuperando de um colapso nervoso. Agora, se vocês assinarem este contrato, posso voltar ao hospital e terminar meu trabalho de ficar bom."

Lasker era o mestre do Evento Iminente controlado – até mesmo de seu próprio colapso nervoso!

Muitas vezes, em seus fechamentos, você descobrirá que a chave Evento Iminente é o estímulo mais forte possível. Naturalmente, se você andar por aí prevendo eventos iminentes totalmente impossíveis de acontecer, destruirá a confiança. Use-a com honestidade e bom-senso. Atenha-se aos fatos. Descubra novos fatos para fazer com que essa chave funcione quando necessário.

A chave Evento Iminente geralmente prenuncia outro Evento Iminente – o fechamento de sua venda.

QUATORZE

O Poder do Endosso de Terceiros

Frank H. Davis, um exímio vendedor, está conversando com um *prospect* importante. A venda chegou ao estágio de fechamento experimental. Davis reconhece o sinal de compra, então começa a narrativa de finalização eficaz. Como introdução ao fechamento, ele conta uma história ao cliente.

O cliente fica interessado na história. Ele se inclina para frente, para não perder uma única palavra. Ele se imagina no lugar dos personagens da história. É a natureza humana; ele vê ponto a ponto o paralelo entre o que eles não tinham e o que ele não tem agora.

Ele percebe imediatamente a sabedoria da solução que os personagens da história encontraram – comprar o que Frank H. Davis está vendendo. Quando Davis apresenta habilmente o pedido, o cliente assina. Ele foi totalmente comprado.

Quando você usa a chave Endosso de Terceiros para fechar vendas, você recruta alguém – geralmente um especialista ou um conhecido respeitado do cliente – para contar a história para você. Supõe-se que, como vendedor, você não seja totalmente direto sobre seu produto. O terceiro, sem interesses pessoais, tem alta credibilidade.

Morris I. Pickus, um gênio em vendas de Los Angeles, chama o endossante de Terceiro Amigo. Pickus nunca faz uma visita de vendas sozinho. Ele sempre leva o TA junto.

Durante a venda, cita seu TA sabendo que o *prospect*, sendo um imitador assim, como todos os seres humanos, está se identificando com o sucesso do terceiro.

"Se ele pode fazer isso, eu também posso," ele pensa.

O Poder do Endosso de Terceiros

Conte uma História de Negócios para Criar um Clima de Compra

O Endosso de Terceiros sempre pede uma história de negócios – não para entretenimento (pode entreter como bônus), mas para fazer o cliente vivenciar a experiência de outra pessoa. Cada um de nós imita convictamente quando estamos frente a um exemplo que nos parece apropriado.

Considere que você esteja no modo propensão a comprar (como freqüentemente estamos). Quando o vendedor relata a experiência em negócios de alguém que você admira ou respeita, você diz imediatamente: "Se ele conseguiu fazer isso dessa maneira, eu também posso."

Dê ao comprador uma chance e ele imitará. O vendedor astuto dá ao cliente muitas oportunidades de empregar essa tendência tipicamente humana.

Breakstone Tally, um grande vendedor, poderia ter se tornado um romancista ou um roteirista – ele é um excelente contador de histórias. Suas histórias prendem, integram você no enredo e fazem você querer atuar.

"Você está vendendo mercadorias para lojas de varejo, mas o *prospect* se mostra relutante. 'Não há demanda para este produto,' ele diz. Hora de uma história:

"Quando visitei a Associated Stores pela primeira vez, o comprador – acho que conhece Jonas Simplot – me disse a mesma coisa. Mas ele experimentou o produto mesmo assim."

E que resultados! Você cita números. Fala sobre lucro. Enfatiza o crescimento do movimento na loja. E seu *prospect* baba.

"Para fechar mais vendas, conte histórias para seus *prospects*," Tally aconselha.

O Experimento de Connor e Tedmon

Stone Wheaton conta histórias de endosso melhor do que a grande maioria. Veja como ele articula o fechamento com a varejista de Louisville, Joan P. Atter:

"Você conhece Connor e Tedmon, de Nashville?"

"Muito bem," Atter responde.

"O que você acha deles como homens de negócio?"

"Eles criaram uma senhora empresa em Nashville mesmo com a grande concorrência."

Esse é o sinal verde para Wheaton. Ele lança sua história sobre o que Connor e Tedmon fizeram em Nashville com os produtos que ele está sugerindo para Atter. Ele conta a história de Connor e Tedmon em uma narrativa contínua.

Quando visitou Connor e Tedmon pela primeira vez, Wheaton relata, ele constatou que a situação predominante era tal e tal ("por acaso" é praticamente a mesma situação que Atter enfrenta). Wheaton não estava totalmente certo de que seus produtos podiam corrigir a situação (tampouco está Atter neste exato momento!).

Como experiência – mas somente a título de experiência – Connor e Tedmon decidiram incluir a linha de Wheaton (isso dá coragem a Atter; talvez ela pudesse experimentar também. Trata-se de um precedente de respeito).

"Mas agora Connor e Tedmon estão agradecendo a sua estrela da sorte por terem experimentado," diz Wheaton. "As vendas aumentaram 30% em um ano. Seu estoque está girando mais rápido. O lucro está melhor do que nunca. Eles atraíram um novo tipo de cliente."

Quando Stone Wheaton fala, ele confirma suas declarações, é claro, com provas. Ele está dizendo: "Não acredite simplesmente no que falo. Faça como alguém que já provou que o experimento funciona."

Enquanto isso, Atter está dizendo a si mesma que se Connor e Tedmon podem lucrar com essas linhas, ela pode fazer o mesmo, ou talvez melhor.

Além disso, o fato de Connor e Tedmon aceitarem a linha de produtos é uma recomendação – uma evidência para superar sua hesitação.

Sempre que você usa o Endosso de Terceiros, o *prospect* geralmente compara inconscientemente (às vezes, conscientemente!) seu negócio com o da narrativa. O sucesso do personagem da história é seu sucesso. Uma compra é arrematada. O *prospect* vende para si próprio. Você não precisa de métodos difíceis, complexos ou com grande pressão.

Stone Wheaton fechou a venda. O terceiro o fez.

O Endosso de Terceiro trabalha para você de várias maneiras. Contar histórias talvez seja a mais comum. A carta com testemunhos é outra. Uma lista de clientes é uma terceira.

Somos todos fascinados pela opinião dos outros. Você não acredita mais rápido na opinião de outro usuário do que na opinião do vendedor? "Na hora," diz Joan Atter.

Fazendo Testemunhas Testemunharem

Muito cedo na história, os vendedores constataram que testemunhos – "eu experimentei e gostei" – são uma força poderosa de convencimento.

O Poder do Endosso de Terceiros

Os vendedores começaram a usar testemunhos verbais, citando um usuário. Muito melhores foram as cartas testemunhais em papel timbrado do usuário com suas próprias palavras.

Vendedores excelentes carregam uma pasta com fotocópias de cartas com testemunhos. Quanto maior o número de testemunhos, melhor. Além disso, quanto mais variado seu arquivo, mais fácil selecionar a carta *certa* para cada *prospect*.

Qualquer carta de uma pessoa que seu *prospect* conhece ou já ouviu falar vale ouro. A segunda melhor coisa é uma *empresa* que o *prospect* conhece ou já ouviu falar.

Um comerciante bem-sucedido descobriu que cartas de vendas e e-mails que incluíam testemunhos de clientes satisfeitos resultavam em uma resposta significativa. Se o testemunho vinha de alguém da mesma cidade do leitor, era ainda mais eficiente!

Aqui está uma dica para você: obtenha cartas de compradores que seu *prospect* conhece ou pessoalmente ou por reputação. Como você nem sempre terá tempo para conseguir a carta certa para um comprador específico, procure pedi-las sempre. Então, selecione as melhores.

Um gerente de vendas industrial de Chicago chama isso de Avalanche. Em vez de cartas com testemunhos em um kit de vendas, ele diz a seus representantes para levar cartas avulsas. Na hora do fechamento, o representante de vendas pega uma carta, entrega para o *prospect* e deixa que ele dê uma olhada; entrega outra carta assim que ele termina de olhar, então entrega uma terceira. Em pouco tempo a mesa do *prospect* está literalmente coberta por uma avalanche de cartas.

Quanto mais cartas, melhor. Nenhum *prospect* consegue ver sua mesa coberta de comentários de usuários satisfeitos sem ficar impressionado e pronto para assinar.

Lista de Clientes Franca

A lista de compradores é uma ferramenta de terceiros eficaz. Os vendedores deveriam usá-la com mais freqüência. Compile uma lista de clientes muito conhecidos. Profissionais que vendem livros ou assinaturas de revistas, dois itens bastante difíceis de vender, quase sempre usam uma lista de clientes no fechamento.

Holland Steel, um vendedor experiente, carrega uma lista de clientes com muitas páginas. Os nomes estão escritos pelo próprio cliente (muito mais eficiente). Ele coloca a lista sobre a mesa.

"Temos muito orgulho de nossos clientes," ele diz. "Você conhece o Juiz Hollister da Suprema Corte, não conhece?"

"Oh, sim."

"Aqui está o nome dele. Espero que conheça Andrew Read, presidente da Nationwide Manufacturing Company."

Ele fala de forma interessante sobre o nome e depois diz: "Aqui está o nome das pessoas que aproveitaram esta oferta. Pessoas como..." – e lê mais nomes conhecidos. "Você sabe o que pessoas deste nível são, o que pensam. Quero juntar seu nome ao do Juiz Hollister e do prefeito Preston."

Sem usar qualquer outro argumento de vendas, ele fechou com a maioria de seus *prospects*. Os próprios *prospects* fizeram o fechamento. A faculdade de imitação é forte em cada *prospect*. Tudo o que você faz é direcioná-la para os canais certos – dê a partida com o Endosso de Terceiros.

O Fechamento "Contando Histórias" de Frank

Frank Davis – esse era um grande vendedor! Um agricultor do Missouri que chegou a vice-presidente de uma das maiores seguradoras do mundo. Ele conseguiu isso por pura habilidade de *fechamento*. E em pelo menos metade das grandes vendas de Davis foi utilizado o fechamento contando histórias.

Frank contava histórias de fechamento de negócios para o alto escalão e para o baixo, para os mais velhos e para os jovens. Seus métodos eram tão óbvios que você se pergunta por que os clientes não percebiam. Isso nunca acontecia. Eles ficavam enfeitiçados. Eles nunca souberam (ou não se incomodavam) que ele estava usando uma técnica de vendas.

Davis fechava vendas relatando experiências de homens e mulheres que tinham seguros. Ele contava essas histórias com lógica, naturalidade, facilidade, charme e grande interesse. Ele as contava tão bem que os ouvintes se viam colhendo os benefícios. Eles não conseguiam deixar de comprar.

Em suas histórias, ele se aprofundava para dar detalhes corretos. Insistia em nomes memoráveis. Os dois personagens principais de sua narrativa eram Homer McGillicudy e Helen Barley.

"Você não pode esquecer de Homer McGillicuddy e Helen Barley," dizia este grande vendedor. "Eles entram em suas veias. É impossível esquecê-los."

Certa vez Davis estava falando com Conway Kremer, um executivo nervoso e o mais difícil de vender dos *prospects*. Kremer não gostava de Davis; não gostava de nada nem de ninguém. Ele era insolente, agressivo, detestável.

O Poder do Endosso de Terceiros

A venda não parecia estar avançando muito bem. Kremer, com seu antagonismo, bloqueava todas as investidas de Davis.

"Houve um acidente na semana passada em Chicago que me fez pensar sobre o senhor, Sr. Kremer," Davis disse, lançando uma história de fechamento. Interessado imediatamente por ter se tornado a figura central, Kremer disse, "Verdade?"

Parei na banca de jornais do Marriot. A princípio, não prestei atenção na mulher atrás do balcão. Então ouvi ela dizer, "Frank!" Olhei para ela e disse, "Helen!", me pegou tão de surpresa. "Helen, o que você está fazendo aqui?" perguntei por fim.

"Você não soube, Frank?"

"Soube do quê?"

"Sobre George."

"Não, não me diga que ele..."

Ela começou a chorar. "Sim", ela disse, "George se foi. Ele faleceu."

"Não!"

"Ele morreu de repente. Numa noite estava em casa cheio de saúde, dois dias depois estava morto."

"Ela soluçou mais forte. Eu não queria ser indelicado e perguntar se ele a deixou passando dificuldade, mas ela mesma falou."

Davis continuou contando a história para Kremer.

George não acreditava em seguro para financiar os estudos ou um seguro de vida para seu filho Biff. Ele sempre me disse: "Posso investir meu dinheiro melhor do que qualquer seguradora velha." Ele estava sendo absolutamente sincero. Ele acreditava nisso. Mas seus investimentos não renderam o esperado. Então veio o colapso da bolsa, e sua mulher, Helen Barley, foi para a banca de jornal. Biff, que era calouro da Universidade de Notre Dame, tinha largado os estudos.

"Quando lhe disse, Sr. Kremer, que isso me lembrava o senhor, quis dizer que George Barley se parecia muito com o senhor. O senhor sempre me lembrava ele. É claro, o que aconteceu a George dificilmente aconteceria com o senhor. Mas ninguém poderia sentir o pesar e o constrangimento nos olhos daquela pobre viúva sem estar movido pela profunda responsabilidade que temos por nossas famílias."

Silêncio. Frank, o velho profissional, sabia quando parar. Então Conway Kremer, aquele tirano impassível que intimidava Davis cinco minutos antes, disse: "Reconsiderei. Quando posso fazer o exame médico para o seguro?"

Ele se viu no lugar de George. Ele viu sua mulher sofrendo como Helen. Ele não queria isso, então comprou o seguro.

Frank Davis usou sua técnica poderosa para fechar vendas. Use-a para fechar as suas. Ao ouvir uma história relacionada, seu *prospect* se identificará imediatamente com o personagem. Uma vez no lugar do personagem, o comprador vende para si próprio.

Ao contar histórias, não transforme em heróis personagens que o *prospect* não respeita. Lembra-se de Connor e Tedmon? Primeiro o vendedor perguntou a seu *prospect* se os *conhecia*. O *prospect* disse que admirava Connor e Tedmon. Só então o vendedor contou sua história. Se o *prospect* dissesse que não via nada de especial nos dois, o vendedor teria dito: "Acho que entendo o que sente, Sra. Atter. Mas acredito que a senhora concorda que são bons varejistas, não é mesmo?"

Com uma resposta afirmativa você pode usar o exemplo. Caso contrário, tente rapidamente outro nome.

Ponha seu dedão na água antes de mergulhar na correnteza. Quando suas histórias são convincentes, são um instrumento poderoso para fechar vendas de forma fácil e natural. Mas teste o personagem antes.

Fechando com *Prospects* Dependentes de Autoridade

O fechamento baseado em Autoridade difere dos outros de uma maneira importante: você não pede ao *prospect* para tomar uma decisão; você fornece instruções para o *prospect* comprar imediatamente! Além disso, você, o vendedor, é um Terceiro que atua como Autoridade. Cuidado: Este fechamento especial destina-se exclusivamente a comandar o comprador dependente de autoridade. Use apenas com estes *prospects*. Mas trata-se de um grupo grande. Milhares de *prospects* foram condicionados desde criança a não agir a não ser quando instruídos por autoridades maiores: pais, professores, cônjuges, chefes, polícia, médicos, advogados e juízes.

Quando contatados por vendedores de serviços financeiros, o *prospect* dependente de autoridade diz:

- "Isso parece bom!"
- "Não sabia disso!"
- "Esse rendimento é realmente alto, melhor do que tenho agora."
- "Adoraria dobrar minhas economias."
- "Preciso de segurança e renda."

O Poder do Endosso de Terceiros

Eles dizem tudo, menos "vou comprar." Eles não se sentem confiantes em assumir um compromisso financeiro sem a aprovação de uma autoridade. *Você*, como autoridade, pode ser particularmente eficaz com pessoas que:

- tiveram pais rígidos que sempre lhes disse o que fazer;
- estudaram em escolas particulares que sempre lhes disse o que usar e o que dizer;
- estudaram em colégios militares;
- são fortemente controladas por um cônjuge, uma criança, um advogado, um contador ou um professor.

No fechamento baseado em Autoridade você está informando ao *prospect* que *você* é a autoridade. Você diz que é a decisão certa, portanto, ele ou ela *deve* tomá-la.

Obviamente, esta técnica não serve para todo mundo. Mas considere usá-la quando basear suas visitas em uma lista quem é quem, onde pode checar se o *prospect* freqüentou colégios particulares ou militar, duas boas pistas.

QUINZE

Fechando com Algo por Nada

Um homem certa vez recebeu uma oferta de sanduíches de elefante. O bagageiro cheio ficou vazio repentinamente. Eram de primeira – os melhores sanduíches de elefante do mundo.

"Mas sou vegetariano," o homem disse ao vendedor. "Não como carne. E mesmo que comesse, sou contra a matança de espécies ameaçadas de extinção. Meu tio é treinador de elefantes. E além de tudo, estou fazendo um regime de líquidos. Ordens médicas. Não posso de forma alguma comprar sanduíches de elefante de você."

"Esqueci de lhe dizer," falou o vendedor. "os sanduíches saem por apenas 25 centavos a unidade."

"*Agora* você está falando minha *língua*," o comprador disse.

Uma pechincha fantástica. Quase alguma coisa por nada. É um apelo poderoso.

Passamos nossa vida tentando conseguir algo por nada. Nunca temos sucesso, realmente. Nada vem de graça. Isso não nos impede de continuarmos tentando.

O desejo de conseguir algo por nada funciona porque a natureza humana adora uma pechincha. Isso é universal.

É claro, o *prospect* sabe que recebe exatamente aquilo que paga e nem uma migalha mais, mas continua na esperança de obter algo por nada. Isso significa que você deve manter esta chave de fechamento trabalhada e funcionando perfeitamente.

Ela vence um dos adversários mais poderosos: a protelação.

A vendedora promete ao *prospect* algo extra – pode ser um adicional que não faz diferença nenhuma – e ele, cabeça dura e sabido, cai como um patinho.

Muitas vezes você se depara com o *prospect* disposto a ouvir e fácil de interessar. Ele acredita no que você diz. Eu quero seu produto, não há dúvida quanto a isso. Mas quando chega a hora de dar a palavra final ele põe você de escanteio. A venda esfria. E lá está você. Não foi nada do que disse ou fez que arruinou a transação.

Protelação, essa força democrática, é tão inexorável quanto a lei da gravidade. A técnica Algo por nada, como o nome implica, reconhece a protelação e permite que você feche a despeito de tudo. Ela dá ao comprador um incentivo especial para comprar agora. Ela também age sobre o terrível senso de perda se o cliente deixar de agir agora.

A Persuasão Final: Brinde de Reserva

A técnica Algo por nada é melhor aproveitada quando guardada para o fim da negociação. Esse indutor de vendas funciona por causa do desejo do *prospect* de conseguir algo especial, que não está disponível em qualquer parte, uma exclusividade. Ela oferece algo valioso ou algo trivial, algo real ou algo imaginário. Nos mostra que perderemos se não agirmos. Então o cliente compra para evitar a possibilidade de perda.

Uma mulher foi a um restaurante e perguntou o preço de um sanduíche de ovo com bacon.

"Três e cinqüenta," disse o garçom.

"Quantos ovos?"

"Um."

"Quantas fatias de bacon?"

"Duas."

Ela pensou por um momento, sacudiu a cabeça e caminhou para a saída. Antes que ela chegasse à porta, o garçom gritou: "mas senhora o pão é totalmente de graça."

Ela comprou o sanduíche – não pôde resistir ao pão grátis.

Seu sucesso com a técnica Algo por nada depende de *como* e *quando* você a usa. Às vezes, essa é a única estratégia que conseguirá o pedido. Às vezes, também, você consegue fechar sem ela. Vendedores inteligentes a mantêm como último recurso.

"Melhor reservar e não precisar usar do que precisar e descobrir que já foi desperdiçada," diz o estrategista Bob Arnold. Pura verdade!

Levando o Jogo até a Rodada Final

No pôquer, o jogador hábil normalmente retrata uma mão forte como fraca para iludir os outros jogadores. Então, na rodada final de apostas, ele põe todo seu dinheiro no jogo. No jargão do pôquer essa tática chama-se usar um *sandbag* ou *sandbagging* (você viu isso posto em prática por mestres no filme *Bigg Hand for the Little Lady*, com Henry Fonda e Joanne Woodward). No boxe, lembre-se de como Muhammad Alli usava *rope-a-dope*[1].

O *sandbag* também é valioso no fechamento porque, da mesma forma, seu *prospect* sai pensando que conseguiu algo por nada. Você sai com um sim assinado.

O princípio por trás disso é sutil. Seu *sandbag* pode ser uma vantagem adicional, como um preço especial, ou um acessório extra ou condições especiais de pagamento. Ou pode ser um benefício conferido por um novo uso para um produto consolidado. Geralmente, este extra já faz parte de sua proposta desde o princípio, mas você o reserva. Idealmente, não deve parecer algo incluído. Deve ser percebido como um benefício que *justifica* a compra.

Quando a proposta já é forte sem o *sandbag*, o argumento a torna irresistível.

Ethan Streeter vende um produto esplêndido. É um cadeirão para bebês com um lindo design que se converte em uma mesa com cadeira para a criança usar mais tarde. Ele constatou que algumas mães se preocupam com o fato de o produto ser pouco aproveitado pela criança. Portanto, ele tem resevado um conjunto de rodas que quando encaixadas na parte inferior do móvel permitem que seja usado como carrinho, como cadeirão e, posteriormente, como um conjunto de mesa e cadeira. Sendo assim, ele tem um *sandbag* pronto para pôr na mesa caso o fechamento se torne difícil.

Certifique-se de que sua proposta é forte *sem* o *sandbag*; então ele se parecerá com outro benefício excepcional.

Você verá as outras razões pelas quais os vendedores experientes também são atores. Você acabou de ver por que precisa ser um exímio jogador de pôquer – ter *sandbags* à mão.

Usando a Técnica *Valor Agregado*

Um primo de primeiro grau de seu *sandbag* básico é o Valor Agregado, porque o *prospect* o percebe como Algo por nada.

Para *agregar valor* a sua proposição, às vezes você ensina novos usos a seu cliente. Outras vezes você mostra recursos extras ou benefícios que ele jamais descobriria sem sua ajuda.

---

[1] N. da T.: Estratégia que consiste em ficar encostado nas cordas deixando o adversário tomar a iniciativa, e que tem o intuito de cansá-lo para depois partir para o contra-ataque.

No momento crítico do fechamento, mostre como sua proposta atende não só às necessidades esperadas como também atende *inesperadamente* à necessidade que você criou ou intensificou.

Ao vender computadores para gerentes financeiros, demonstre como fazer escrituração, arquivamento e planilhas. Quando o gerente financeiro morder a isca do processador de texto, crie e intensifique o interesse no recurso que está reservando.

Dê ao Cliente uma Razão para Comprar Agora

Pierce Vendome, um revendedor franco-canadense de trailers, é um usuário hábil de APN (Algo por nada). Ele argumenta sobre o custo de um microondas antes de falar sobre o preço do trailer. Quando o cliente hesita e fala sobre visitar outros revendedores, Vendome diz: "Espere!, faço *qualquer coisa* para que o senhor tenha um trailer hoje. Vou lhe *dar* este microondas. *Tudo* para que o senhor compre hoje."

O cliente, vendo uma oportunidade de ter um microondas grátis, geralmente compra.

Vendome só inclui o microondas no último minuto. Se não precisar, ele não inclui; ele simplesmente torna o custo do microondas como parte da venda. Algo por nada. Funciona.

Não lance seus mísseis todos de uma vez. Guarde um de reserva. Tente fechar com uma das principais chaves primeiro, mas se o comprador permanecer inflexível e você precisar de algo especial, lance mão do APN.

Lloyd Allard, o campeão de venda de letreiros para restaurantes e hotéis, adora Algo por nada. Essa ténica proporciona um senso de urgência, o elemento essencial em praticamente todo fechamento. Allard sabe que deve dar ao *prospect* uma *razão* para fazer negócio agora.

Ao se deparar com "volte na semana que vem," Allard diz: "Sr. Cliente, não posso voltar na próxima quinta-feira. Estarei em Pittsburgh na próxima semana. Teria que tomar um avião só para vê-lo."

Ele continua com Algo por nada.

"Sr. Cliente, se me permitir fazer este pedido hoje, deduzirei o valor de uma passagem ida e volta para Pittsburgh do preço."

Torna-se um negócio em que ambas as partes saem ganhando (*Win-win*). Allard fecha a venda. O cliente ganha o preço da passagem que Allard não terá de pagar.

"Você descobrirá que consegue criar urgência em qualquer situação de fechamento," diz Allard. "É claro, a urgência que você cria deve ser lógica e crível para ser eficaz."

Grande Valor! Extra! Extra!

Auntie Mame (personagem interpretado por Rosalind Russel no filme *Mulher do Século*) disse: "A vida é uma tigela de cerejas e a maioria dos pobres coitados morre de fome." Ela poderia ter acrescentado: "E os esfomeados buscam algo de graça." Ou ao menos a *ilusão* do gratuito.

O indutor pode ser algo trivial – um guia de ruas, um mapa rodoviário, um calendário; um item barato. Mas que freqüentemente impulsiona vendas que valem milhões.

Fred C. Kelly aprendeu isso vendendo casas. Fã de collies, Kelly normalmente levava um filhote quando mostrava uma casa. Certo dia Carson e Esmeralda Brown estavam considerando a compra de uma casa de US$ 248 mil. Eles gostaram do imóvel e da vista. Mas o preço – esse era o obstáculo. Os Browns não pretendiam pagar tanto. Além disso, algumas coisas não os agradava muito: a disposição dos quartos, o espaço do closet e a cozinha não dava para a face oeste!

A venda estava indo por água abaixo, Kelly tinha perdido as esperanças. Então a mulher olhou para o filhote e perguntou, "Ele fica?"

Kelly respondeu: "Com certeza. Que casa estaria completa sem um cachorro?"

A Sra. Brown disse que era melhor eles comprarem. O Sr. Brown concordou. O negócio foi fechado. A persuasão especial em uma casa de US$ 248 mil foi um filhote de collie!

Kelly experimentou vários tipos de indutores: cerejeiras e balanços contra concorrentes que tinham boas cartas na manga de preço e valor. Os indutores, que valem pouco em termos monetários, superavam as vantagens reais. Mas nada funcionou tão bem quanto um caloroso filhote abanando o rabo.

Na época do teatro de vaudeville, o comediante Fred Allen lembra-se de ter se apresentado numa cidade tão no meio da floresta que o gerente-assistente do hotel era um urso! Os animais proporcionam um benefício extra!

Pense sobre a maneira como os promotores inteligentes apresentavam as peças do vaudeville – começando pelos astros. Mas sempre guardavam um para o fim. No final do cartaz, o espectador lia: *Extra! Participação especial! John Simpleton e seus cães falantes!* Um benefício Algo por nada.

Se você se deparar com um obstáculo no fechamento, introduza um agente de persuasão. Pode ser qualquer coisa de sua escolha contanto que aperte o botão de valor do *prospect*.

Não Tenha Medo de Dar para Receber

No princípio, Perry Walters tinha dificuldade de vender um livro de US$ 35 – até que introduziu Algo por nada. Ele subiu o preço para US$ 39,50 e colocou o nome do comprador em dourado na capa – de graça. As vendas subiram 200%!

O vendedor do departamento de música abordava insistentemente um *prospect* obstinado. Ele tentou várias técnicas. Nada acontecia. Ele decidiu usar APN.

"Vou lhe dizer o que pretendo fazer, Sr. Matson," o vendedor disse. "Vou lhe dar este limpador de discos de graça se o senhor fizer seu pedido hoje. É um símbolo de nosso agradecimento por receber seu pedido esta semana."

Não tenha medo de *dar* para *receber*. Lembre-se das palavras de Winston Churchill: "Ganhamos a vida com o que *recebemos*. Vivemos com o que *damos*."

A persuasão especial dá ao *prospect* uma razão para comprar. Após resumir os benefícios, diga:

- "Se puder tomar seu pedido hoje, falarei com Norman sobre um preço especial."
- "Se encomendar durante nossa liquidação de verão, receberá uma caixa grátis para ir usando."

Fácil Como uma Torta

Claude Hopkins, um dos maiores vendedores de atacado dos Estados Unidos, trabalhou para um frigorífico de Chicago que jogou um problema especial sobre seus ombros: vender uma banha cara para panificadoras. Os cinco vendedores de Boston do frigorífico haviam vendido pouquíssima banha naquele mês.

"Esta é uma carta vinda de Boston," o CEO disse a Hopkins. "Concordo inteiramente com ela. Eles não estão vendendo e não podem vender com o preço fixado para o produto."

"Eles estão errados," Hopkins disse. "A verdadeira habilidade de vender não tem nada a ver com preço."

"Você consegue vender para as panificadoras de Boston?"

"Sim."

"Pode ir hoje à tarde?"

"Posso."

Quando Hopkins chegou em Beantown, pediu ao gerente local para lhe indicar o *prospect* mais difícil de todos. Seu nome era: Ebenezer Fox, dono da Fox Pie Company. Fox não estava particularmente ansioso para ver Hopkins.

"Vim de Chicago para consultá-lo sobre um pôster," Hopkins disse, colocando o pôster a cerca de um metro e meio de distância. "Este pôster destina-se a reproduzir a torta ideal. Ele custa caro. O artista cobra cerca de 1.500 dólares para desenhar a matriz. O que acha?"

"O pôster reproduz o que há de melhor em torta," Fox disse. "Se eu pudesse fazer tortas como essa, seria líder de mercado em Boston."

"Quantas lojas de Boston vendem as tortas da Fox?" Hopkins perguntou.

"Quase mil."

"Sr. Fox," Hopkins disse, "eu lhe darei pôsteres como este para colocar em todas as lojas. Eu lhe darei 250 pôsteres para cada contêiner de banha que o senhor encomendar agora, como uma oferta especial."

O *prospect* encomendou quatro contêineres imediatamente. Então Hopkins foi para diversas localidades como Providence, New Haven, Hartford e Springfield. No total, ele vendeu mais do que os seis vendedores conseguiram em seis semanas.

O gerente local fez pouco dele.

"Você não vendeu banha," ele disse. "Você vendeu um pôster de torta. Gostaria de ver o que você consegue fazer sem isso. Acha que consegue vender sem o pôster?"

"Claro. Com quem devo tentar?"

O gerente deu o nome de uma empresa grande. Com um telefonema, Hopkins descobriu que eles – com seu estoque abarrotado de banha – não estavam interessados em comprar mais. Mas Hopkins não considerou isso um impedimento. Ele sugeriu um indutor especial.

"Quero anunciar suas tortas por toda parte, daqui até Chicago. Se encomendar dois contêineres de banha, colocarei um pôster nos dois lados do caminhão. Os pôsteres anunciarão que suas tortas são feitas com nosso produto – não em apenas um lado do caminhão, mas nos dois lados, para que todos, ao longo dos 1.400 km do trajeto, conheçam vocês."

Ele vendeu dois contêineres a um cliente com estoque abarrotado. Ele sabia como usar Algo por nada. Um pôster inteligente o levou a Boston. Um pôster maior o trouxe de volta a Chicago.

Praticamente todos os grandes líderes de negócios – e isso inclui grandes vendedores – são usuários astutos de Algo por nada.

Cinco Perguntas Suponha Apenas de Sucesso

Em certas ocasiões, em vez de um Algo por nada categórico, tente uma pergunta *Suponha Apenas*, que é poderosa em sua habilidade de estimular a imaginação humana.

- "*Suponha apenas* que eu pudesse despachar por via aérea para ser entregue amanhã. Poderia fazer seu pedido hoje?"
- "Nunca ouvi especificações como estas! Mas *suponha apenas* que posso *personalizá-las*. Faria um investimento de mais 6 mil para ter exatamente o que deseja?"
- "Sua especificação de cor e interior é bastante incomum. Posso aceitá-la? Não sei. Mas *suponha apenas* que possa, terei também seu compromisso com este negócio?"
- "*Suponha apenas* que eu consiga lhe dar um ano de manutenção grátis. Isso mudaria sua decisão em nosso favor?"
- "*Suponha* que eu possa preparar toda tributação de sua empresa e o imposto de renda de seus executivos pelo mesmo montante que gasta agora somente com a auditoria anual. Interessado em ouvir mais?"
- "*Suponha* que eu disponibilize nosso decorador de interiores a nossas custas aos compradores deste tecido?"

Diplomacia de Banheiro

Se você acompanhou os métodos de negócios usados pelo saudoso Howard Hughes – e muitos o fizeram – conhece sua devoção em fazer negócios nos lavatórios. Hugh Edwards, presidente da Research Guild, Chapel Hill, na Carolina do Norte, acredita que o banheiro masculino também é um excelente lugar para fechar com Algo por nada.

Edwards foi a Mineápolis vender seus serviços de pesquisa para a General Mills, mas estava encontrando dificuldades para ver Jerry Stoneseifer, o tomador de decisões.

Após conversar com várias outras pessoas receptivas mas não tomadoras de decisão, estava quase desistindo quando viu Stoneseifer a caminho do banheiro.

"Por que não?" Edward disse, e o seguiu.

Postando-se ao lado de Stoneseifer, Edward iniciou uma conversa e explicou seu negócio.

"Estamos enfrentando muitos problemas com nossos fornecedores atuais, fazê-los entender o jeito General Mills," Stoneseifer disse.

Edward disse que entendia esse problema.

"Muitos fornecedores já têm um jeito próprio," ele disse. "E é difícil fazê-los mudar. Mas acho que tudo depende de como se começa. Quanto a nós, acreditamos poder ajudá-lo a *treinar* seus próprios fornecedores desde o princípio a fazer as coisas do seu jeito. Lembre-se do que disse o Dr. Samuel Johnson: 'Muito pode ser feito com um escocês se o pegarmos jovem.' Conosco, o senhor pode treinar seu próprio grupo de pesquisa *como se estivéssemos na última sala da esquerda*. A diferença importante, é claro, é que não estamos. Trazemos para o senhor a experiência de fora e a objetividade de fora. É um valor Algo por nada que o senhor ganha trabalhando conosco."

Bem, Stoneseifer disse, talvez você tenha algo a nos oferecer. Edwards voltou para casa com um serviço que levaria a muitos mais. Em pouco tempo, ele estava fechando negócios de 200 mil dólares ao ano com a General Mills.

"A idéia de treinar seus próprios fornecedores do *seu* jeito conseguiu isso," Edward disse. "Ele sentiu que estava ganhando Algo por nada. Mas de alguma forma isso não teria funcionado no escritório dele. Eu recomendo fortemente o banheiro para determinados tipos de fechamento."

Todo mundo quer alguma coisinha a mais, como descobriu o motorista quando perguntou a um sujeito no Maine: "Morou a vida toda aqui?"

O nativo, tirando lascas de um pedaço de madeira, disse: "Ainda não."

O sujeito então guardou sua faca, levantou e disse: "Agora vou para casa e se descobrir que o jantar não está pronto, vou dizer o diabo. Se estiver pronto, não vou comer!"

De Graça, Sim, mas Não a Loja Inteira

O falecido William Wrigley Jr. foi reconhecidamente bem-sucedido porque ele estava continuamente despachando indutores aos seus representantes para fazê-los comprar

Fechando com Algo por Nada

mais. Certa vez, Wrigley enviou um cartão com uma lista de prêmios que os representantes poderiam ganhar comprando mais goma de mascar.

Outra vez ele ofereceu um bônus para um pedido mínimo. Sempre era algo atraente, algo especial e um indutor à compra.

Em larga escala, Wrigley estava usando a mesma técnica que você emprega no um a um: Algo por nada.

Certamente, você dá ao comprador Algo por nada – de modo geral uma concessão irrelevante. Mas vez ou outra você se depara com o Aproveitador Devotado que quer que você dê a loja de mão beijada.

Não faça isso. Nunca confunda fechamento com caridade. Separe as coisas (tão importante quanto a separação entre o estado e a igreja). A seguir, estão quatro maneiras de apelar para o Aproveitador Devotado.

1. "Você confiaria em um médico que oferecesse descontos para tê-lo como cliente?"
   "Não."
   "Bem, assim como outros profissionais, cobramos um preço competitivo e não damos desconto. Mas vou lhe dizer o que damos: Um serviço de alta qualidade. Não é isso que todo comprador astuto realmente quer?"
2. "Você está preocupado com o fato de que alguém conseguirá um preço melhor do que o seu? Posso garantir que isso não acontecerá!"
   "Como ninguém jamais conseguirá um preço menor ou um desconto, podemos cuidar da papelada de seu pedido agora?"
3. "Você dá desconto de 10% em tudo o que vende?"
   "Não."
   "Bem, nós também não. Por que você espera que façamos algo que você mesmo não faz? Qual é a verdadeira razão de sua hesitação?"
4. "A Mercedes dá desconto?"
   "Não."
   "Somos conhecido como a Mercedes deste setor, e já estamos disponíveis a preço de Volvo. O que mais você poderia querer?"
   "Podemos fazer seu pedido hoje?"

Persuasão: Compre Agora ou Perca Tudo

Terry e Sue Muth vendem casas da Lincoln Log em Haywarden, Iwoa. Elas também são especialistas em paisagismo e plantas – seu segundo negócio.

Sue Muth, que estudou horticultura, decidiu usar plantas como Algo por nada.

"Compre esta casa da Lincoln Log e lhe daremos o correspondente a US$ 600 em paisagismo de graça," as Muths dizem aos clientes.

Funciona. "Que alívio! Estava imaginando o que fazer em relação à grama e às árvores. Muito boa essa oferta."

Às vezes, o que custaria US$ 600 a seu cliente pode ser comprado no atacado por US$ 300, então vale a pena usar isso para fechar uma venda vultosa.

O indutor não precisa ser tangível. Pode ser puramente uma imagem mental. Se você conseguir mostrar ao cliente que seu nome irá para uma lista de honra ele compra agora, isso é uma motivação suficiente.

Ou pode fazer o inverso: "Você está pagando por isso mesmo que desfrute ou não das vantagens."

A chave Algo por nada é muito oportuna. Você pode usá-la sempre que outras técnicas falharem. Ela elimina o problema da protelação – seu maior castigo no fechamento. Ela apela para a esperança universal que todos têm: "O que vem de graça?"

DEZESSEIS

O Básico do Fechamento: Pedir e Obter

Liam O'Toole, um gerente de vendas de Nova York, enviou o seguinte informativo a sua força de vendas: "De agora em diante, não importa qual tenha sido a conversa ou como a visita tenha terminado, a última coisa que devem fazer antes de ir embora (caso não tenham vendido ainda!) é solicitar o pedido."

Básico? Certamente. Os vendedores têm feito isso? Não. O'Toole tentou isso durante um mês. Bingo! As vendas aumentaram 25%! Pedir a cada *prospect* para comprar estimulou um aumento de um quarto nos negócios.

A General Electric aumentou a venda de lâmpadas comuns da mesma maneira. Após um teste cuidadoso, um executivo de vendas idealizou uma técnica simples de vendas. Os vendedores do varejo deveriam pedir a cada pessoa que parasse para ver o mostruário de uma lâmpada acesa para comprar uma cartela com oito unidades. Só isso. Peça a eles para comprar. Um de cada quatro comprou. As vendas subiram 25%.

Se você solicitar o pedido, só há duas coisas que o comprador pode fazer: comprar ou recusar. Alguns recusarão. Não há dúvida. Mas mesmo quando isso acontece, os compradores sentem um grande respeito. Eles percebem o quanto são realmente importantes para você.

Nunca deixe de solicitar o pedido a seu cliente. Peça e obtenha. Funciona.

Partindo do Básico

A técnica de fechamento de Bob Blaney era totalmente baseada em Pedir e Obter. Ele nunca usava outra. Seus métodos eram simples e, venhamos e convenhamos, primitivos.

"Jake, tem um pedido para mim hoje?"

"Joe, vai comprar de mim hoje?"

"Miriam, que tal meio carregamento de bacon esta manhã?"

"Bill, esta é uma leva especial que acabamos de lançar. Acho que precisa de 100 quilos para começar."

Para uma pessoa, Jake ou Joe ou Miriam ou Bill sempre compravam o que Blaney lhes pedia para comprar.

Entretanto, alguns "especialistas" em vendas dizem que nenhum vendedor deve pedir abertamente a um *prospect* para comprar. Bobagem! Pedir por um negócio é uma tática de vendas excepcional se você pedir certo e na hora certa.

Oponentes acreditam que nenhum vendedor deve pedir um favor. Mas estudantes de psicologia sabem que quando você *pede* um favor, na verdade *faz* um favor maior. Quando pede um favor pequeno, estimula a vaidade de uma pessoa. Ela está lhe fazendo um favor, mas na verdade está agradando a si própria. Portanto, quando você pede a uma pessoa para comprar, isso não enfraquece seu argumento. Geralmente o reforça.

Na verdade, Pedir e Obter é a técnica favorita de muitos vendedores exímios. Muitos *prospects* só estão esperando que façamos o pedido. Eles enfrentam um medo básico de iniciar um compromisso. Você os ajuda a tomar a decisão:

- "Tenho sua aprovação para ir adiante?"
- "Quando gostaria de receber?"
- "A senhora analisou esta compra cuidadosamente, Sra. Andrews. Faça o pedido e posso prometer que nunca precisará defender sua decisão perante ninguém."
- "Posso dar continuidade nisso, Sr. Jones?"
- "Sugiro quatro caixas como uma forma prática de começar, Sra. Smith. Basta assinar aqui!"
- "Sr. Brown, parece que concordamos que este sistema reduzirá seu custo de manutenção significativamente. Quanto mais rápido o instalarmos, mais rápido o senhor se beneficiará dessa economia. Tudo o que preciso é de um visto."

O Básico do Fechamento: Pedir e Obter

Peça e Terá

Oxford Pendleton, um vendedor bem-sucedido de Los Angeles, vê da seguinte forma: "Peço o pedido no primeiro momento possível. Se o cliente diz sim, estou com sorte. Se diz não, geralmente consigo 50 palavras sobre o que está passando na mente dele. Após descobrir o que está pensando, continuo minha história até conseguir solicitar de novo o pedido. O *prospect* ou diz sim ou tem que pensar em outras 50 palavras.

"E isso se repete até que eu feche a venda ou jogue a toalha. Ao menos posso dizer mentalmente que 'Aquele cliente realmente teve uma chance de comprar.' A maioria dos problemas de fechamento aponta para vendedores que não têm coragem para forçar uma resposta. Até a Bíblia diz: 'Peça e terá.' Você não pode contestar essa autoridade!"

Das várias técnicas de fechamento testadas, cada uma tem uma aplicação ideal. Existe uma para praticamente toda situação que surge. Mas às vezes a melhor delas é simplesmente pedir ao comprador franca e abertamente para fazer o negócio.

O *momento* em que você pede também é importante. Primeiro, decida qual fechamento é o mais natural e adaptável para sua situação de venda. Não se desespere se falhar em uma, duas ou mais tentativas. Contanto que as oportunidades continuem, tente fechar.

Se tudo o mais fracassar, você sempre terá Pedir e Obter. Você ficará surpreso em como essa técnica freqüentemente adula o comprador. A vaidade é poderosa e o ego é um fator dominante (se seu *prospect* tem um problema psicológico, você pode decidir *começar* com Pedir e Obter).

Caras Legais Pedem Diretamente

Eldorado Reed, um vendedor de suprimentos para escritório de Lake Charles, em Illinois, se orgulhava de sua simplicidade. Ele se dizia "um rapaz interiorano simples de Elgin, tentando dar certo na cidade grande." Ele empregava apenas uma técnica de fechamento. "Sou um cara legal de se trabalhar. Vendo suprimentos para escritório a um preço razoável. Qualquer coisa que você encomendar hoje eu entrego amanhã. Por favor diga-me o que precisa."

Certamente isso não vai funcionar para vender lanchas, caminhões, equipamentos industriais ou fundos mútuos, vai? Mas existem ocasiões e propostas que respondem a essa técnica. Eldorado Reed comprova. Peça e obtenha. Reed está apenas fazendo seu trabalho. Existe algo universalmente atraente sobre isso.

O Que Fazer Quando Outras Chaves Fracassam

Sob muitas circunstâncias de vendas, você preferirá outras chaves de fechamento a Pedir e Obter. A maioria das outras chaves é mais positiva, menos sujeita a rejeição do que pedir diretamente pelo pedido.

Ocasionalmente, você encontra um comprador que por uma razão ou outra não se impressiona ou se sensibiliza com técnicas (tão eficazes com outros). Este cliente ocasional pode ser:

- Uma pessoa desconfiada com baixa auto-estima. O autor se sente inseguro em tudo e, portanto, incapaz de se decidir. Se suas ações aumentarem a desconfiança dele, ele se fecha como uma barragem.
- Uma pessoa com uma vaidade aguçada que a faz querer ser o máximo em tudo. Seu melhor apelo é agir sobre o senso de importância dela.
- Uma pessoa do contra e negativa que se ressente em ser controlada, guiada ou liderada. Diga a ela que o produto é quadrado e ela dirá que é redondo. Diga que é preto e ela jurará que é branco.

Técnicas comuns não funcionam nesses casos, mas pedir pelo fechamento da maneira certa geralmente funciona.

Às vezes, você deve dizer a uma pessoa como essa (*do contra*) o oposto do que quer. Phil Taggart, que vende um serviço de relações financeiras a altas gerências em Houston, diz: "Meu tio Harry era um tipo do contra. Se sua esposa quisesse jantar fora, ligava para ele e dizia que gostaria de preparar o jantar e comer em casa. 'Ah, não, Harry sempre respondia, quero comer fora.'

"Se queria visitar parentes na Costa Leste, sugeria a Harry que fossem para oeste. 'Ah, não, ele responda, faz tempo que não vamos ao leste.' A única maneira de convencê-lo a fazer uma determinada coisa era sugerir o oposto."

O corolário no fechamento é sugerir ao *do contra* que ele ou ela não tem condições de comprar no momento ou que talvez este produto não seja o adequado.

Um dos principais benefícios de Pedir e Obter é que dificulta que os clientes ajam com vaidade. Todos nós temos este senso e nos clientes difíceis ele é mais exacerbado. Quando você pedir a um cliente difícil que faça o negócio, nunca se rebaixe. Peça da maneira certa e estará fazendo um favor ao comprador.

Todos gostamos mais de fazer favores do que de recebê-los. Fazer um favor, contanto que não dê muito trabalho ou despesa, nos faz um bem muito maior do que a quem recebe. Protege e afaga o ego.

O Básico do Fechamento: Pedir e Obter

Quando a Oportunidade Surgir, Agarre-a

Você agendou uma visita a um *prospect* e ligou para confirmar; está tudo certo. Mas quando você chega lá, Teresa Claret sai apressadamente da sala dizendo: "Sinto muito, surgiu uma emergência. Preciso pegar um avião."

O que fazer? Primeiro, você mostra sua compreensão. "Vou marcar outra data. Faça boa viagem," você diz enquanto caminha ao lado dela. Pergunte para onde ela vai, dependendo do relacionamento que você construiu de antemão. Se ela responder, que tal perguntar sobre o pedido? O que você tem a perder? Tente um fechamento!

"Sra. Claret, por que a senhora não fecha a instalação do sistema agora? Podemos tratar dos detalhes quando voltar. E, é claro, não cobraremos nada até que tudo esteja no devido lugar e a senhora concorde que esteja funcionando perfeitamente."

O que tem a perder? Ela pode dizer sim. Na pior das hipóteses, você sempre pode agendar outra visita.

Henry I. McGee, o presidente dinâmico de um serviço de transporte de motores de avião, disse a seus executivos: "Nunca me deixem saber que vocês ligaram para um cliente ou *prospect* sem pedir pelo pedido – não importa qual tenha sido o motivo original de sua ligação."

Jerry Grossman, o gerente simpático de uma loja de instrumentos musicais, expressou isso de maneira diferente: "Se não pedir, não obtém."

Qualquer que seja seu estilo, peça.

Quando Pular o Passo Apresentação

Em certas ocasiões, pule a apresentação. Uma apresentação é um meio para um fim, não um fim em si. Alguns vendedores se esquecem disso.

Durante anos Clarissa Roget quis um jogo de jantar de porcelana. Certo dia ligou para o escritório de Peoria para mandarem um representante. Ela disse ao representante Junius Scale que há muito tempo queria o produto dele. Mesmo assim Scale fez uma apresentação de uma hora antes de preencher o pedido. Talvez tenha pensado que estava oferecendo um serviço melhor. Neste caso, tudo o que fez foi perder tempo. Com outros *prospects* poderia ter perdido a venda!

Se você fechar 10% de suas visitas apenas pedindo pelo negócio, pode investir o tempo economizado em mais apresentações. Se tiver qualquer razão para acreditar que seus *prospects* querem o que você está vendendo, *peça que comprem!* Quando chegar, peça. Peça sempre. Quando sair, peça novamente. Outras maneiras de pedir para obter:

- Comece com um fechamento: "Gostaria de ter este fax multifuncional?"
- Peça um teste: "Experimente uma dúzia desses como teste."
- O testemunho: "Miller Company economizou 10% em despesas com energia com esta máquina."
- O truque da maçaneta: pareça vencido e finja que vai embora, então volte e lance fatos, estatísticas e exemplos no jogo.
- Faça uma ligação para que seu *prospect* possa falar com um cliente satisfeito.
- Apelo de celebridade: "Oprah Winfrey tem dois desses sistemas de videoconferência em duas de suas casas!"

Pergunte ao Cliente: O Que Mais Deseja?

Mehdi Fakharzadeh, o vendedor de seguros milionário que você conheceu antes, leva Pedir e Obter um passo adiante. Quando se depara com um obstáculo, em vez de pedir pelo pedido, ele pergunta: "O que *mais* deseja comprar?"

Certa vez Mehdi trabalhou durante semanas para fazer um cliente difícil concordar com uma apólice de 250 mil dólares. A réplica-tréplica estava se prolongando de maneira incomum. Por fim, o homem concordou em fazer o exame médico. Até isso demorou mais que o usual. Finalmente, a resposta do departamento de subscrição chegou. "Rejeitado. Requerente inseguráve."

Um grande desapontamento para Mehdi? Todo aquele trabalho para nada? Mehdi não viu dessa maneira. Adepto de encontros pessoais, Mehdi foi ver o querente. Ele explicou os motivos da rejeição em detalhes e lamentou profundamente o ocorrido. Então testou os motivos do homem.

"Sei de muitas razões por que deseja esta apólice," ele disse, "e são boas razões. Mas existe alguma outra coisa que está tentando fazer?"

O cliente, um executivo de uma empresa de importação e exportação, disse: "Sim. Queria deixar um benefício para minha filha e meu genro. Agora não posso."

"Existe outra maneira de se fazer isso," Mehdi disse. "Suponha que eu lhe ofereça um plano [ele sempre fala em *plano*, nunca em *seguro*] que proporcione economia nos impostos caso seu genro ou sua filha venham a falecer. Tenho certeza de que o senhor concorda que isso é interessante."

O homem ficou interessado.

Mehdi analisou as propriedades do genro e da filha. Em pouco tempo, voltou com duas apólices totalizando 350 mil dólares. O pai assinou o primeiro cheque, e as apólices estão em vigor desde então.

Mehdi mais do que dobrou sua comissão em relação à apólice original. Ele viu o problema como uma oportunidade.

Um gerente de vendas da empresa de Mehdi explica esta habilidade:

"Vendedores como Mehdi simplesmente não pensam negativamente. Mehdi nunca se preocupa com reveses. Ele vê cada problema como uma oportunidade. Ele tira prazer dos problemas porque tem certeza de que pode encontrar uma solução. Ele sempre consegue.

"Ele começa com um encanto natural e capitaliza nisso o tempo todo. Ele é sincero e nunca tenta enganar ninguém. Ele motiva a si próprio. Seu conhecimento do produto é impressionante. Ele gasta tempo com cada objeção e a resolve."

Os mesmos princípios estão disponíveis para você. Analise cada problema para descobrir a oportunidade. Ela sempre está em algum lugar.

Não se Esqueça da Graxa e das Meias

A loja de sapatos Kinney Shoe Stores tinha ao lado do caixa meias e graxa para sapatos. Alguns clientes se motivavam a pedir esses itens quando pagavam pelos sapatos. Então, certo dia, um gerente regional empreendedor (ele era novo, não tinha a bagagem de achar que nada vai funcionar) disse: "De agora em diante vamos *pedir* ao cliente para comprar meias e graxa. Apenas perguntar. Nada mais."

Cada vendedor começou a fazer apenas isso: pedir. Nenhum benefício do produto, apenas "Gostaria de escolher um par de meias? "Gostaria de levar graxa marrom para estes sapatos?"

Como os vendedores profissionais sabem, esse não é o melhor atrativo do mundo – longe disso. Mas você acredita que as vendas de graxa e meias saltaram 50% nas lojas que insistiram na política Pedir e Obter?

Custou alguma coisa? Não. Foi preciso gastar mais tempo? Não. O cliente já estava no caixa pagando de qualquer maneira. Mas certamente vendeu o produto.

As pessoas comprarão *se* você pedir. Então peça!

Cinco Maneiras de Turbinar sua Visita-surpresa

A visita-surpresa (você simplesmente aparece) é parte de Pedir e Obter. Você visita um *prospect* sem avisar com antecedência para fazer uma apresentação instantânea e garantir uma decisão de compra imediata. Certamente você não pode usar esta tática em todas as situações nem com todas as propostas, mas quando apropriado, ela é poderosa. A seguir, estão os cinco passos:

1. *Deixe as formalidades de lado.* Não se apresente. Elimine amenidades como: "Como tem passado? O que tem feito para agüentar este calor insuportável? Que jogo esse de ontem à noite!" Comece a falar direto sobre seu produto ou serviço. Escolha um benefício forte de seu produto ou serviço e abra a apresentação com esse benefício: "Sei que se me permitir mostrar como eliminar as perdas que ocorrem no momento por furto dos empregados, reconhecerá imediatamente o dinheiro que pode economizar. O que quero dizer é..." e vá adiante com a apresentação.
2. *Ofereça uma amostra ao prospect.* A maneira mais segura de provar a realidade é poder alcançar e tocá-la. Quanto mais de nossos cinco sentidos são mobilizados, mais convencidos ficamos. O *prospect ouve* você e *vê* uma foto ou um desenho que confirma o que ouve. Quando ele *toca*, acredita muitos mais.
3. *Deixe seus cartões de visita no carro.* Quando os *prospects* lhe pedirem seu cartão de visita, não se surpreenda no comentário que virá em seguida: "Ligaremos para você quando precisarmos de alguma coisa." Vupt! Seu cartão vai para o lixo antes que a porta esteja fechada.

    No entanto, ignorar o pedido de um cartão é grosseiro. Diga: "Como não. Pegarei um cartão no carro antes de ir embora. A propósito, poderia me dar seu cartão?" Isso põe a iniciativa de volta em suas mãos. Se seu *prospect* lhe der um cartão, diga: "Muito obrigado, Sra. Jones. Antes de eu ir, existe apenas uma coisa que, acredito, a senhora gostaria de saber..." e continue com sua apresentação.
4. *Atenha-se ao negócio.* Não desvie do assunto. Você pode se deparar com uma pessoa que gosta de todos e fala de tudo exceto de sua proposta. Continue trazendo a conversa de volta para o negócio.
5. *Nunca trate visitas relâmpago como trabalho missionário.* Grandes vendedores conseguem fechar negócios na primeira visita. Você nunca saberá enquanto não tentar.

A Natureza Humana e o Vendedor Competente

Um dos maiores vendedores dos Estados Unidos, Georgeson Hodge, sempre disse que vivia muito ocupado fechando vendas para aprender a arte de vender. Este homem era um milionário. Ele podia não chamar isso de fechamento, mas sabia muito sobre a natureza humana. Toda vez que fazia uma visita, sempre pedia ao cliente para comprar.

Muitos clientes recusavam, afinal, eles não estavam no mercado e seus preços estavam acima da média. Hodge nunca argumentava. Guardava lentamente suas amostras e se preparava para sair também lentamente. Quase na porta, Hodge voltava-se e, suave e gentilmente, pedia ao cliente pelo negócio. Ele não fazia isso como um pobre coitado, mas como um amigo pedindo a outro. Imediatamente após dispensá-lo, muitos, recuavam e faziam um pedido.

Pedir e Obter, assim como outras técnicas de vendas, só se torna valiosa quando praticada consistentemente. Pedir a um *prospect* para comprar e deixar de pedir para os três ou quatro seguintes não fará seu negócio crescer. Mas pedir a *cada prospect* sim!

Quando Usar Pedir e Obter

Pedir e Obter é sempre indicado? Não. Tampouco as outras técnicas. Além disso, Pedir e Obter dificilmente é ideal para determinados temperamentos conservadores. Horace Lorimer, um cavalheiro da velha escola, disse: "Em certas ocasiões, quando você sente que esgotou todas as outras possibilidades, confronte o *prospect* e literalmente solicite o pedido a ele. Como usar esta chave exige uma resposta sim ou não, use-a como último recurso. Afinal, todas as outras chaves de fechamento são menos ameaçadoras. Entretanto, dada a opção entre pedir e não pedir, sempre peça."

O conservador Horace adapta os métodos a sua pessoa. Mas até ele diz: "Quando as chances acabarem, peça."

Agora você tem seu estoque das principais chaves de fechamento. Você está pronto para acrescentar chaves especiais.

Parte III

COMO VENDEDORES EXÍMIOS FECHAM GRANDES VENDAS

Nesta seção, você verá porque o vendedor campeão se torna um ator comercial engajado – como palavras poderosas transformam *prospects* em compradores. Isso lhe conduz uma venda *conversacional* e *consultiva*, o ramo diplomático do "trabalho duro mais bem pago do mundo."

Agora que você está munido da nova teoria, técnica e experiência de campo, está pronto para desenvolver sua sorte em vendas.

DEZESSETE

Fechamentos Especiais que Desmontam Proteladores e Casos Difíceis

Este é o conselho de Rudyard Kipling sobre como compor um poema: "Existem noventa e seis maneiras de se construir trovas, e cada uma delas está certa."

O mesmo acontece com as vendas. Tudo o que funciona é bom. Milhares de vendedores bem-sucedidos usam centenas de métodos de fechamento. Uma característica que todos compartilham é a disposição de tentar repetidamente.

O método incomum de Joe Bowlin, de Forth Worth, é levar consigo uma máquina fotográfica. No momento do fechamento, ele gruda uma folha de pedido sob o nariz do *prospect* e diz: "Quero deixar para você uma foto da coisa mais importante que fez hoje." Funciona.

A. H. Rosenthal, o grande estudioso da arte de vender, contou sobre um vendedor que começava a chorar no momento do fechamento, *porque estava fazendo este grande favor ao prospect*. Estranho? Sim, mas não aplicável com freqüência. Certo.

Arquive suas técnicas especiais – e às vezes incomuns – de fechamento. Você sempre tem sete chaves secretas principais – os grandes motivadores. Acrescente as técnicas especiais e recorra a esse acervo conforme e quando necessário.

Comece trazendo à tona as objeções. Você não consegue iniciar um fechamento enquanto não tem um caminho a seguir. Objeções surgem porque:

- o *prospect* não vai soltar o dinheiro enquanto não tiver certeza de que está obtendo o que o dinheiro vale;

- o *prospect* resiste à mudança. Ele deve receber boas razões para mudar;
- a falta de objeções significa falta de interesse. Quanto mais verdadeira a objeção, maior o interesse.

Portanto, somente após expor as objeções é que você deve começar a empregar essas abordagens de fechamento:

1. **Fechamento Direto.** Simplesmente solicite o pedido. "Aprovei as especificações e o preço, Sr. Smith. Leia isto e dê seu visto bem aqui. Eu lhe darei uma cópia." Ou mais sutilmente: "Existe alguma razão para não vermos isso juntos agora, Sr. Smith?" Não há nada ofensivo em solicitar o pedido. "A covardia nunca conquistou uma linda mulher."

2. **Dê uma opção, não uma chance.** Em vez de dar ao *prospect* uma chance de comprar dê você, dê a ele uma opção. Não pergunte *se* ele vai comprar; pergunte, "Qual cor prefere?", "Gostaria de pagar por isso em trinta ou noventa dias?", "O despacho será rodoviário ou aéreo?"

Depois que todas as perguntas tiverem sido respondidas e todas as reservas verbalizadas resolvidas, assuma que o *prospect* está pronto para fechar. Em vez de pedir diretamente, faça por uma via indireta: "Gostaria que cuidássemos do financiamento?", "Qual seria o período mais conveniente para a instalação?" Uma resposta positiva para essas perguntas é praticamente o mesmo que assinar.

Se ainda não tiver chegado lá, pergunte por objeções. A maioria será irrelevante. Entretanto, se você persistir, seu questionamento geralmente trará à tona uma relevante, o obstáculo verdadeiramente importante para o fechamento. Tente fazer o *prospect* falar sobre a objeção. Pergunte: "Além disso, existe alguma outra coisa que está impedindo sua decisão?" (É claro, esta abordagem é uma variação de duas chaves principais: Sem Sombra de Dúvida e Pergunta Menor.)

3. **Blitz.** Esta abordagem coloca o *prospect* indeciso na parede com uma saraivada de perguntas. Deixe-o numa situação em que é difícil não dizer sim. Pergunte: "Deseja seis dúzias desses ou acha que pode precisar de oito dúzias?" Continue disparando perguntas: "Quer no tamanho grande ou no pequeno?" "Para quando quer a entrega?" Confusão na mente do comprador (você a coloca lá) funciona a seu favor. Quando ele responder sim, comprará.

Ou faça uma pergunta direta. Os *prospects* se sentem confortáveis respondendo e pensam que você está de saída. Você só quer saber por que seu *prospect* decidiu não comprar.

Fechamentos Especiais que Desmontam Proteladores e Casos Difíceis

4. **A imobilização** é um fechamento de contingência. *Prospect*: "Os custos de manutenção são muito altos." Vendedor: "Suponha apenas que posso lhe conseguir um ano de manutenção grátis. Isso penderia a balança para nosso lado? Se eu puder resolver este problema para o senhor, temos um acordo?"

Esta pergunta implica um compromisso mútuo. "Sim" significa sim para a venda. Manobra inteligente? Talvez. Mas você está morto se voltar atrás em *sua* solução: isso é parte da negociação!

5. **Mencione dinheiro casualmente.** O que é mais natural do que fechar sobre uma nota de dinheiro? Diga: "Tenho certeza de que quer o desconto no valor!" Ivan Daughtery, de Elmira, Nova York, ensinou seus vendedores a perguntar: "Quer pagar com cartão de crédito ou cheque?" As vendas aumentaram 13%.

6. **Fechamento ego/lucro.** "É óbvio que conhece bem o negócio de mercearia. Orquestrou cada metro quadrado desta loja para ter lucro. Sr. Stevenson, nossos produtos também lhe proporcionam uma boa margem de lucro. Na verdade, seu lucro excederá a média de lucro por metro quadrado de sua loja. E eles vendem como água. Este alto giro aumentará ainda mais seus lucros, o que é importante para o senhor." (Dê uma pausa quando não houver resposta, então continue.)

"Dado o movimento de sua loja e sua projeção de vendas desses produtos, sugiro que o senhor compre [produtos e quantidades]. Isso atenderá a demanda do cliente pelos próximos dois meses, somado ao lucro que espera de seus outros produtos. Posso dar prosseguimento a isso?"

7. **Demo de filhotes.** Ao passar por um pet shop, você é literalmente parado por um filhote de cachorro com enormes olhos pretos tiritando. Antes que perceba, já está dentro da loja. O vendedor astuto lhe dá o filhote para segurar. Este é o fechamento com filhotes.

Um revendedor de eletrodomésticos vendia televisores usando esta técnica. Ele insistia que amigos e vizinhos levassem para casa aparelhos de TV novos para experimentar por duas semanas. Quando o dono da loja ligava para saber se eles haviam gostado do produto, eles podiam pedir para pegarem de volta? Não mais do que você poderia devolver um filhote!

Ponha seu produto nas mãos do *prospect* para um teste gratuito. É mágico.

8. **Fechamento *soletrar o nome*.** A palavra mais encantadora é o nome do *prospect*. Vendedores sábios dão atenção ao fechamento – *soletrar o nome* – O cliente quer seu nome completo ou suas iniciais? "É Sra. ou Srta.?" – Poucos resistem a isso. E pronuncie da forma correta!

9. **Negociação win-win.** A maioria das negociações de vendas concentra-se em dois temas principais: valor e preço. Em sua busca por mais valor a um custo menor, os *prospects* freqüentemente fazem grande pressão sobre o vendedor. Quando isso acontece, encontre maneiras para todo mundo ganhar:

- "Se encontrássemos uma maneira de eliminar a necessidade da máquina de backup, ficaria contente com este acordo?"
- "Sabe que não posso lhe dar um desconto, mas posso adiar o pagamento para o final do mês. Ficarei feliz em fazer isso."

10. **Columbo.** O *prospect* disse não. Você está pronto para ir embora. Já na porta, num estilo Columbo, você diz: "Ah, a propósito, Sr. Watkins, uma coisa mais. Quase me esqueci de mencionar algo muito importante. Se fizer seu pedido este mês, ganhará uma caixa de graça. O senhor simplesmente não pode deixar passar uma economia como essa, pode?"

11. **Apelo ao orgulho.** Pinte um quadro: o cliente ocupando um lugar de orgulho. Torne-o vivo: "Imagine como se sentiria dirigindo esta van familiar!"

12. **Agendamento futuro.** E se o *prospect* não estiver pronto para comprar agora? Costure um pedido para o futuro. Force uma entrega para daqui a três meses ou um ano. Isso é melhor do que deixar um concorrente sair com ele.

13. **Fechamento lucro puro.** Você vem trabalhando o fechamento há meia hora. O *prospect* parece vendido, mas continua tentando dispensá-lo. Tente o seguinte: "Sr. *Prospect*, tanto eu como o senhor estamos envolvidos num esforço para ganhar dinheiro. Não negue. Se eu fechar esta venda, terei um lucro. Entretanto, meu lucro será pequeno comparado ao seu, que será contínuo. Seu lucro aumentará, contanto que continue a usar este produto.

"Sua razão e julgamento foram satisfeitos. Seu íntimo lhe diz que esta é a decisão que deve tomar. Seu julgamento é sua corte de última instância. E sempre que o senhor deixa de agir de acordo com seu bom julgamento, deixa de atender a seus melhores interesses. [Pausa] Se o senhor fosse meu irmão, Sr. *Prospect*, eu lhe diria o seguinte: 'Compre este.'" Se ele ainda vacilar, continue:

"Realmente, Sr. *Prospect*, não hesite. Quem hesita frente a um curso de ação líquido e certo se priva de incontáveis vantagens. Aprove isto agora e sentirá a satisfação de saber que fez a coisa certa. Terá tratado sua pessoa com justiça."

14. **Faça algo especial.** Muitos compradores, se considerando Mestres do Universo, exigem algo especial – um preço que ninguém mais consegue. Diga, por exemplo:

Fechamentos Especiais que Desmontam Proteladores e Casos Difíceis

"Como a senhora compra volumes tão grandes, Sra. Brown, deixe-me dizer o que vou fazer..."

Com alguns compradores, esta é a melhor técnica de todas. Um comprador disse a Sandra Compton que se não tivesse um preço menor do que qualquer outra pessoa, "podia esquecer." Ela mostrou-lhe a lista de preços e orçou para ele um custo menor – exatamente o preço que ela pretendia dar o tempo todo. Ele fechou.

Nas negociações financeiras de ritmo acelerado, um pássaro na mão vale, *no mínimo,* um pássaro e 10% voando. (O *valor presente* do dinheiro em relação ao valor do mesmo montante em alguma data futura.) Isso também é verdade em outras situações de venda.

15. Prós e contras. (Uma lista de coisas boas e ruins, também chamada de Ben Franklin nos Estados Unidos e de Duque de Wellington no Reino Unido). Com compradores analíticos que têm dificuldade em se decidir, pegue uma folha de papel e escreva os prós e os contras de suas proposições, lado a lado. Naturalmente, você favorecerá os prós. Mas sem encobrir deficiências.

Diga ao cliente que você entende o quanto essa decisão é importante para ele e que deseja fazer a escolha certa. Então estimule-o a escrever as razões "sim" à esquerda e as "não" à direita. Ajude-o a lembrar dos benefícios "sim;" fica a cargo dele a lista "não."

Certifique-se de que o *prospect* concorda com cada item listado.

Admita certas deficiências, mas compense-as ao máximo com as vantagens. Ele quer evidências. Ofereça-lhe todas possíveis. No fim das contas fica claro que as razões negativas não eram tão importantes. Ele compra.

16. Silogismo socrático. Às vezes, convencem compradores teimosos. "*Deve* ser claro para um homem lógico," diz Bob Pachter (e quem consegue resistir a este elogio?), "de que se este é o caso, então assim deve ser, assim como o dia segue a noite. Portanto, só existe uma coisa que devemos decidir: quando precisa deste software instalado em seu escritório? Na próxima quarta-feira feira está bom?"

Quando o comprador começa a fazer perguntas sobre data de entrega, opções de cor, duração do contrato ou custo de instalação, está pensando seriamente em comprar. Ofereça o que ele deseja. Dê um ponto com nó.

17. "Se o escritório aprovar, negócio fechado?" Uma das maneiras mais simples de dramatizar um desconto para seu *prospect* é ligar para seu escritório. Se conseguir uma "permissão" de qualquer um, literalmente qualquer um, isso de alguma forma santifica a transação.

Janice Mueller usa isso. Ela já ligou para praticamente todo mundo, inclusive o presidente da empresa para conseguir uma "permissão" de desconto. Às vezes, ela encontra problema com o homem da manutenção, mas nunca mais alguém recusou seu pedido. Antes de ligar, ela sempre laça o cliente: "Se eles aprovarem isso, negócio fechado?"

18. **Enumere todas as suas vantagens,** até quando escrevê-las. Diga: "É isso que você terá." É impressionante. O *prospect* vê um batalhão de benefícios marchando em sua direção.

"O que mais há para dizer?" você pergunta. "Está tudo aqui, preto no branco. Essas vantagens estão claras para o senhor, não estão?"

Ou: "Sr. Cliente, deixe-me juntar as peças de novo para o senhor. Lembre-se de quando nos conhecemos, eu disse que minha empresa sabe o que faz e que temos um produto melhor do que pode encontrar em qualquer outro lugar. Bem, agora acredito que o senhor entende sobre o que eu estava falando. O senhor não só examinou as vantagens, mas as viu com seus próprios olhos. O senhor concorda que meu produto é a resposta para sua necessidade (tal como lucro, economia de custos, eficiência de produção)?"

Ou: "Vamos examinar esta decisão sob o ângulo das vantagens, certo?" A primeira vantagem é a valorização de seu usado, que entra como sinal. Isso significa que não há entrada. A segunda vantagem é um contrato de manutenção gratuita no primeiro ano, uma economia de US$ 450. A terceira vantagem é que este equipamento produzirá numa velocidade 17% maior, o que significa que ganhará mais dinheiro a cada semana. Essas vantagens não são motivos suficientes para darmos andamento nisso?"

19. **Fechamento "vou pensar".**

Motorista: Vou pensar.

Vendedora: Fico feliz. Detestaria que tomasse uma decisão precipitada sobre uma coisa importante como esta. E o senhor não pensaria sobre o assunto se não estivesse realmente interessado.

Motorista: Sim, é verdade.

Vendedora: Agora que tem todos os fatos em mente e está considerando, talvez possa me dizer se está preocupado com algo. É o consumo de combustível?

Agora você volta para atingir o objetivo remanescente – e avançar para o fechamento.

As pessoas amam histórias. "Entendo como se sente, Sr. *Prospect*. No seu lugar, eu teria a mesma preocupação. Lembro-me de quando Colman Handy sentiu-se assim no ano passado. Mas ele decidiu fazer um *leasing* de nosso veículo por seis meses, e nas primeiras semanas aconteceu a coisa mais surpreendente..." Você coloca o *prospect* na situação para enfatizar o sucesso do cliente anterior.

Fechamentos Especiais que Desmontam Proteladores e Casos Difíceis

20. **Fechamento *retorno*.** Você está de volta para uma segunda tentativa. Comece com: "Na última vez que estive aqui, esqueci de lhe dizer algo importante." Então conte ao *prospect* algo novo, acrescentando: "Deixe-me rever sucintamente o que conversamos da última vez. "Faça a apresentação inteira de novo. Use comentários como "conforme se lembra" e "deve se lembrar de que" e "concordamos que." Então prossiga com um fechamento e pergunte pelo pedido. (Nunca pergunte ao *prospect* se pensou sobre o assunto! Qualquer que seja sua resposta, você não consegue vencer!)

21. **Fechamento aos sussurros.** Um agente com altos volumes de compras diz que um fornecedor eficiente sussurra no momento do fechamento, como se quisesse deixar o cliente saber de um segredo.

"Eu me inclinei para frente – não querendo perder uma única palavra," relatou o comprador. "O vendedor continuou a sussurrar. Eu continuei a seguir suas palavras. Antes que eu percebesse, ele me pediu para comprar. Antes que eu percebesse, sussurrei que compraria!"

22. **Fechamento ação física.** Você pede ao *prospect* para fazer algo fisicamente: "Assinale as características que gostaria" ou "Escolha os locais onde deseja o sistema." Dependendo do temperamento dele, escolha "Deixe-me ligar para o escritório e ver se eles podem mandar a mercadoria na próxima semana" ou "Agora vou ligar para o escritório..." e assim por diante (mais assertivo).

23. **Fechamento "por que não".** Após várias tentativas, experimente *por que não*. Ele freqüentemente isola uma objeção real:

- "Sr. Daniels, se estou entendendo corretamente, o senhor gosta de nosso acesso conveniente, nossa entrega flexível, da facilidade de operação e completa segurança de mensagem e backup. Porém, parece que existe algo preocupando o senhor. Diga-me o que é, e farei o melhor possível para esclarecê-lo."
- "Sr. Garson, se estou entendendo corretamente, o senhor gosta de nosso estilo, nossas entregas são boas e oferecemos promoções e programas de desconto melhores. Mas parece que existe algo preocupando o senhor. Diga-me o que é, e farei o melhor possível para esclarecê-lo."

Uma vez isolada e resolvida a principal causa da demora, o comprador geralmente passa para o fechamento.

24. **Fechamento venda perdida.** "Antes de ir embora, gostaria de me desculpar por ser um apresentador tão incapaz. Ainda tenho muito a aprender. Estou convenci-

do de que este produto poderia beneficiá-lo, mas não consigo encontrar palavras para expressar o que sinto. Isso é desastroso, porque o senhor se beneficiaria se eu pudesse transmitir isso! Poderia me fazer um favor? Diga-me o que fiz errado para que não cometa o mesmo erro de novo."

O *prospect* lhe diz a razão para não comprar. Você responde: "O senhor quer dizer que eu não esclareci esse ponto?" Você se desculpa – *de verdade* – e esclarece as dúvidas dele. Então, é claro, pergunta pelo pedido outra vez. Quando se desculpar, seja sincero, caso contrário perderá a credibilidade e logo estará no olho da rua.

25. Fechamento ângulo agudo. Normalmente respondemos a uma pergunta de maneira muito simples. As perguntas são na realidade sinais de compra. Se você responder muito rapidamente, está destruindo uma oportunidade maravilhosa de fechar.

Pergunta: A fatura pode ser semanal? Resposta: Deseja a fatura semanal?

Pergunta: Posso começar pelo pacote básico? Resposta: Prefere começar desta maneira?

26. Fechamento "quero pensar sobre o assunto". "Tudo bem, Sra. Johnson, obviamente a senhora não gastaria seu tempo pensando sobre isso, a menos que estivesse realmente interessada. Tenho certeza de que não está me dizendo isso apenas para se livrar de mim, então, posso supor que considerará o assunto cuidadosamente?"

Ela concorda em fazer.

"Só para esclarecer meu raciocínio, sobre que parte do plano a senhora deseja pensar? É ...?" Saia com este primeiro "É?" *antes* de pausar. Caso contrário, ela pode dizer, "Todo," e você está morto! Sua técnica de pergunta "É" agora se torna um resumo de fechamento. Reduza o "Vou pensar" a uma objeção *específica* com que pode lidar. Você não consegue lidar com um "Vou pensar" intangível.

27. Fechamento silencioso. Um vendedor de miudezas demonstra o poder do fechamento silencioso. Desde a manhã até a noite, Gus West (juro!) não pronuncia uma dúzia de palavras. Ele apenas mostra sua mercadoria. Ele ressalta essa ou aquela característica. Ele demonstra e deixa os produtos falarem por si próprios.

Então ele começa a escrever o pedido e pergunta: "Quantos?"

Bob Pachter é um forte defensor do silêncio. Geralmente, após terminar sua apresentação, ele tira o bloco de pedidos, marca um X nele e diz: "Aqui."

Simplesmente comece a preencher o pedido! Isso torna mais *fácil* para o consumidor comprar – e requer ação para *não* comprar. A qualquer momento que seu *prospect* pense que é mais fácil avançar, ele provavelmente avançará em direção a seu gol. Você acredita em seu produto, ou não estaria vendendo. Você sabe que quando uma

Fechamentos Especiais que Desmontam Proteladores e Casos Difíceis

venda é feita, *ambas* as partes se beneficiam. Sendo assim, você tem uma responsabilidade com seu *prospect* – ajudá-lo a comprar.

Portanto, não faça de seu fechamento um passo drástico muito repentinamente. *Deslize* até ele! Ou como Pachter diz, "Venda com transmissão automática." "Encha-os de silêncio e eles venderão para si próprios," Bob explica.

Lembre-se sempre também de que no fechamento você não pode perder o que não tem. Quando na dúvida, pergunte pelo pedido.

28. Leve a alta patente. Alguns *prospects* se impressionam muito com a autoridade. Exatamente a mesma oferta vindo de alguém com uma posição superior à sua parece melhor para eles. Além disso, seu gerente de vendas pode ver ou ouvir algo que você deixou passar. Levar seu gerente é uma razão excelente para fazer mais uma tentativa de fechamento.

Ainda mais que ninguém quer fazer papel de idiota na frente dos figurões. Isso vale para seu *prospect* e para *você*! Você fará um trabalho de venda melhor quando seu gerente estiver presente. No sentido estrito, seu gerente de vendas pode não resolver o problema; entretanto, a *presença* dele pode mudar as condições. Talvez o *prospect* possa agora falar com um sentimento diferente. Talvez haja um entrosamento diferente com esta nova pessoa. Ou haja uma *perspectiva* mais criativa. Talvez ele pense em recursos que não tinham sido considerados anteriormente.

29. Use um gerente de vendas de honra. Vendedores de automóveis usam desta prerrogativa. O vendedor faz todo o possível para fechar e, um pouco antes do cliente sair, diz: "Espere um pouco, por favor. Isso é o melhor que posso lhe oferecer, mas deixe-me chamar minha gerente. Talvez ela possa fazer algo melhor." Então a "gerente" aparece com um financiamento melhor. Esses papéis serão revezados com clientes diferentes.

Quando usar essas técnicas ao fazer uma pergunta de fechamento, mantenha-se totalmente em silêncio, não diga uma palavra sequer. Não existe pressão melhor do que o silêncio. Se você não falar primeiro, o cliente deverá fazê-lo e para dizer sim ou não.

Agora você possui os instrumentos para se tornar um especialista em fechamento. Seu próximo passo é usar suas abordagens de fechamento até que se tornem uma função natural, ficando atrás somente da respiração.

DEZOITO

Fechando Quando Tudo Parece Perdido

Agora você deve estar pensado: "Estamos tratando os *prospects* como peões a serem movimentados em um tabuleiro de xadrez, ao gosto do vendedor."

Vamos admitir francamente: Eles sempre provam que não são peões, mas são de carne e osso. Seus compradores em geral são estranhos, difíceis, irracionais, implacáveis, mal-informados, misteriosos. Às vezes, em vez de apresentar a você uma lógica de fechamento, criam barreiras. "Não vamos comprar."

Lá está você sentindo-se um inútil, apenas um conversador, não um vendedor. Esta é sua impressão, até que aprende como recuperar uma venda perdida. Um bom vendedor pode ressuscitar uma venda morta, transformando um taxativo *não* do *prospect* em um gratificante *sim*.

Sua Carta na Manga

O fator mais importante para recuperar vendas perdidas é a *persistência*. Se você for positivo o bastante, persistente o bastante e insistente o bastante de uma maneira aceitável, o cliente geralmente comprará – mesmo que não tenha nenhuma intenção de comprar. Mas Hamlet nos disse: "Sim, aí está o problema!" A menos que sua persistência seja *hábil*, *competente* e *inofensiva*, você pode irritar o comprador e estragar suas chances de fechamento.

Fechando Quando Tudo Parece Perdido

Muitos vendedores pensam que apenas com a insistência vão conseguir vender. Não vendem. Mas se você for *agradavelmente* persistente, não irá melindrar o comprador. O fato de apresentar novas idéias, novas razões e novos argumentos, pode deixar o comprador intrigado.

Seu *prospect* acabou de dizer que não quer comprar – enfaticamente. Ela não deixa dúvida; está decidida. Mas você, um vendedor inteligente, se sente derrotado? Nem por um segundo. Você sabe que isso não significa que a venda está perdida. Significa apenas que precisa acrescentar munição de vendas, novas idéias, pontos de vistas interessantes, enfim, apresentar algo novo. Não repita incansavelmente o mesmo apelo.

Para tirar a venda da fogueira, esteja preparado tanto com uma apresentação principal, quanto com uma secundária – a primeira para ganhar interesse especial do *prospect*, a segunda para ter mais poder se ele decidir comprar. Lance um ataque de reserva quando sua primeira investida for rejeitada.

Quando um cliente não quiser comprar, não leve a recusa para o lado pessoal. Uma simples pergunta: "Por que não?" normalmente consegue revelar o motivo dele. Seu cliente pode ter entendido mal as condições ou pode ter criado um problema que pode ser resolvido facilmente.

Essa simples pergunta *por que* é uma carta na manga. Pergunte por que o comprador acredita nisso e naquilo, por que não está pronto para comprar. *Por que* é o persistente agradável que não deixa o comprador fugir do problema e geralmente o desarma.

Outras perguntas valiosas são "O que posso fazer para que mude de idéia?" e "Está satisfeito com o desconto especial que lhe dei?"

Pergunte "O Que Fiz de Errado?"

O mestre em vendas Joe Skinnerbaum sempre faz essa pergunta ao comprador que se recusa a comprar enquanto se prepara para ir embora: "Sr. Carlson, se incomodaria de me fazer um favor?"

Geralmente o *prospect* diz: "De modo algum." Todos gostamos de fazer favores e, nesse momento, por exemplo, ele sente que o perigo já passou. Afinal, o vendedor não está se arrumando para ir embora?

"O senhor se incomodaria de me dizer o que fiz de errado?", pergunta. "O fato de o senhor não ter comprado foi totalmente culpa minha. Tenho certeza disso. Sei que o senhor decidiu não comprar, então não vou mais insistir. Mas se o senhor disser o que fiz de errado, poderá me ajudar com outros compradores e eu consideraria isso um favor pessoal."

Dois a cada cinco de seus clientes, numa contagem real, acabam se vendendo no processo de dizer a Joe por que não compraram.

Outra maneira de recuperar vendas perdidas requer mais coragem: ridicularizar a recusa do comprador. Faça isso com classe, caso contrário isso pode voltar-se contra você. John Barnhart usa esta técnica habilmente para vender coleções de livros do tipo "leia-para-seus-filhos", para as mães.

A mulher diz que está decidida a não comprar. John não diz nada, fica parado com um ar perplexo. Então ele diz: "Sra. Johnson, a senhora acaba de me dizer que não vai comprar esta coleção de referência para seus filhos. Está realmente disposta a privá-los de toda contribuição que a coleção oferece. A senhora com certeza está prejudicando seus filhos desnecessariamente ao impedir que sejam alguém no mundo. Está me dizendo que prefere que seus filhos enfrentem dificuldades, sendo que por apenas dez centavos ao dia pode proporcionar-lhes um futuro melhor?"

"Mas acho não que era essa sua intenção, sra. Johnson, porque o que é uma moeda por dia contra a desvantagem de uma formação inadequada? A senhora deveria investir essa quantia para dar um empurrão na vida de seus filhos."

Linguagem forte? Pode apostar. Mas o que ele tem a perder?

"A maioria não parece ficar ressentida, e uma venda em cada cinco é salva," declara John.

Mack Binney usa esta mesma técnica para vender equipamentos de escritório. "Não, é claro, você não quer este equipamento," diz Mack. "Se realmente quisesse, já estaria usando. Mas me diga, você sabe mesmo *por que* não quer?"

Por que novamente.

Assuma Riscos Calculados

Quando Robert Hawkins, que vende sistemas de comunicação corporativos para a Motorola, fez uma apresentação para a organização de assistência técnica de um fornecedor nacional de equipamentos, insistiu que o sistema de pager poderia melhorar o atendimento e diminuir a necessidade de força-de-trabalho, mas um gerente de compras o ignorou.

Hawkins passou por cima dele e foi falar diretamente com um VP, recebendo uma permissão, mesmo que relutante, para o estudo de um ano da cobertura dos serviços e do desempenho da empresa em vinte cidades.

Fechando Quando Tudo Parece Perdido

Quando Hawkins terminou o estudo que demonstrava a necessidade de um sistema de pager, ainda não tinha um pedido em mãos. Então, ofereceu um acompanhamento: um teste intensivo de três meses do sistema numa única cidade.

"Durante três meses," disse Hawkins, "não se passou um dia sem que eu não ficasse algum tempo com o *prospect*." Hawkins inclusive ajudou a expedição a desenhar rotas mais eficientes enquanto acalmava os técnicos irritados. "Eles temiam que a expedição ficasse controlando cada passo que davam," disse Hawkins. Finalmente convencida, a empresa decidiu implementar o sistema da Motorola em todo o país. Uma venda perdida revista, não uma, mas duas vezes.

Às vezes, essa indecisão pode ir longe demais. Nesses casos, assim como o jogador de pôquer veterano, você deve dizer: "Pago para ver suas cartas." Foi isso o que James Schlinkert, da Olivetti, fez.

"Para fechar uma venda difícil," ele diz, "você deve se definir – não o comprador – como aquele que manda." Schlinkert se deparou com uma pequena empresa que precisava de um sistema de contabilidade. "Recebemos todos em nosso escritório certa noite e apresentamos nossa solução para o problema," disse. "Eles eram um grupo teimoso que já havia examinado todos os tipos de sistemas de contabilidade disponíveis. Depois de algumas horas de negociação numa venda de US$ 35 mil, eu finalmente desliguei o sistema, guardei a chave no bolso e ameacei colocá-los para fora do escritório. Eles ficaram dóceis imediatamente e assinaram o contrato. Foi um risco calculado que tive que assumir. A necessidade e a solução tinham que ser estabelecidas."

Nas palavras do ostentoso General George S. Patton, Jr.: "Eu não acredito em arriscar. Eu assumo, sim, riscos calculados, mas isso não é a mesma coisa."

Quando muitos tomadores de decisão e influenciadores estão envolvidos numa decisão importante, tal como a compra de um computador de grande porte, diz Nick Debronski, a melhor estratégia é procurar o todo-poderoso.

"Um dos caminhos é o social, mas todo mundo está fazendo isso," ele observa.

"Trabalhei meses tentando vender um sistema de grande porte para uma escola sem ver o superintendente, mas certo dia esbarrei com ele no elevador ("Acidentalmente?" os leitores podem imaginar) e fizemos amizade. Desse dia em diante, ele passava um bom tempo comigo discutindo sobre a instalação do computador. Todo o pessoal do departamento de informática da escola sabia que eu era amigo do superintendente, então eu podia praticamente fazer o que quisesse."

Dica: promova encontros acidentais.

Fechando com Mulheres Ferozes

O que você faz quando seu *prospect* parece e age como uma fera?

Como diz George Baskin, dono de um empresa de reformas residenciais em Homerville, estado de Nova York, "Solte a linha, deixe ele se cansar" (Baskin é um pescador? Pode apostar que é!).

Baskin tocou a campainha de Jessica Hirshberg. Uma vizinha disse: "Ela precisa de alguns reparos na casa."

A porta se escancarou, revelando um fera de 1,80 de altura e 180 quilos. Baskin engoliu seco. A dona da casa rosnou, estendeu uma pata gigante e uivou: "Pode me chamar de Jess. Já vou dizendo: Não pense que pelo fato de eu ser uma viúva morando sozinha você vai me *enganar*!"

Baskin imediatamente lançou mão da "única estratégia possível", soltando a linha para Jess. Ela mordeu a isca. Ela queria:

- uma janela panorâmica nova;
- acabamento lateral;
- referências de clientes antigos;
- nomes de fornecedores de materiais de construção.

Então ela adiou o enfrentamento por uma semana "para checar suas credenciais." Os *prospects* geralmente checam uma ou outra referência. Mas Jess ligou para cada cliente e perguntou diretamente: "Ele enganou você?"

No segundo encontro, o empreiteiro se deparou com Jess operando o escavador de postes. Ela relatou contrariada que "ninguém falou mal de você."

"A janela que a senhora quer custa US$ 943," George disse a ela. "Este é o preço de custo. Não ganhamos nada em cima, mas precisamos dos US$ 943 agora para fazer o pedido. O prazo de entrega é de quatro semanas."

"Não vou *pagar nada* para você," Jess disse em posição de ataque.

"Tudo bem," ele respondeu. "Aqui estão as medidas, a senhora compra e nós instalamos." Baskin relembra: "Pela primeira vez ela acreditou que eu não a enganaria."

A janela chegou. "Quanto a senhora pagou?"

"Mil e cem dólares," ela disse.

Ele *poderia* ter ressaltado que sua cotação foi de apenas US$ 943, mas, às vezes, o *silêncio* é uma escolha excepcional. Ele instalou a janela e o acabamento por US$ 1.971. Jess pagou. Ela também lhe deu indicações, e todos se tornaram clientes.

Fechando Quando Tudo Parece Perdido

"Tinham medo de não fazê-lo," Baskin conclui. "O medo é um motivador poderoso."

Com toda franqueza, ele relembra, "eu mal fechei as contas com o serviço de Jess," por causa do tempo que ela levou. Mas as indicações dela valeram ouro.

Então, quando você tiver pela frente compradores ferozes, continue soltando a linha enquanto estiver chegando cada vez mais perto do fechamento.

Use uma Narrativa

Quando o comprador diz *não* com um olhar duro, interrompa a ação e conte uma história.

Ellerbe Hobbson, um dos melhores vendedores dos Estados Unidos, fornece guias práticos de vendas para varejistas. O comprador, Vladimir P. Jones, acaba de dizer a Hobbson que decidiu não comprar.

"Agradeço sua franqueza, sr. Jones," Hobbson diz. "Admiro uma pessoa direta. Além disso, sua convicção mostra que pensou sobre o que lhe falei e que está sinceramente convencido de que não precisa deste serviço.

"Isso faz me lembrar de quando visitei Abel Clemenson, da Clemenson Motors. Ele tocou no mesmo ponto. Ele é concessionário Victory, assim como o senhor. Tem oito pessoas nas vendas, um pouco mais que aqui.

"O sr. Clemenson disse, 'Hobbson, não acho que meu pessoal vai ler e aplicar seu material.' Então disse: 'Espere um momento. Vejo que é diferente dos outros materiais, gosto de seu tamanho de bolso e do estilo da indexação, pois vai direto aos problemas reais. Se ao menos uma das idéias for assimilada por meu pessoal, já terei um grande retorno com meu investimento.' O sr. Clemenson comprou por sua livre e espontânea vontade.

"Bem, sr. Jones," Hobbson concluiu, "o que este material está fazendo pelo sr. Grimm, em Chicago, pelo sr. Hackett, em Grand Rapids, o que está fazendo por todas essas organizações, fará também pelo senhor. O senhor poderia apenas rubricar aqui, por favor?"

A narrativa estimula os *prospects* a comprar, talvez melhor do que qualquer outra técnica. A narrativa revitaliza e fecha a venda!

Combatendo o "Vou Pensar"

Vendedores realmente bons fazem apenas uma visita a cada *prospect*. Eles não pensam no que podem ter em retorno. Bob Pachter fala francamente para seu *prospect*: "Vamos decidir isso hoje. Não virei de novo."

Quando a vendedora Patrícia Barry ouve "Vou pensar, volte mais tarde," considera isso um desafio.

"A maioria das vendas se concretiza porque você não leva a sério o primeiro 'volte mais tarde,'" afirma Barry. "Seu *prospect* hesita porque está indeciso. Sorria e ignore o volte mais tarde. Prossiga com uma idéia de lucro.

"Aceite o desafio. Convença o *prospect* de que ele não pode se dar ao luxo de esperar. Você pode fazer isso se analisou as necessidades dele, pois seu *prospect* está interessado nas necessidades *dele*, não nas suas.

"Um interesse genuíno em combinar seu produto com as necessidades do *prospect* provará que você quer que ele se beneficie do que está oferecendo. Se ele continuar hesitante, continue mostrando por que é vantajoso para ele comprar agora. Estabeleça o momento em que você estimulou um desejo suficiente para fazer a venda."

Vou pensar não é uma resistência honesta, então, recuse-se a levá-la a sério. Continue pressionando até conseguir o pedido. Os melhores vendedores do mundo fazem exatamente isso.

O Valor da Repetição Pura

Um vendedor de uma ferramenta especial para operários de plataformas de petróleo visitou um mestre-de-obras do tipo irritado.

"Rapaz, eu gostaria de saber por que você continua voltando aqui já que eu nunca compro," disse o chefe dos plataformistas.

"Exatamente por isso," disse o vendedor determinado. "Eu continuarei vindo até que você compre. Tenho certeza de que precisa desta ferramenta."

O *prospect* cedeu.

"Chega!", ele disse. "Suponho que você também vai me mandar um pedido experimental. Parece que não tenho escolha."

P.S.: Ele continua usando a ferramenta – que acabou se mostrando de grande ajuda para o trabalho. Ponto para a repetição pura.

Joanne Newport é uma jovem vendedora de espaço publicitário em Charleston, West Virginia. Ela fecha vendas presumindo que o *prospect* não tenha entendido – nunca que ele ou ela não queira comprar.

O comprador acaba de dizer *não* é está despachando Newport, então, ela o interrompe:

Fechando Quando Tudo Parece Perdido

"Acho que não fui clara," diz. "Sinto muito. Bem, isso se trata de...", e ela então faz a apresentação toda de novo. Geralmente funciona, e Joanne sai com um pedido assinado. Alguns compradores continuam dizendo não. Pacientemente, ela começa tudo outra vez. Depois de três vezes, até os mais resistentes desistem.

"É minha culpa," ela diz. "Eu deveria ter sido mais clara. Então o que temos aqui..."

Será que ela não irrita os clientes? Talvez, mas é muito querida. Vende muito espaço presumindo que o comprador não entendeu e que, uma vez que entenda, irá comprar – naturalmente.

Fechando Quando Tudo Dá Errado

Toda venda deveria ser fechada! Mas algumas resistem. Você sabe disso. Mas você pode dar um sopro de vida em vendas assim – e então fechá-las.

O cantor de música folk Burl Ives cantava uma antiga cantiga inglesa que dizia "Quando as porcarias das coisas dão errado, dão errado. As coisas dão errado!"[1] Você e eu conhecemos vendas em que "as coisas dão errado." Em vez de ser condescendente, o comprador é teimoso. Em vez de fazer o que deve, o comprador sai pela tangente e estraga seus planos. Em vez de dizer sim quando se chega ao cerne da questão, ele dispensa você.

Apesar de todo seu conhecimento sobre como fechar, você recebe um *não*. Seu problema é reascender o interesse e ganhar novamente a atenção do comprador, mesmo que ele seja relutante. Como?

Geralmente, a melhor maneira é se recusar a ouvir *não*. Continue sua apresentação. Você já aprendeu que é importante assumir que vai fechar e manter esta postura ao longo de toda a venda.

Se você ignorar o não e for em frente, algo que disser pela segunda vez pode intrigar o comprador. Muitas vezes você *pode* fechar após uma rejeição explícita, contanto que corajosamente enquadre o comprador na situação de novo.

Algumas vezes, no entanto, o comprador se irrita com sua insistência. Diminua este risco mantendo seu comportamento estritamente profissional. Se o comprador lhe der um firme *não* pela segunda vez, não ignore mais isso. A seguir, apresentamos outras maneiras de continuar no jogo:

---

[1] "Every durn thing went wrong, went wrong,/Every durn thing went wrong."

Aplicando o *Balk* no Fechamento

No beisebol, o arremessador vai até o monte, inicia o movimento de lançamento, pára instanteamente e, então, arremessa a bola para a base – tentando enganar o rebatedor. Isto é o *balk*, um arremesso em falso.

No fechamento, você aplica o *balk* de maneira muito semelhante.

O comprador diz *nada de venda*, não uma vez, mas duas vezes, e ponto final. Um vendedor insensato argumenta, tornando o comprador mais determinado do que nunca a não comprar.

Um vendedor inteligente nunca corre esse risco, mas aplica o *balk*. Quando o comprador disser não pela segunda vez, levante-se e diga: "Bem, você manda."

Comece a guardar o mostruário, demonstrando estar com pressa, pois isso alegra o comprador. Ele sabe que enquanto você estiver em cena, ele pode acabar comprando alguma coisa. Vá até a porta, ponha a mão na maçaneta e, então, como se tivesse lembrado de alguma coisa importante, diga: "A propósito..." e jogue um assunto sem relação com o produto. Se possível, o assunto deve interessar ao comprador. Antes que perceba, você mudou de assunto e voltou para os negócios, e em pouco tempo estará pondo o mostruário de novo na mesa do cliente!

Tenha um Plano de Reserva

Ao vender idéias para promoção de vendas, uma boa prática é basear sua recomendação em informações sobre o negócio e os consumidores obtidas de maneira cuidadosa. Se for uma verdadeira maravilha, pode ser a apresentação em si.

Por outro lado, é arriscado apostar todo seu capital numa única aposta. Tenha algumas outras idéias de reserva para o caso de, à medida que a apresentação avançar, sua idéia preferida encontrar resistência. Seja rápido no reconhecimento do inevitável e passe suavemente para a idéia número dois.

Mas não abandone sua posição depressa demais. Os *prospects* têm um hábito desagradável de levantar objeções só para ver se você está falando sério. A reação-padrão de um grande revendedor de automóveis a qualquer idéia era dizer "Horrível". Então, ele esperava para ver como o vendedor lidava com *isso* e depois caía na risada quando o vendedor contestava. Geralmente acabava comprando a idéia também.

Fechando Quando Tudo Parece Perdido

O fechamento requer tato, requer que se conheça as pessoas e que se tenha um instinto seguro de quando a discrição é a melhor parte da coragem, mas também a habilidade de acionar o botão "fique firme."

Chuck Fears, um vendedor líder de seguros de vida, é invencível. Quando se depara com uma situação em que a venda parece perdida, Fears usa tratamento de choque.

"Antes que o *prospect* esteja pronto para isso, aplico uma descarga e peço para ele assinar," diz. "Pego-o de surpresa com minha pressa, e as chances de que ele assine aumentam.

"Então digo a ele que não é um contrato até que eu receba um cheque, e peço um a ele. Geralmente, ele faz objeções, então tiro meu *ás* da manga: 'Pegue este formulário em branco. Quero que guarde em seu cofre junto com seus outros pertences de valor'."

"Ele quer saber por quê e minha resposta será: para que sua esposa possa ver quão perto você está de aliviar todas as preocupações financeiras de sua família. Para que seus filhos possam ver quão perto você está de bancar a faculdade deles."

"Perdi a conta de quantas vendas já fechei dessa maneira," diz Fears. "Algo na casa dos milhares."

Certamente é preciso coragem, mas sem coragem, que direito você tem de se denominar um vendedor? Como disse certa vez aquela personalidade famosa do cinema, W.C. Fields: "Chegou a hora de agarrar o touro à unha e encarar a situação de frente."

Admita o Inimaginável

Irving P. (Swifty) Lazar, uma lenda de quatro décadas como agente no *showbiz*, era advogado de formação, mas se descrevia como vendedor. Lazar certa vez apostou com Humphrey Bogart que conseguiria fechar cinco contratos antes do jantar num dia.

Ele conseguiu. Bogart pagou a aposta e deu a Lazar seu famoso apelido: Swifty (rápido).

Disse o diminuto Lazar: "Tenho orgulho de ser o príncipe da negociação. Sou um vendedor. Quando estou em Nova York, me preocupo com quem está vendendo o quê em Hong Kong. Quando estou em Hong Kong, fico imaginando quem está vendendo o quê em Moscou."

Ao vender direitos para editores, Lazar usava um ultimato: "Antes de voltar para a Costa, quero uma oferta consistente." Se o editor o dispensasse, o que acontece até com lendas, Lazar verbalizava o inimaginável:

"O que de pior poderia acontecer, Sr. Editor?", dizia. "O pior é o fato de não termos assinado o acordo. Você ainda estará por aí e eu também."

Ao parecer desencanado, demonstrando não se importar com a venda, Lazar aguçava o apetite do comprador. Afinal, se ele não estava ávido para vender, tinha outra oferta tão boa quanto esta? (nas vendas, assim como no pôquer, "Você não consegue ganhar se tem medo de perder").

Lazar então retomava o processo falando sobre o valor de suas atitudes. Ele era um vendedor campeão.

"Se você se mexer, não será atingido por uma torta com um tijolo dentro, se parar, alguém acerta você. Pessoas que não saem do lugar são atropeladas por aquelas que saem."

Não surpreende que o apelido Swifty pegou.

Quando Usar Dinheiro, a Linguagem Universal

Pam Pearson é uma vendedora dinâmica que oferece acessórios de decoração para varejistas no Texas. Pearson fecha vendas quando outros representantes já guardaram o mostruário e desistiram de argumentar. A Sra. Grimm, compradora de uma loja de departamentos, era extremamente grosseira.

"Não gosto de seus produtos," disse. "Nunca vou comprar."

"Bem, talvez a senhora não," disse Pearson, "mas o público sim. Tanto que eles mesmos fazem a venda."

Com um gesto de intolerância, a Sra. Grimm e encerrou a conversa.

Uma vez por mês, nos 15 meses seguintes, Pearson visitou a Sra. Grimm – cada vez com uma história diferente sobre como os produtos estavam vendendo bem nas lojas tal e tal.

Finalmente, incompatibilidades pessoais de lado, não era um bom negócio ignorar um produto com o qual outras lojas estavam ganhando dinheiro. A Sra. Grimm fez seu primeiro pedido.

Pelas contas, a Sra. Grimm comprou em um ano o equivalente a US$ 133 mil em produtos, e o volume continua a crescer. "Ela se tornou minha maior cliente," diz Pearson.

Caso o comprador não goste do produto, fale sobre dinheiro, a linguagem universal. "Grana" fecha vendas quando tudo parece estar perdido.

DEZENOVE

Fechando Mesmo com Objeções Ultrajantes

Às vezes, vendedores experientes são rejeitados friamente, enquanto um novato, que não sabe das coisas, tem sucesso. Quando tudo o mais falhar, volte para aqueles dias inocentes. Geralmente funciona.

Tom O´Ryan é uma lenda em publicidade no trânsito, mas nem sempre foi o nome mais famoso em seu setor. Quando O´Ryan começou a vender, ele foi designado para uma região na Geórgia e nas Carolinas. O´Ryan nunca se esqueceu de seu primeiro *prospect* – uma padaria famosa pelo pão Craig´s Honey Bread. Na segunda-feira, O´Ryan visitou o dono. "Jovem, nunca usamos seu tipo de publicidade e não pretendemos começar agora," disse o padeiro. Na terça, O´Ryan voltou com um sorriso – e uma nova idéia de publicidade, mas ainda nenhuma venda. Ele voltou, na quarta, na quinta e na sexta.

No sábado, ele chegou ao meio-dia. O proprietário estava se preparando para fechar para o fim de semana. Nessa época, O´Ryan ainda nem conhecia todas as vantagens de seu serviço.

"Me ensinaram como responder a todos os tipos de objeções," disse, espalhando sua literatura de vendas sobre a mesa. "Está tudo aqui em alguma parte. Tudo o que me perguntar tenho certeza de encontrar aqui – mesmo que eu não saiba a resposta."

Ele usou um argumento tão ingênuo que teria feito um vendedor experiente estremecer. Entretanto, o padeiro olhou a literatura e depois para O´Ryan e suspirou. "Bem isso parece algo que eu precisarei ter. Acho melhor você fazer meu contrato." O´Ryan registrou seu primeiro cliente.

"Depois disso, comecei a vender anúncios," disse O'Ryan. Ele logo transformou seu sotaque irlandês num algo a mais. As pessoas lembravam-se dele e ele se tornou uma personalidade de respeito, e de vendas. Em pouco tempo, O'Ryan estava em primeiro lugar no país. Ele não sabia que os novatos não costumam sair na frente.

"Ninguém me explicou a média de vendas," recordou. "Tentei fechar um contrato por dia. Achava que isso era o que se esperava."

Exímio vendedor ou não, O'Ryan sempre manteve um pouco da inocência inicial. É uma boa qualidade voltar no tempo quando você é rejeitado. Pergunte ao comprador o que você precisa fazer para vender para ele. Pergunte quais benefícios você deveria ressaltar para ele. Seja ingênuo. Isso fecha vendas.

O Básico para Impedir Objeções

Objeções reais, ouro para o vendedor experiente, estabelecem o piso da realidade sobre o qual toda negociação bem-sucedida deve se basear. O *prospect* pode de fato estar checando três ou quatro fornecedores, e você é o primeiro. Talvez o preço seja realmente muito mais alto do que ele tenha previsto. Muitas pessoas não ousam tomar uma decisão importante sem consultar o chefe ou o cônjuge, e você deve interferir nesses hábitos. Não, objeções reais são convites abertos para ajuda.

Sua primeira tarefa é ajudar o *prospect* a articular a verdadeira razão de sua hesitação. Se você assumir que sabe o motivo, estará errando na maioria das vezes. Então pergunte, e se a objeção for real, responda a ela e feche. Se a objeção for apenas uma desculpa, procure trazer à tona a objeção real para que você possa lidar com ela e pergunte: "Deve haver uma razão para me dizer isso. Posso perguntar qual é?"

Ninguém com uma necessidade real de compra se recusará a responder. Perguntar o motivo do *prospect* geralmente irá expor a objeção verdadeira. Então você pode perguntar: "Se eu puder resolver este problema, podemos ir adiante com minha recomendação?"

Você receberá um *sim* ou um *não*. Se for um sim, feche a venda. Se for um não, pergunte por que novamente. Desta vez expresse perplexidade e peça um esclarecimento. Lembre-se de que você está ajudando o cliente a diminuir o desconforto. O jogo win-win é resolver a dúvida de um cliente e facilitar a decisão de compra.

Quando os *prospects* ficam temerosos de não conseguir o melhor negócio possível, você deve ganhar a confiança deles. Até mesmo os clientes mais difíceis comprarão se confiarem em você. Expresse sua verdadeira preocupação. Peça a eles para se explicarem!

"Deixe-me ser franco e compartilhar com você o quanto estou perplexo. Quando vim para cá hoje, realmente esperava chegar a algum tipo de acordo. Estou muito confuso sobre como prosseguir daqui para frente e sobre o que podemos fazer para tornar esta reunião produtiva para nós dois!"

Suponha que você – terrível! – sabe que o *prospect* está mentindo. Diga o seguinte: "Ouço você dizendo _____, mas quero compartilhar com você o que penso sobre isso. Não me parece verdade. Não acho que você está sendo tão transparente comigo quanto eu estou sendo com você."

Um *prospect* disse: "Quanto a isso, não estou. O problema é o seguinte."

Esta é uma ótima maneira de dizer para as pessoas que elas estão mentindo, sem ofendê-las. Funciona.

Como Curar a Evasiva Comum

A evasiva comum, assim como o resfriado comum, sempre estará conosco. Mas existem maneiras de diminuir o sofrimento:

1. "Não tive tempo de pensar no assunto."
   Você: "Sei como é ocupado, mas em apenas alguns minutos é possível esclarecer tudo. Por exemplo..."
2. "Preciso falar com meu sócio."
   Você: "Está certo. Uma decisão sábia. Agora vamos ver os detalhes para que seu sócio possa entender tudo claramente."
3. "É muito caro."
   Você: "Sei que existem empresas que vendem por menos, e vou explicar por que fazem isso."
4. "Os negócios estão fracos agora. Terei que esperar."
   Você: "Sinto em ouvir isso, mas certamente podemos encontrar condições satisfatórias..."
5. "As coisas vão muito bem sem ele."
   Você: "Isso é exatamente o que Tim Sheldon e Doris McCullough disseram, mas eles experimentaram meu produto e *dobraram as vendas*."

Adapte e adote essas técnicas-mestre contra evasivas para seu produto ou serviço.

Nada a Perder? Seja Drástico!

George Garmus acredita em ações drásticas quando você já foi rejeitado e não há mais nada a perder.

"Por que não?" diz George. Você já perdeu a venda. Uma atitude drástica pode estimular o comprador a uma ação. Na pior das hipóteses, você pode continuar sem a venda.

George vinha fazendo visitas a Walter Hogan há vários meses. Walter precisava dos produtos de George, mas nunca ficava longe do telefone o tempo suficiente para fazer negócio. Ele tinha um caso clássico de telefonite.

George chegou certo dia, e Walter, um homem de poucas palavras, apontou para as amostras de ternos. "Não posso fazer isso," disse, pegando o telefone. "Tenho que manter as coisas andando aqui."

Ele discou um número. A atitude de Walter foi uma rejeição, semelhante a outras anteriores. Chega, disse George. É agora ou nunca e esperou até que Walter terminasse a ligação, então agarrou o telefone, discou para a central de atendimento da empresa e disse: "Por favor, não passe as ligações do sr. Hogan até segunda ordem."

Walter ficou espantado. George assumiu o controle. "Walter, três meses atrás fiz uma visita e não tive a oportunidade de lhe falar sobre este produto. Você comprou outra marca e sei que não funcionou tão bem quanto a minha. Aquele foi *seu* dia. Hoje é *meu* dia. Você concorda?"

Walter, sentindo-se despido sem o telefone, concordou – mas ficou olhando no relógio. George então descreveu os benefícios do produto numa breve apresentação recheada de fatos. "Tudo bem, George, você venceu," disse Walter, "*vamos* experimentar, agora posso ter meu telefone de volta?" George balançou a cabeça discordando.

"Não enquanto não assinar este pedido," respondeu. "Não vou arriscar deixar você com o telefone antes disso." Walter assinou o pedido.

"É um bom produto," ele disse. "Gostaria de ter ouvido sobre ele antes."

George decidiu que *não* deveria responder a este comentário. Afinal, ele havia recuperado uma venda perdida. "Drástico, é verdade," George reconheceu mais tarde, "mas não estava chegando a lugar algum da outra forma. Isso funcionou."

Quando você não tem nada a perder, pode mirar em Marte.

Exponha as Fraquezas de seu Concorrente

No altamente concorrido segmento das agências de viagens, cada empresa corre atrás dos grandes clientes corporativos – aqueles com faturamento de US$ 30 mil ou mais por mês.

Fechando Mesmo com Objeções Ultrajantes

"O problema," diz Al Russell, um agente de viagens de Nova York, "é que esses clientes já têm um de nossos concorrentes oferecendo este serviço." Nesses casos, Al diz, encolhendo os ombros, "só há uma coisa a fazer: tirar o cliente deles!"

Recentemente, John Drewson, CFO de um laboratório farmacêutico multinacional, mudou de emprego. Ele queria trazer consigo seu agente de viagens.

"Mas você precisa me dar alguma comprovação," disse Drewson. "Internamente, eu não posso simplesmente dizer: 'Esse é meu pessoal.' Preciso de fatos concretos."

Russell pediu a agenda de viagens internacionais da empresa dos meses anteriores – com as tarifas aéreas pagas anexadas. Ele fez uma comparação item a item: o *preço deles* versus o *nosso preço*.

No final da comparação, ele demonstrou que a lista totalizava US$ 8.431, o que significava uma economia de 25% em relação à agência atual da empresa. Drewson fez a mudança. Quando perguntado: "Essa área tem uma concorrência ferrenha, não?" Al encolheu os ombros e disse: "É uma selva lá fora."

Quando você estiver negociando com um adversário, faça uma busca em seu repertório de boas e eficientes respostas.

Certo dia Harry Truman disse a seu assessor: "Me arrume um economista maneta." Naturalmente, o assessor perguntou por quê. "Assim ele não poderá dizer 'por outro lado' o tempo todo, disse o sarcástico Harry.[1]

Às vezes, vale a pena falar o impensável. O pioneiro das agências de publicidade, Claude Hopkins, fez isso quando um anunciante potencial disse: "Não sei se estou desperdiçando meu dinheiro de publicidade."

"Eu sei," Hopkins respondeu. "Sua publicidade é um dinheiro totalmente jogado fora. Posso provar isso em uma semana. Termine um anúncio oferecendo pagar US$ 5 a qualquer pessoa que escrever para você dizendo que leu o anúncio até o fim. A falta de respostas vai surpreendê-lo."

Uma semana depois ele ganhou a conta.

Cinco Passos para Vencer Objeções

Objeções são maravilhosas; sem elas, poucas vendas iriam para frente. As objeções proporcionam um fechamento atrás de outro. Só existem duas razões para levantar

---

[1] N. da T.: A tradução literal da expressão usada no original, *on the other hand* (por outro lado), é "na outra mão". Daí o sarcasmo.

objeções: ou eles realmente precisam de mais informações (uma indicação de interesse) ou estão enrolando você.

Para vencer objeções, siga estes passos:

1. *Escute a objeção.* Ouça com empatia.
2. *Retroalimente.* Repita a objeção de forma inquisitiva.
   Prospect: O jardim de inverno é muito pequeno.
   Vendedor: Muito pequeno em relação a quê?
3. *Responda a objeção.* O conteúdo de sua resposta deve ser factível, plausível e prático. Também deve ser compreensível e crível.
4. *Confirme.* Certifique-se de que a resposta que deu é aceitável.
   Prospect: Uma taxa de juros de 12% é muito alta.
   Vendedor: Sr. Smith, a taxa de juros real descontado o benefício fiscal, considerando que sua alíquota de tributação é de 30%, será de apenas 8%. Uma taxa real de 8% é aceitável, não é?
   Prospect: Ah, sim.
5. *Prossiga.* "A propósito, deixe-me mostrar isso..."

Lutando Mais um *Round*

Seu *prospect* diz não. É hora de reconstruir sua venda. Veja se consegue levá-lo ao ponto de fechamento mais uma vez. Não desista sem lutar.

Repórteres perguntaram a James J. (Gentleman Jim) Corbett: "Como um boxeador se torna um campeão?" O campeão peso-pesado disse: "Você se torna um campeão lutando mais um *round*."

Lute mais um *round* com seu comprador durão. Tente outra de suas chaves de fechamento e, então, se você realmente não conseguir fechar, diga adeus da maneira mais favorável possível. Seja um bom esportista. Você está desapontado, é claro, mas não demonstre. Você está aborrecido, mas não demonstre. Você está com raiva, mas não demonstre.

Em vez disso, siga o conselho de Walt Whitman: "Deixe sua alma tranqüila." Sorria e mostre ao comprador que você é tão grandioso na derrota e no desapontamento quanto os outros são na vitória. Agradeça ao comprador pelo tempo dispensado. Ele pensa que lhe fez um favor aceitando uma visita sua. Diga a ele que fez mesmo e que a conversa foi muito boa. Peça permissão para voltar em outra oportunidade. Se ele aceitar, quando você voltar (e você *voltará*) será um convidado. Isso dá a você um acesso muito melhor, além de aumentar sua autoconfiança. Você provavelmente terá a rubrica dele na linha pontilhada.

Nunca Pareça tão Ansioso para Vender Quanto seu Cliente Está para Comprar

Lloyd Allard, vendedor de letreiros e placas por excelência, pede por pedidos em todo lugar que vai. Você ficaria surpreso como isso funciona – freqüentemente contra objeções absurdas. Na cafeteria de um hotel de estrada em Amarillo, no Texas, ele se apresentou para o proprietário.

"Sou um homem de letreiros, Sr. Patel," disse.

Os olhos de Patel brilharam. "Ah, sim, preciso de um letreiro."

Allard convenceu Patel de que o letreiro novo traria tantos novos negócios que se pagaria num curto período de tempo. Além disso, Patel foi convencido de que se tratava de uma pechincha. Ele estava pronto para comprar, e, então, deu uma guinada.

"Deixe-me contar uma coisa, Sr. Allard," ele disse: "Vou comprar o letreiro, mas primeiro preciso mostrar para meu irmão mais velho."

"Sr. Patel, pensei que fosse o dono deste hotel."

"Eu sou," ele respondeu, "mas, por respeito, preciso mostrar primeiro a meu irmão mais velho." Isso não fazia parte dos planos de Allard. Ele estava de partida para o Tennessee. Não comprar *agora* significava *não comprar*, ponto. Lentamente, Allard guardou tudo. Deu a mão a Patel e disse: "Bem, não posso esperar por seu irmão, Sr. Patel, mas francamente espero que ele não seja como o meu irmão mais velho." "O que você quer dizer?", disse Patel, hesitante.

"Porque," disse Allard, "se seu irmão mais velho for parecido com o meu e descobrir que oferta fantástica o senhor acaba de recusar, vai chutar seu traseiro até o outro lado do estacionamento." Patel pensou por um momento e, então, sentou e escreveu um cheque de US$ 950.

Allard cita este princípio de fechamento: "Nunca fique mais ansioso para vender do que seu cliente está para comprar. Jamais tente vender por uma fraqueza, pois seu cliente deve estar com mais medo de que vai perder um excelente negócio do que você de perder a venda."

A Matriz 3S (Sente/Sentiu/Soube)

Arnie Schwartz, o astuto especialista em treinamento de vendas de Long Island, acredita fervorosamente na matriz 3S (sente/sentiu/soube) de fechamento:

> Sr. Barnes, entendo como se sente sobre mudar de terminais e retreinar seus operadores. Don Blakely, da Superior Financial, se sentiu da mesma maneira na primeira vez que conversamos. Mas depois de usar os serviços da ABC por três semanas ele soube que seu sistema nunca rodou melhor do que agora. Tenho certeza de que o senhor desfrutará dos mesmos resultados. Vamos dar início para que o senhor comece a se beneficiar o mais rápido possível.
>
> Ou, Sr. Peters, entendo como se sente sobre mudar para o novo formato de 8 milímetros. Bob Long, da First Security National, se sentiu da mesma maneira na primeira vez que conversamos. Mas depois de trabalhar com esta nova tecnologia por pouco tempo, ele soube que seria uma boa mudança. Vamos dar início para que o senhor comece a se beneficiar de reduções nos custos com mala direta e de uma melhor qualidade.

Isso funciona em dezenas de situações de fechamento em que o *prospect* diz a você como se *sente* sobre o produto ou serviço. Arnold Schwartz diz: "Quando você ouvir *sente*, produza um *sentiu* e *soube* rapidamente. Colecione histórias de 3S. Elas sempre serão úteis nos seus fechamentos.

Persista e Prevaleça

Estudos mostram que 80% das compras ocorrem após a quinta visita e 80% dos vendedores desistem de visitar *antes* da quinta visita! Para ganhar mais do que sua parcela do negócio, continue visitando e tentando fechar – simples!

Seu *prospect* pode parecer morto hoje, mas as condições mudam. O tempo trabalha certa e continuamente a seu favor. A necessidade que não existe hoje pode ser uma urgência amanhã, portanto continue visitando. E a cada visita, tente fechar. Você só está vendendo quando tenta fechar. Entre as visitas, mantenha contato com seus *prospects* e clientes – uma carta, fax, e-mail, um telefonema, qualquer coisa que o mantenha em contato. Estes contatos criam confiança. Mesmo sendo um "ás" em fechamento, Jim Halbert de vez em quando recebe recusas que não podem ser transformadas em vendas.

Fechando Mesmo com Objeções Ultrajantes

Ele visitou um banco todas as semanas, durante oito anos, sem conseguir um pedido. Oito anos é bastante tempo, mas Jim achava que valia a pena continuar repetindo as visitas, tentando fechar. Por fim, ele fechou a venda e o pedido – seu maior –, o que compensou todo o tempo investido. Também comprovou seu julgamento: ele sabia que compensava manter este cliente em sua lista ativa. Alguns teriam desistido depois de um ano, outros depois de dois ou três. Mas Jim continuou tentando.

Este é um caso incomum, mas a maioria dos bons vendedores pode mostrar a lista dos clientes que compraram somente após repetidas visitas. Quando o cliente rejeita você sistematicamente, esta é sua hora da verdade, afinal, qualquer pessoa fica de bom astral quando consegue fechar as vendas da maneira esperada. Mas às vezes isso não acontece. Lembre-se do conselho de John W. Gardner: "Os *prospects* nunca pareceram tão inteligentes. Os desafios nunca pareceram tão grandes. Homens e mulheres que não se sentem estimulados por essas afirmações provavelmente estão cansados demais para serem de grande utilidade nos próximos anos."

É preciso coragem para continuar visitando e ser rejeitado, mas bons vendedores fazem isso. Eles sabem que compensa. O importante é fazer seus retornos da maneira certa, mantendo contato com os *prospects* da mesma maneira que você faz com um amigo que admira e respeita.

Exponha as Objeções como Absurdos

Em muitas áreas, um *prospect* pode fazer um comentário tecnicamente verdadeiro, mas mesmo assim equivocado (na área de seguros "a única maneira de eu ganhar é morrendo"). Quando o consultor Ben Helms, da Carolina do Norte, se depara com uma objeção *possivelmente* verdadeira, mas que também não está *certa*, ele conta a seguinte história:

"Uma mulher contratou um autor famoso para pesquisar e escrever um livro sobre seus antepassados. O pesquisador descobriu que o bisavô dela morreu na cadeira elétrica em Sing Sing. A mulher insistiu na verdade, mas que fosse expressada positivamente. O autor escreveu da seguinte maneira: "Seu bisavô ocupou a cadeira de eletricidade aplicada numa das instituições mais famosas dos Estados Unidos. Ele estava muito ligado a sua posição e morreu literalmente amarrado a ela."

Verdade? Tecnicamente sim. Enganoso? Decididamente!

Diga a seus *prospects* que só porque uma coisa é tecnicamente verdadeira, isso não a torna *certa*.

Não Culpe o Comprador

Quando você fizer um retorno, não mencione o fracasso anterior – como fez Kurt Wiggins. Kurt tentou vender a Brook Turner, empresa da área de equipamentos de escritório. Brook tinha uma razão perfeitamente lógica para não comprar na época. Dois meses mais tarde, Kurt fez uma visita para tentar novamente.

"Acho que se lembra, Sr. Turner, que já tentei lhe vender isso antes, mas não tive sucesso," começou este vendedor sem qualquer habilidade. "Então decidi visitá-lo novamente para ver se tenho mais sorte desta vez."

Bem, não teve. Você cria sua própria sorte.

Um bom vendedor reconstrói a venda em sua mente. Tente apontar para si próprio seus erros. Então corrija esses erros à medida que se apresentam.

Você pode decidir que a chave de fechamento era errada para esse *prospect*, então, tente uma chave mais adequada para a pessoa e/ou situação.

Reveja a conversa da venda em sua mente, analise-a passo a passo. Quando você perdeu o controle no diálogo? Uma história faltando alguma coisa? Não desenvolveu um desejo antes de tentar fechar?

Quatro erros a evitar:

1. *Parecer muito ávido.* Os compradores se ressentem disso. Quando um vendedor exageradamente entusiasmado vai rápido demais, alguns compradores fecham-se numa concha e se recusam a comprar.
2. *Esperar demais.* Um fechamento prematuro é melhor do que esperar demais. Se você retardar seu fechamento, o comprador pode desanimar – e é preciso uma força sobre-humana para reanimá-lo.
3. *Usar o método errado.* Como você julgou mal o temperamento de seu cliente, acabou aplicando a técnica errada de fechamento. Você buscou por um fechamento e acabou com uma perda. Mude totalmente a chave.
4. *Utilizar as bases inadequadas.* Você estava construindo a casa antes de fazer a laje.

Vá Direto ao Que Interessa com Perguntas *Win-win*

Noventa e cinco por cento das pessoas trabalham para um chefe que toma as principais decisões. Você deve ajudá-las com perguntas de alternativa *win-win*, em que sempre há um ganho:

Fechando Mesmo com Objeções Ultrajantes

- "Você usaria este produto dentro ou fora?"
- "Você colocaria este seu sofá perto da janela ou da porta?"
- "Esta cama seria para seu filho ou para sua filha?"

1. Substitua uma objeção por uma vantagem

- "Sei que deseja _____. Entretanto, não é verdade que _____ é mais importante?"
- "Sei que está preocupado com _____. Mas, não prefere _____?"
- "Embora _____ pareça vital neste momento, no longo prazo não é verdade que _____?"
- "Sei como se sente sobre _____. Mas se eu puder provar que _____, não seria mais importante?"

2. Não fuja de uma objeção. Enfrente-a

- "Por que devo comprar de você quando posso ter um produto similar por muito menos?"
- Você: "Sr. *Prospect*, em seu negócio o senhor tem um concorrente que vende por menos? Como supõe que ele consegue fazer isso? Neste caso, quanto quer que minha empresa faça pelo senhor – o *mínimo* possível ou o *máximo* possível?"

3. Experimente a fórmula do feedback nas objeções

- "É realmente uma preocupação para você, não é?"
- Ele elimina a objeção ou a confirma. Se ele confirmar, você diz: "Posso ver como se sente sobre isso e entendo. Mas já pensou sobre _____?"

4. Questione a objeção

- "Sei que quer um produto que faça _____. Entretanto, não é verdade que um produto como esse teria um preço proibitivo? E ele realmente lhe proporcionaria tanto mais?"

5. Quando o *prospect* levantar a mesma objeção duas vezes, diga:

- "O que há de tão importante neste recurso para que sempre o mencione? Que benefício real ele trará?" (Mas diga de uma maneira agradável!).

A maioria dos *prospects* ficará feliz em responder. Basta você agir como um amigo que está tentando ajudá-los a tomar uma decisão.

Pode Ser Barato, mas É de Qualidade?

Quando Mehdi Fakharzadeh, um dos maiores corretores de seguros dos Estados Unidos, termina de explicar uma apólice para um *prospect*, às vezes ouve: "Tenho um sobrinho que vende seguros. Tenho que comprar com ele."

Mehdi diz: "Suponhamos que você vai a seu médico e depois de um exame minucioso ele recomende que você se submeta a uma cirurgia cardíaca. Se seu irmão, sobrinho ou colega de classe for médico, você vai procurá-lo para fazer a cirurgia ou tenta encontrar o melhor médico nesta especialidade?"

"Invariavelmente, o cliente diz que vai ao melhor médico. Eu explico que o mesmo se aplica a comprar um seguro comigo."

Quando o *prospect* diz, "É, mas ele consegue mais barato," Mehdi pergunta a ele que carro tem. "Independentemente do que ele me diz, eu trago para o assunto um carro mais barato. Se ele diz que tem um Mercedez, eu menciono um Chevrolet. Se ele tem um Toyota em falo de um Hunday. Então pergunto por que não comprou um carro mais barato e espero pela resposta." (Muitas vendas foram perdidas porque o vendedor falou demais.)

"Invariavelmente, o cliente diz que comprou o carro mais caro porque tem mais nome, tem mais prestígio ou melhor qualidade ou oferece uma assistência técnica melhor ou mais acessórios. Eu digo a ele que é exatamente por isso que deve comprar seu seguro de mim."

Mehdi faz funcionar. Ele acredita em suas respostas e demonstra isso.

Seis Maneiras de Evitar o Departamento de Compras

Muitos vendedores lembram-se de bater de frente com o departamento de compras, que geralmente não é o melhor lugar para tentar uma idéia nova. O que fazer?

Fechando Mesmo com Objeções Ultrajantes

Jeanette Amboy diz: "Evite o departamento de compras. Você sempre pode se sair melhor com outra pessoa." Da próxima vez que você ouvir "Fale com compras," Amboy sugere que você dispare sua escolha de uma das seguintes respostas:

- "Se minha recomendação economizar US$ ___ por mês para sua empresa, quem será o herói, você ou o gerente de compras?"
- "Compras? *Essa é uma decisão do nível executivo.* Preciso falar com você."
- "Seu gerente de compras? Você não acha que esta oportunidade merece sua atenção? Posso tomar dois minutos para explicar por quê?"
- "Falar com o marketing? Por que acha que liguei para *você*? Não foi por acaso! *Tenho informações exclusivas para você!* Depois que ouvi-las, se ainda quiser que eu fale com _____, falarei."
- "Seu pessoal de compras é famoso pela competência. No entanto, esta informação é para a pessoa responsável pelo resultado."
- "Minha companhia não me permite falar com gerentes de compras. Preciso falar com você; caso contrário, ninguém em sua empresa terá conhecimento desta oportunidade. Podemos conversar?"

Essas respostas são ríspidas? "Certamente são," diz Amboy. Mas o pessoal de compras também é ríspido com os vendedores. E se você sabe que ir ao departamento de compras não é a melhor maneira de colocar seu produto, o que tem a perder?

Isso funciona grande parte das vezes; a renda de cinco dígitos de Amboy prova isso.

Contra-atacando "Seu Preço É Muito Alto!"

Existem três razões básicas para uma objeção de preço:

1. O *prospect* realmente acredita que seu preço *é* alto.
2. O *prospect* pode ter uma oferta mais barata de outra fonte.
3. O preço é um meio automático de descarte, não importa qual seja a verdadeira objeção.

Vamos examinar cada uma dessas objeções.

1. O *prospect* realmente acredita que seu preço é muito alto

Obviamente, seu primeiro passo é determinar por quê. Pergunte educadamente e com tato, mas pergunte.

A resposta pode surpreender você. Em muitos casos, o *prospect* não entende seu produto *ou* o valor dos acessórios que pediu (esses variam de acordo com o setor) *ou* que a última cotação que fez foi há quatro anos (um problema em muitos casos). Qualquer que seja a razão, seu trabalho é descobri-la! Só então você pode tratar da objeção.

2. Há uma cotação mais barata de outro fornecedor

O primeiro passo é assegurar-se de que você está em pé de igualdade no tamanho, altura, componentes e assim por diante. Seu *prospect* pode não entender a diferença entre o seu produto e o de outros.

Faça a distinção entre os benefícios de seu produto e os do produto inferior. Seu *prospect* deve entender a diferença.

3. O preço como motivo da objeção

Como você descobre a razão? Novamente, faça perguntas investigativas, educadas e gentis.

- "Sra. Jones, com o que está comparando meu preço?"
- "Meu preço é muito competitivo. Por que acha que é tão alto?"
- "Quando foi a última vez que cotou este serviço?"
- "Estou surpreso em ouvi-la dizer que meu produto é muito caro. A senhora tem algum preço em mente que considera justo?"

Na maioria dos casos, a objeção a preço se revelará como uma conseqüência de outros problemas: medo de tomar uma decisão errada; de não entender os benefícios de seu produto; de pagar mais do que seu menor preço.

A maioria das objeções ocorre para adiar decisões. As pessoas acham a tomada de decisão desgastante, e seu *prospect* não é diferente. Não é uma rejeição a você *ou* ao produto *ou* ao preço. É simplesmente uma maneira de adiar! Continue vendendo a si e a seu produto até que o *prospect* esteja convencido.

Conheça os medos dele. Lide com eles. Descubra o que ele duvida em suas afirmações. Repetindo, faça perguntas: "Se o preço está bom, Sr. Smith, existe alguma outra razão para não fazermos seu pedido hoje?"

Tudo isso supõe que seu produto vale o dinheiro. (Se não vale, você está vendendo o produto errado.) Se você está vendendo o produto certo pelo preço certo, agradeça por ele custar mais que o de seu concorrente. Vender um produto de qualidade é sempre mais fácil e recompensador. Se tudo o que você está oferecendo é um preço baixo, no momento que alguém aparece com algo mais barato, você está fora! No longo prazo, a qualidade sempre vence o preço.

O que soa melhor? Os *preços* do Wal-Mart ou a *qualidade* da Tiffany?

Um preço baixo por si não significa nada. Até mesmo lojas de desconto anunciam marcas de qualidade. Todo mundo quer o melhor que pode conseguir. Sinta-se feliz por poder proporcionar isso.

Volte ao Básico

Quando você for rejeitado, volte ao básico. Afinal, quando se está fechando vendas a torto e a direito, não há necessidade de rever os fundamentos. Quando as coisas estiverem rolando, mantenha o impulso. Mas quando as vendas não se concretizarem apesar de seus maiores esforços, é hora de rever o lado *bloquear-tomar-correr* (estratégico) da venda – os princípios que fazem tudo funcionar.

Walter H. Johnson, Júnior, ex-presidente da Sales and Marketing Executives International, chamou isso de um "retorno ao ímpeto estimulado de vendas". "Você estimula seu ímpeto de vendas usando oportunidade, demonstração, pesquisa, atenção a tendências e puro poder de fechamento.

Johnson acrescentou: "Conhecimento é poder. Conhecimento de seu produto. Conhecimento das necessidades de seu *prospect*. Conhecimento de como eliminar a lacuna entre os dois. Este poder é desenvolvido com experiência, análise e concentração.

"Confiança é poder. Confiança em você. Confiança na qualidade e valor do produto. Confiança em sua habilidade de atender às necessidades do cliente.

"Expressão é poder. O domínio das palavras é essencial para influenciar os outros. Quando você está frente a frente com um cliente, sua habilidade de falar é fundamental. Conheça o poder emocional das palavras. Adorne suas idéias com palavras descritivas interessantes. Desenvolva o poder da expressão lendo, praticando e colecionando palavras e frases poderosas. Dica: Faça uma lista das coisas boas que ouve na TV.

"Ser positivo é poder. Os *prospects* respondem a uma atitude positiva e a uma apresentação "eu-posso". Você consegue desenvolver isso quando tem orgulho de seu produto e quando sua atitude pessoal é positiva."

Básico? Com certeza. Mas muitas vendas perdidas poderiam ter sido salvas com esses princípios. Quando você for rejeitado, volte ao *bloquear-tomar-correr*. Você pode fazer isso!"

VINTE

O Campeão em Vendas como Ator Empresarial

Cada dia de trabalho é um grande espetáculo de teatro. Vendedores encenam o papel de *psicólogo, padre, mãe, a-filha-que-ele-nunca-teve, irmão mais velho, treinador, professor* e *companheiro*, entre muitos outros. Exímios vendedores são atores profissionais.

"Certamente, nós nos escalamos para vários papéis," diz Ron Fletcher, ex-ator e agora campeão em vendas. "E os papéis variam amplamente, de acordo com os problemas dos clientes. Você chega, analisa a situação e começa a representar o necessário."

Então o campeão em vendas é um ator empresarial. E seus colegas estão lá para ajudá-lo:

O *Consultor* apresentou estatísticas do setor para seu *prospect*. Os números apontaram para uma nova estratégia corporativa. O *prospect* tornou-se cliente.

O *Aprendiz* queria apenas o conselho do comprador veterano sobre como posicionar um novo produto. Parte deste conselho requeria o envio de um pedido de teste – para aquele comprador.

O *Veterano Experiente* ofereceu-se para ajudar seu comprador, orientado para a carreira, a preparar uma apresentação interna para a empresa. Funcionou, aumentando a reputação do comprador na empresa.

Resultado: O comprador consolidou sua compra com a empresa do *Veterano Experiente*.

Consultor, Aprendiz e *Veterano Experiente*, nos bastidores e no papel de si mesmos, também são chamados de *vendedores*.

O Pregador Como Vendedor

O publicitário Bruce Barton, também escritor e articulista em jornais, soube que seu cliente, uma grande siderúrgica, estava planejando um corte no orçamento de publicidade institucional. Barton ficou agitado. Agendou uma reunião de emergência com o cliente e se preparou para representar o *pregador*. Ele levantou-se lentamente, olhou para o comitê e sacudiu a cabeça tristemente.

"Senhores, vocês podem *cancelar* sua publicidade nacional – isto é, se com isso querem dizer cancelar a fração limitada da publicidade que vocês geram e divulgam.

"Mas o fato mais importante é que hoje, nem vocês nem qualquer outra grande corporação pode de fato acabar com sua publicidade. Podem apenas suspender a pequena parte sobre a qual têm controle.

"A parte que vocês não podem controlar continuará crescendo num volume cada vez maior. É a publicidade dada a vocês pelos políticos que cuidam de interesses próprios, por demagogos que talvez apontem vocês como um exemplo de tudo o que é ruim, por líderes trabalhistas distorcendo seus lucros, por todos os operadores no campo da opinião pública, alguns hostis e muitos meramente desinformados.

"Portanto, vocês terão publicidade em âmbito nacional, quer queiram quer não!

"A única questão que precisam decidir é se vale a pena gastar um pouco de dinheiro, uma fração de 1% de suas vendas anuais, com uma publicidade de sua empresa que será efetiva, informativa e construtiva.

"Ou se, na conjuntura atual da política mundial, onde o eleitorado é o tribunal de última instância em *todas* as decisões empresariais, vocês podem se dar ao luxo de assumir o risco de ter toda sua publicidade emanando de fontes que não estão sob seu controle."

Barton sentou-se. A siderúrgica reconsiderou seu orçamento de publicidade institucional. O magistral ator empresarial pregou.

Dicas de Fechamento de Duvall, Streep, Nicholson e Freeman

Ao delinear técnicas de encenação para aprimorar suas habilidades de fechamento, aprenda com veteranos do palco e da tela. Para principiantes: suas palavras devem ser de primeira classe – em contexto e originalidade.

Tornar-se ator empresarial requer prática e dedicação. Você deve aprender a *ouvir*. Você deve ser gentil no sucesso e corajoso quando não há aplausos.

O Campeão em Vendas Como Ator Empresarial

Robert Duvall certa vez disse que um ator tem três (e somente três) qualidades: voz, corpo e personalidade. Mas que poder tem essas ferramentas quando harmonizadas por Meryl Streep. Com voz, entonação, presença no palco e linguagem corporal, esta atriz leva você ao riso ou às lágrimas, transporta você para outra época e lugar, coloca você dentro da mente de outra pessoa.

Jack Nicholson e Morgan Freeman encenam para o público da mesma maneira que um músico toca um instrumento.

Atores profissionais experientes usam técnicas clássicas repetidamente até que estas se tornem naturais. O fechamento eficiente logo se torna um reflexo. Com o tempo, um discurso convincente surge quase automaticamente quando você precisa – na hora certa, da maneira certa.

Quando ganha esta percepção, você fica mais sintonizado com uma sociedade imersa num discurso pobre. Lillian Glass, uma especialista em oratória de Los Angeles, diz que gastamos 80% de nossa vida nos comunicando – e grande parte dela ineficientemente.

Você perdeu a promoção tão esperada? Foi seu hálito? Não. Mas pode ter sido seu entusiasmo. A maneira como você fala – exalando profundamente como Marilyn Monroe, por exemplo – pode te proporcionar sucesso ou arruinar você.

"As mulheres têm problemas no mundo corporativo quando se trata de comunicação," disse Glass ao *USA Today*. "Usar voz de menina dificulta ser levada a sério." Como melhorar? Elimine os *ahs*, *huns* e *mas*, diz Glass. Mantenha seu queixo longe do peito, fale com clareza, mostre interesse e aprenda a ouvir.

Na infância, você aprendeu a falar, mas a maioria de nós desenvolveu a habilidade de se comunicar e ouvir de maneira totalmente casual. Você aprendeu com seus pais, parentes, amigos, professores, o pessoal da rua, entregadores. Ao longo dos anos, você ouviu TV e filmes, adaptados pela leitura (de quadrinhos a clássicos). Quando você analisa este caldeirão, não surpreende que alguns hábitos de fala sejam pobres, alguns bons, a maioria mediana.

Como ator empresarial, você deve checar regularmente sua comunicação oral e, então, capitalizar nas técnicas que funcionam, aprimorar hábitos medíocres e desaprender e eliminar o que não tem utilidade.

O Que Seu Discurso Diz sobre Você

Na dramaturgia, o modo de falar é uma apresentação inestimável – dando ao público uma idéia rápida das origens e do destino da personagem. No filme *A Força do Destino*,

Debra Winger diz a Richard Gere: "E eu não acho que você não tem o que precisa para ser um oficial." A dupla negativa define imediatamente sua origem operária.

No clássico *Sindicato de Ladrões*, Marlon Brando diz a Rod Steiger: "Cholly, Cholly. Cê divia te'mi dado uma fôça. Eu tinha tudu pá ganhá." A fala de Brando, que parece ter a boca cheia de bolas de gude, nos diz tudo sobre o passado e provável futuro do estivador Terry Malloy.

O novelista John O'Hara caracteriza todos seus personagens nos diálogos. Seu delegado atende ao telefone: "No que posso ajudá?" Quando a adolescente de O'Hara de Bryn Mawr ou Wellesley diz, "Robert não veio com ela ou eu," o erro gramatical dela nos mostra sua extrema necessidade em parecer adulta.

Se esta apresentação é amplamente aceita em relação a personagens fictícios, por que deveria ser diferente na vida real? Não é, com certeza. Um porco trajando smoking continua sendo um porco. Da mesma forma, um palavreado de chão de fábrica vindo de um consultor financeiro. Seu ouvinte pensará que você não é real e seu discurso irá traí-lo.

Na Inglaterra, o discurso sempre foi *o* determinante da classe social. A classe operária pode dizer *maldito* a cada respiração, mas uma pessoa com modos não articula essa palavra, exceto numa situação extrema. Na sociedade, sendo um vendedor competente, você deve saber usar a linguagem para defender ou atacar, quando e como admitir que está errado e como mudar o discurso quando estiver se dirigindo a um grupo. Lembre-se, são as necessidades do ouvinte, não as *suas*, que ditam o conteúdo.

Diretrizes para Falar Melhor

Um estreante excitado avistou o dramaturgo George S. Kaufman no saguão durante o intervalo da peça:

"Sr. Kaufman," ele disse, "o senhor não me conhece –"

"Isso é só uma metade," Kaufman retrucou.

Para o vendedor, *o que* dizer é só uma metade. *Como* dizer é a outra metade.

1. Descarte sotaques regionais. O vendedor competente normalmente quer que as pessoas ouçam *o que* ele está dizendo, não *como* está dizendo, então cultive o sotaque nacional padrão. Parecerá adequado em todo lugar. Evite sotaques regionais, a menos que os use para uma finalidade específica.

2. **Aprenda a ser eloqüente.** Conversadores brilhantes não brotam da testa de Zeus. Vendedores eficientes trabalham a eloqüência e colecionam palavras e expressões adequadas. Eles as distribuem da mesma maneira que um sovina entrega ouro escolhendo a pepita mais adequada à necessidade do momento.

Faça discursos curtos. Use sentenças curtas e palavras curtas. O curto paga dividendos maiores dando força a seu discurso.

3. **Seja um criador de slogans.** Criando (ou colecionando e adaptando) frases motivadoras memoráveis, você se torna um influenciador. No front antifumo, ninguém jamais superou a frase de Horace Greeley, "Fogo de um lado e um idiota do outro."

E o valor do slogan da American Express "Não saia de casa sem ele," é impossível de calcular. A criação de frases inteligentes levanta fundos, elege presidentes, evita guerras, move montanhas e, o mais importante de tudo, fecha vendas.

4. **Torne-se um contador de histórias.** Colecione histórias e use-as livremente nas vendas. Histórias são janelas que permitem a seu público "ver"; elas também divertem, informam, inspiram, fazem as pessoas ouvirem e rubricarem na linha pontilhada.

5. **Seja persuasivo.** A habilidade de persuadir é a habilidade de ter sucesso – em administração, direito, vendas. Ofereça para a pessoa que quer persuadir uma escolha entre algo e algo, nunca entre algo e nada. A chave para a persuasão? Preparação. Você não pode aborrecer e persuadir ao mesmo tempo.

6. **Mantenha-os rindo.** Histórias engraçadas dão suporte a argumentos, interligam seções e constroem anuência. Nunca leia uma história. Conte com sentimento. Inclua-se na história. Torne as piadas o mais próximo da verdade possível. Teste as piadas constantemente: mantenha as que agradam o público e elimine as infames. Com prática, você pode ser engraçado a maior parte do tempo.

Apresentando com Entusiasmo e Presença

Você pode dizer nove coisas certas entre dez e, mesmo assim, falhar se não tiver *entusiasmo*.

Entusiasmo – conhecimento em chamas – está à sua disposição sem ônus. Então, o que você disser, diga com entusiasmo.

Henry Ford II reconheceu o poder do entusiasmo:

- Entusiasmo é o fermento que faz sua esperança crescer até as estrelas.
- Entusiasmo é sua garra, o aumento irresistível de sua determinação, sua energia para executar suas idéias.
- Entusiasmo são lutadores. Eles têm firmeza; eles têm qualidades permanentes.
- Entusiasmo são as bases de todo o progresso. Com ele, há realização. Sem entusiasmo, restam apenas álibis.

Lee Stanley, consultor de vendas em Waterford, Nova York, considera a presença de comando vital no fechamento de vendas: "Nos debates do colégio, ao tentar alcançar os objetivos usando o idioma inglês, eu era fascinado pela apresentação da idéia. Nunca achei isso útil para ganhar dinheiro, mas hoje o discurso é uma ferramenta a que recorro o tempo todo nas vendas.

"Quando servi no exército dos Estados Unidos, chamávamos isso de *presença de comando*. Se você fala e algumas pessoas ouvem, isso é presença de comando. Se você fala e ninguém ouve, você não tem essa qualidade. O exército considera o discurso eficaz absolutamente necessário para a liderança."

O Ator Empresarial Rouba a Cena

Ben Feldman era um grande ator. Ao apresentar seu plano para construção de imóveis, Ben mostrava dois cheques sem assinatura para o *prospect* – um no valor de US$ 100 mil a ser pago para a Receita Federal e o outro no valor de US$ 300 a ser pago para sua empresa de seguros.

"Algum dia o senhor vai assinar um desses cheques. Qual deles Sr. *Prospect*?

Quando o *prospect* hesitava, Ben lhe dava o cheque de US$ 100 mil e pedia que assinasse. Naturalmente o cliente hesitava, então Ben lhe dava o cheque de US$ 300.

"Assine apenas o pequeno, e eu assinarei o maior."

Necessário: Mudanças Rápidas de Papel

O ator empresarial aprende a representar Macbeth num dia e Macduff no outro. Além disso, ele ou ela podem representar ambos ao mesmo tempo, como Norman L. Simpson contou a Bill Safire.

O Campeão em Vendas Como Ator Empresarial

A história de Simpson: Um político na década de 1920 foi pressionado a definir sua posição sobre o uísque (quando a lei seca era o assunto principal). Disse o político: "Assumirei uma posição sobre qualquer assunto a qualquer tempo, não importa o quanto esteja cercado de controvérsia. Você me perguntou o que acho sobre o uísque; bem, meu irmão, eis minha posição.

"Se com uísque você quer dizer a bebida do diabo, o veneno da ruína, o monstro maldito que desafia a inocência, despoja do bom senso, cria miséria e pobreza, isso mesmo, que literalmente tira o pão da boca das criancinhas; se você quer dizer a bebida diabólica que derruba homens e mulheres do pináculo da retidão, de uma vida abençoada para o poço mais profundo do desespero, degradação, vergonha, abandono e desânimo – então certamente sou contra com todas as minhas forças.

"Mas se com uísque você quer dizer o azeite da conversa, o vinho e a cerveja filosófica consumidos quando bons amigos se reúnem, que coloca música em seus corações, risos em seus lábios e o brilho entusiasmado da alegria em seus olhos; se você quer dizer aquele elixir que dá vigor aos passos de homem velho e cansado nas manhãs geladas; se você quer dizer aquela bebida que derrama nos cofres públicos milhões de dólares para que possamos proporcionar assistência a nossas crianças deficientes, amparar nossos idosos e enfermos e construir nossas estradas, hospitais e escolas – então, meu irmão, sou totalmente a favor. Esta é minha posição."

Políticos também são atores, tentando constantemente "fechar uma venda" com eleitores. Como um vendedor eficiente, use a mesma ambigüidade do *se-com-uísque* quando for forçado a comentar sobre uma controvérsia (você vai precisar disso!).

A vice-presidente de um banco disse ao *Wall Street Journal:* "Seja agressivo, não repulsivo." Assuma uma posição. E Will Rogers disse: "Mesmo estando na estrada certa, você será atropelado se ficar parado lá." A sociedade abomina tomadores de decisão morosos.

Quando Vendedor se Torna Comprador e Vice-versa

Uma cena que você vê às vezes (e se sente inspirado a pular de cabeça) é a do vendedor inexperiente confrontando um veterano em fechamento, com o novato tentando ser um comprador!

Não ria, isso acontece! Considere o encontro da compradora Christine West com dois vendedores e veja como há muito a aprender.

SEGREDOS DO FECHAMENTO DE VENDAS

Christine West não é uma vendedora por profissão. Ela é a nova diretora (o mais alto cargo administrativo) da escola Good Shepherd Episcopal School, em Tequesta, Flórida, com 135 alunos. Seu trabalho inclui honrar orçamentos herdados. Christine relata:

Herdei uma situação: o diretor anterior concordou verbalmente com um contrato entre a escola e uma agência de professores de espanhol com base de remuneração por hora. Não temos um grupo discente para justificar um professor de espanhol em período integral.

Mas quando recebi o contrato por escrito, percebi que extrapolava nossa verba. Se eu fosse conversar com a diretora da organização, cairia na velha armadilha, ele disse, ela disse. Então, esperei para ligar na sexta-feira de manhã quando sabia que ela estaria fora. Deixei um recado dizendo que queria discutir o contrato, mas sabia que ela era muito ocupada. Ofereci enviar um fax com os detalhes para discutirmos até o final do dia. Retardei o envio do fax até que nosso escritório estivesse fechado. Assim ela teria todo o final de semana para aceitar minhas condições.

Ela queria US$ 12 mil e tínhamos apenas US$ 9 mil de verba. Comecei meu fax elogiando-a e a seu serviço e dizendo como eu realmente acreditava nele. Então detalhei a quantidade de horas de que precisávamos e nossa forma de pagamento. Subavaliei o serviço porque esperava que ela fosse barganhar.

Meu preço foi de US$ 5.670, e escrevi que estávamos dispostos a comprar o livro dela para cada aluno (parte do primeiro acordo). Ela não retornou a ligação na segunda, e eu joguei o jogo da espera. Ela ligou na terça e aceitou minha proposta sem modificações. Fiz o trabalho do vendedor e do comprador.

Mais um exemplo:

Quando Gus, meu marido, e eu procurávamos uma casa para comprar, fomos abordados por um proprietário/vendedor. O vendedor nos mostrou, como descobrimos, um lugar feito para nós, como queríamos e podíamos pagar. Tentei parecer desinteressada. Ele tentou me bajular. Eu peguei uma folha de papel e fingi fazer algumas contas. Murmurei hums... e ohs... mostrando hesitação sobre o tamanho do lugar! Ele baixou o preço em 7 mil.

Agora eu sabia que ele estava fisgado.

Christine tinha sucesso na inversão de papéis porque sabia quando estar no lado da venda e quando estar no lado da compra, mudando e dançando conforme a música, rindo a caminho do banco.

O Campeão em Vendas Como Ator Empresarial

Em seguida perguntei sobre os impostos do imóvel e pareci apropriadamente horrorizada quando ele me contou. Ele tirou outros 2 mil. Eu disse que daria uma resposta até o final do dia e fui embora. A essa altura, eu estava plenamente feliz com o preço e assinei o contrato antes das oito naquela noite.

O vendedor tornou-se o comprador e vice-versa.

Colecionando Histórias Brilhantes

Quando Groucho Marx fazia uma turnê pelo Pacífico Sul, chegou a um posto de comando do exército (QG da companhia) exatamente na hora em que o telefone tocava. Como o encarregado estava matando o tempo em algum outro lugar, Groucho tirou o fone do gancho e disse incisivo: "*Segunda* Guerra Mundial!" Ele enfatizou o *segunda* para deixar claro a quem chamou precisamente *qual* guerra. Um match point – duplo.

De volta a Hollywood, numa festa em sua casa, um convidado que estava de partida disse ao Sarcástico Bigodudo: "Gostaria de dizer adeus a sua esposa." "Eu também," respondeu Groucho.

Ah, sim, você pode estar pensando: se eu fosse tão inteligente quanto Groucho!

Convencido! O que você quer dizer é "Que pena que não trabalho tão duro quanto Groucho colecionando material e relembrando-o."

Julius (Groucho) Marx era um catalogador e estudioso de piadas, frases espirituosas, descrições e palavras incomuns. Suas tiradas hilariantes eram cuidadosamente selecionadas de um arquivo perene. Se você tiver apenas *metade* desse empenho, pode ser um conversador brilhante.

Isso não significa perguntar: "Quais são as novas?" "Tudo bem com você?" "Como vão as coisas?" "O que você acha?" "Viu o que quero dizer?"

Usando um Discurso Diferenciado

Quando você não tiver muito tempo para causar impressão, use um discurso diferenciado. O meio artístico conhece isso bem. (Para um ator desconhecido, chama-se fazer uma ponta. Para um astro, o mesmo papel é chamado de cameo, ou participação). Na peça da Broadway *You can't take it with you*, Colleen Dewhurst fez o papel de Olga, a grã-duquesa russa que chega em cima da hora para preparar *blintzes*, um tipo de panqueca.

Dewhurst entra na humilde sala atulhada da família Sycamore. Todos fazem reverência de maneira inadequada. "Sinto-me extremamente feliz de estar aqui," ela late como um buldogue agitado. "Quando sai o jantar?" Esta única linha, dita como um comando, nos diz que Olga mantém sua nobreza, mas "não faz uma boa refeição desde antes da revolução."

Um sotaque que combina com o papel freqüentemente é memorável. O Dr. Walter Kempner, o gênio teutônico de Fat City (fundador da dieta do arroz em Durham, Carolina do Norte), mantinha um inesquecível sotaque germânico. Combinava perfeitamente com as ameaças, exortações e reprimendas que ele proferia para os ricers (praticantes da dieta) no mundo inteiro.

"Prreziza maiz tvempo," Kempner dizia sempre que um ricer anunciava quanto duraria sua estada em Durham ("Não importa," um ricer relata, "se você tivesse concordado em ficar *vários anos*.").

O sotaque do Dr. Kempner era um componente de sua apresentação. Ele nunca mudava. Na verdade, seus funcionários americanos acabaram adquirindo um sotaque alemão. Era inerente ao território, ou na percepção deles, ao poder.

Cary Grant, um ator com habilidade mediana, explorou um estilo diferenciado ganhando aclamação mundial. Seu próprio nome saía como *Kerry Grent* quando processado por seu aparato vocal único.

O presidente John F. Kennedy e seu irmão Robert tinham o hábito de ligar para Grant, às vezes interrompendo o almoço do astro. "Eles me pediam apenas para falar," Grant dizia. "Eles queriam ouvir a voz de Kerry Grent."

"A melhor maneira de dizer algo inteligente," dizia Sam Levenson, o filósofo urbano de ouro, "é pensar em algo estúpido e dizer exatamente o oposto." Perfeito. Se o que disser for realmente *bom*, lembre-se de usar sempre para construir diferenciação.

Por Que Vender Significa Preparar um Bom Espetáculo

Preparar um bom espetáculo e fazer uma excelente apresentação de vendas tem características em comum. Preste atenção:

- Não apresente a menos que realmente tenha algo a dizer que não seja de conhecimento geral.
- Fale sobre algo que os ouvintes precisam e estão interessados em saber.

O Campeão em Vendas Como Ator Empresarial

Na abertura de uma apresentação de vendas, conte para o público um fato interessante ou surpreendente. Humor é maravilhoso, mas não exagere. Humor em excesso numa apresentação séria indica que você não valoriza o tempo dos ouvintes. Demonstre aos ouvintes que você respeita o tempo deles e que não quer desperdiçá-lo.

Shakespeare salpicava gotas de humor na densa massa do drama como um alívio cômico – a saber, o porteiro bêbado em *Macbeth* logo após o sangrento assassinato de Duncan – mas apenas como um alívio. Logo em seguida, ele voltava ao sério. Você deve fazer o mesmo.

Pense em sua apresentação como um cabideiro. Pendure nele todas as idéias importantes. Relacione tudo com a mensagem mais importante que você pendurou no topo. Numa peça, isso é chamado de *premissa*. Nenhuma peça pode ter sucesso sem uma premissa que todas as ações e diálogos sustentam e desenvolvem. Parece uma boa apresentação? Deveria!

Mantenha contato visual o tempo todo. Não use artifícios que desviam a atenção de você (no teatro, chamado de *upstaging*).

Na sala de reunião ou no palco, não comece num tom muito alto; geralmente isso não deixa espaço para um crescente. Comece falando baixo. Faça o público se esforçar para ouvi-lo. Uma platéia barulhenta? Fale suavemente até que os ouvintes gradualmente se tornem mais atentos.

Termine reforçando a premissa que estabeleceu no início. Disse o dramaturgo Anton Chekhov: "Se você mostrar um revólver no primeiro ato, ele deve disparar no terceiro."

Fale Jornalisticamente

O ator empresarial excepcional sabe – e todos devem aprender – apresentar informações de maneira jornalística. Solte os fatos mais importantes primeiro, depois um apanhado. Diga a eles *quem, o quê, quando, por quê, como* – e acrescente *entonação* para atrair o interresse do ouvinte.

Nos relatórios verbais, apresentações e discursos, diga o que tem a dizer, descreva em detalhe e depois resuma o que disse. Ao fechar vendas, seja um orador do tipo "de cima para baixo". Fale com distinção, vivacidade, entusiasmo, coragem – qualidades que são mais eficientes quando baseadas em conhecimento, proferidas após prática (com gestos dramáticos) e pontuadas por pausas estratégicas. Em determinados momentos, fale suavemente e com um sorriso. Em outros, presença de comando é sua melhor ferramenta.

Vamos ouvir a *pausa*, esse ingrediente poderoso do discurso diferenciado. Mas pausas mal colocadas resultam em confusão (os alemães chamam isso de "salada de palavras"). Suas palavras saem juntas num imbróglio louco. Faça uma pausa no momento certo, ou dará aos ouvintes a impressão de que é uma matraca.

John Wayne, que começou no cinema como dublê, alcançou a glória nas telas como Rooster Cogbun, em *Bravura Indômita*. Duke, com sua voz rouca, explicou seu estilo de forma simples: "Divido cada frase ao meio. Falo a primeira metade, paro, e depois falo a segunda."

Al White, um jornalista do exército, para impressionar seu chefe com a quantidade de cooperação que esperava do QG, disse: "Se eu ligar aí pedindo uma máquina de escrever portátil montada num burro, espero que providenciem." Ele recebeu atenção. Falou com vivacidade. O tom de voz pode mover montanhas.

Improviso: Sua Arma Secreta

Assim como atores de teatro, esteja preparado para improvisar em emergências. Lloyd Allard deu um jeito vendendo uma placa para o salão de beleza de Betty. "Betty estava quase desistindo de seu salão e não ligava mais para o futuro," relata Allard. "Depois de conversarmos um pouco, ela me contou o motivo de sua depressão. Seu marido havia fugido com uma das esteticistas.

"Tentei de tudo para fazer Betty enxergar o valor de manter seu negócio, mas ela simplesmente não se convencia," ele disse.

Por fim, Allard a levou para a frente do salão, fez um esboço da placa e mostrou onde deveria ser colocada. Então disse a ela:

"Olhe para cima e imagine como seu ex-marido e aquela esteticista vão se sentir quanto passarem na frente da loja e virem esta placa nova. Ele dirá, 'Caramba, parece que ela nem sentiu minha falta.' Aquele vagabundo vai ficar roxo de inveja."

Betty fitou Allard. Tinha um sorriso atravessado no rosto.

"Apresse isso," ela disse.

Guia do Bom Senso para o Ator Empresarial

Às vezes, peças promissoras fracassam pela falta de bom senso. O mesmo acontece com o teatro empresarial.

1. **Não agrida concorrentes.** É contraproducente. A maioria dos compradores fica intrigado com um produto ou uma empresa sob ataque.
2. **Não exagere na socialização.** Quando um comprador começa a esperar certo tratamento, tirar isso dá trabalho.
3. **Não reclame sobre seus problemas domésticos com compradores** ("Metade dos ouvintes não liga; a outra metade fica feliz que você esteja passando por isso.")
4. **Não tente impressionar os clientes com suas qualificações profissionais, instrução ou status social.** Alguns compradores se ressentem com isso.
   Procure conhecer a história pessoal de cada comprador e adapte sua conversa apropriadamente.
5. **Não exagere no vestuário.** Roupas extravagantes chamam a atenção em quem as traja. Roupas conservadoras são sempre seguras.
6. **Não seja fofoqueiro.** Fofocas causam desconfiança em toda parte.

Falta de Interesse? Letal!

Certa vez perguntaram a Bergen Evans, o grande professor de inglês da Northwestern University e personalidade da TV, usando uma linguagem bastante acadêmica, em que seu método de ensino diferia dos métodos convencionais. Evans escreveu simplesmente:

"Tenho procurado ser *interessante*!"

Esta pequena, mas vital, diferença o tornou uma celebridade em três programas de TV e muito requisitado no circuito de palestras.

- Leia tudo, quase que indiscriminadamente. Aprenda a ler rápido e a pular. Compile jornais de negócios e publicações profissionais, tudo aquilo que seus chefes lêem.
- Aprenda a falar corretamente. Preste atenção nas minúcias. Acima de tudo, pratique. Apresentar é um teatro. Encene. Convença. Não tente ser seco, imparcial ou solene. Ensaiar é a chave para aprender a ser um bom apresentador.
- Ao fazer apresentações, as pessoas não conhecem todos os fatos em pelo menos metade do tempo. Não deixe isso acontecer com você.

Procure ser interessante! Conte suas histórias de um modo bom o bastante para que o *prospect*, com um "interesse humano ávido", ouça-as com prazer. Contar histórias bem é uma arte. Alguns vendedores narram com espontaneidade e interesse. Outros são repetitivos e irritantes, deixando você à beira das lágrimas. Histórias que se arrastam, fogem do assunto ou cansam não vão ajudar você a fechar vendas.

Fale com estilo e deixe seu público sorrindo (no romance *The Virginian,* de Owen Wister, Trampas chama nosso herói de "filho daquilo." O herói ganhou fama eterna ao responder: "Quando você me chamar disso, *sorria.*").

Aprenda a colecionar humor para salpicá-lo em seu discurso. Teste as piadas antes de usá-las. Para contar bem histórias, *pratique* – por horas, se for preciso. O ator empresarial deve ensaiar com tanto cuidado quanto um ator profissional. Grave você falando. Se não gostar do que ouviu, faça um curso de oratória.

Atualmente, existe um grupo de atores que faz apenas comerciais – juntamente com atores famosos que fazem comerciais, além de cinema e teatro.

Peter Walker, um ator de Connecticut famoso por seus comerciais do American Express e da Coca-Cola, disse: "Trabalho tão duro, ou até mais, no meu papel de vendedor quanto no palco. O importante é tornar a personagem confiável e interessante. Uma vez feito isso – supondo-se que tenha algum mérito – apresentar o produto é fácil.

A esposa de um campeão de vendas descreveu as palhaçadas de seu marido:

"Ele anda na frente do espelho durante horas, ensaiando sua apresentação. Ele sorri, não forçadamente, fica sério, gesticula, bate palmas, senta, levanta. Ele faz a demonstração para o espelho no quarto." Esta preparação cuidadosa paga contas. Quando ele conta histórias, as pessoas se amontoam para escutar.

Seja Breve, Seja Breve, Seja Breve

Prolixidade é uma deficiência que aflige muitos. Evite o uso exagerado de superlativos e adjetivos. Não fale durante 15 minutos para dizer o que seria dito melhor em três. Não seja chato. Sendo colunista, Sidney Harris disse: "Todo mundo é chato em alguns assuntos. O chato autêntico é entediante nos assuntos que conhece melhor."

O editor londrino John Camden Hotten nos deixou com o seguinte epitáfio:

> *Hotten*
> *Rotten [apodrecido]*
> *Forgotten [esquecido]*

Como resultado, *não* foi esquecido.

Quando você achar que atingiu o máximo de brevidade possível, pense sobre Victor Hugo. Interessado em saber como iam as vendas de *Les Misérables*, Hugo escreveu o seguinte cartão a seu editor: "?"

O editor, muito perspicaz, respondeu: "!"

Que seja *este* seu modelo de brevidade.

Você consegue resumir o benefício de seu produto ou serviço em uma única frase dramática e instigante? Se não consegue, é melhor começar a trabalhar nisso. Esta declaração poética feita por Sonny Harris (sem relação com Sidney) expressa isso objetivamente:

> *Conte rápido e seja sincero,*
> *Ou então, meu amigo, vá pro inferno.*
> *Menos como seu produto surgiu,*
> *E mais como pode ser útil.*

Antes disso, tudo pendia para a brevidade.

- O Pai-nosso tem 71 palavras.
- Os Dez Mandamentos têm 297.
- O Discurso de Gettisburg tem 271.
- O voto no casamento civil tem 2.
- O General McAuliffe, na Batalha do Bulge, deu sua opinião em uma: "Loucos!"[1]

O Que Não Dizer (E Quando Não Dizer)

Ser breve é bom em determinados momentos. Mas quando você não tem certeza de alguns fatos, está inseguro sobre que tom é mais adequado, ou está muito nervoso para argumentar apropriadamente, fique frio. Não diga nada até que esteja em solo seguro. Quando Miriam (Ma) Ferguson era governadora do Texas, foi proposto que o espanhol se tornasse o segundo idioma nas escolas de Lone Star. Ma Ferguson disse: "Não enquanto eu for governadora! Se o inglês foi bom o bastante para Jesus Cristo, é bom o bastante para as crianças do Texas." Ela perdeu uma oportunidade excelente de ficar calada.

---

[1] N. da R.: Essa contagem refere-se aos termos em língua inglesa.

SEGREDOS DO FECHAMENTO DE VENDAS

Seja Econômico com as Palavras

Quando o presidente Lyndon B. Johnson foi levado às pressas ao hospital para ser submetido a uma cirurgia e estava a alguns minutos de ser anestesiado, seu assessor lhe perguntou: "Alguma última recomendação para o vice-presidente Huber Humphrey [famoso por não ser breve]?"

"Sim," disse Johnson. "Diga a ele para ser curto."

Humphrey, um famoso orador extemporâneo, produziu muitos discursos sobre o castigo divino. (Como disse Maxie Schwartz, o atendente de uma deli de Nova York, "Orador ele é, mas não dos breves.")

Portanto, as últimas palavras para um homem que estava à distância de um bisturi da presidência: "Seja curto."

Humphrey, eficiente como era, poderia ter sido melhor se fosse econômico com palavras. Se você precisa de inspiração diária, assista a um noticiário da noite. A fonte da entrevista desta noite tem um sound bite muito curto – trechos extraídos que diminuíram sua duração média de 43 segundos para 8,9 segundos nos últimos dez anos, reportou o *New York Times*.

Isso é que é ser curto. Tão curto que o humorista Mark Russell reportou a mensagem de George H.W. Bush, em New Hampshire, da seguinte maneira: "É ótimo estar aqui em New Hampshire. Empregos, empregos, empregos. Deus os abençoe. Até logo."

É engraçado porque é (quase) verdade – e instrutivo para o vendedor. As pessoas hoje esperam obter a essência de sua mensagem persuasiva em sound bites. Um vendedor competente ousa ignorar isso? Seu concorrente mais ferrenho não!

VINTE E UM

Palavras Poderosas que Fecham Vendas

Como todos nós usamos palavras para vender, devem existir palavras com mais poder de motivação do que outras – palavras poderosas. Então, vamos aprender algumas dessas palavras para fechar vendas.

Agora você já conhece técnicas de fechamento testadas e comprovadas. Os grandes vendedores dos Estados Unidos empregam essas técnicas para se tornarem infinitamente melhores, mais bem-sucedidos e mais prósperos. Se você estudar e dominar essas chaves principais e especiais, só pode resultar em uma coisa: mais vendas.

Entretanto, geralmente a *maneira* de fechar é mais importante do que as técnicas em si. Palavras poderosas, rigorosamente testadas, levam à *maneira* de tornar essas chaves principais e especiais drasticamente mais eficazes.

Você É o Que Diz

Dois vendedores competentes são equivalentes em conhecimento de produto e compreensão de fechamento. Mesmo assim A se sai melhor do que B, por quê? Um discurso poderoso é geralmente o diferencial.

O mendigo do Bowery e o orador articulado da TV usam a mesma lista de palavras. Essas palavras são livres para todos usarem – estão na Bíblia, em Shakespeare, em seu dicionário. Mas *quais* palavras você escolhe para *o quê* – e *como* você as usa – ah, isso faz toda a diferença. Saber *o quê* usar e *quando* (e *por quê*) diferencia o orador poderoso dos tipos comuns.

O discurso poderoso leva você ao topo do ranking dos vendedores, à frente das organizações profissionais – e, até mesmo, à Casa Branca. Basicamente, é uma questão de *o que* dizer e *como* dizer.

O Que Dizer

Uma vez que você torna sua coleta de palavras automática, está no caminho de dominar o incrível poder do discurso.

1. Qualquer que seja seu produto ou missão, *armazene palavras motivadoras*, deixando-as prontas para uso imediato. Seja cuidadoso com o que você escolhe. Evite palavras usadas à exaustão e clichês que irritam os ouvintes. Acumule as vencedoras e elimine as perdedoras.
2. *Adapte a mensagem ao público.* As melhores palavras e frases do mundo são as piores quando inadequadas para o público. As necessidades do *prospect* (não as suas) ditam o conteúdo.
3. *Elimine palavras para acompanhar as tendências.* Nas idas e vindas da linguagem, as palavras ganham e perdem influência – heróicas num contexto, ordinárias noutro. Você insiste em bater na mesma tecla? Ao menos seja criativo e adapte-as.
4. *Nunca perca uma boa oportunidade de ficar calado.* Pausas são poderosas. Geralmente, o oponente que fala por último vence – dizendo: "Simplesmente rubrique aqui, por favor." Prometa menos e atue mais.
5. *Use o discurso para defender* (mas saiba quando escolher o florete e quando o taco). Lição de um mestre:
   William Gladstone: "Meu oponente irá morrer ou no cadafalso ou como vítima de uma terrível doença social."
   Benjamin Disraeli: "Isso depende do que irei abraçar, a *política* de meu oponente ou sua *senhora*."

Essas regras de discurso parecem excessivamente idealistas? Talvez, mas da próxima vez que você observar um vendedor excepcional, ouvirá um número surpreendente dessas qualidades!

Como Dizer

As palavras são tijolos que constroem pensamentos e sentimentos, desejos e aversões, esperanças e temores – tudo o que representa *você*. Quanto mais palavras você conhece, mais próximo fica de dizer exatamente *o que* quer dizer, *quando* quer dizer.

Além da clareza, um vocabulário amplo proporciona variedade, a base para a diferenciação, e você pode escolher entre um grande número de ferramentas. Um martelo não servirá quando o necessário for uma serra, e uma lima é inadequada quando você precisa de uma lixadeira.

Um vocabulário variado torna você mais interessante e lhe ajuda a evitar o tédio da repetição. Seu discurso requer atenção. A pessoa interessante é quase sempre persuasiva. As pessoas suportam os maçantes com uma aversão secreta, imaginando como poderão se livrar deles o mais rapidamente possível.

Claramente, um vocabulário versátil é parte do arsenal de um vendedor competente. Como disse o Dr. Bergen Evans:

> *As palavras não podem ser separadas das idéias. Elas interagem. As palavras que usamos estão tão associadas com sua experiência – e o que as experiências significam para você – que não se pode separá-las. A idéia vem de nosso subconsciente vestida em palavras. Não pode vir de nenhuma outra maneira.*
>
> *Não sabemos como as palavras são armazenadas em nossas mentes, mas, ao que parece, existe um tipo de sistema de arquivamento – controlado por um perverso, se não completamente maluco, arquivista. Todo mundo já tentou lembrar de uma palavra e não conseguiu. Às vezes é uma palavra comum, uma que temos certeza de que sabemos. No entanto, ela não vem quando precisamos. Tentar lembrá-la é quase uma forma de tortura. Então, geralmente algum tempo depois (quando já não é mais útil) a palavra vem à mente prontamente.*

Como a Habilidade em Linguagem Compensa

Milhões de pessoas usam o inglês como segunda língua. E embora o inglês seja a estrela-guia em Paris ou em Pequim, em River City é só problema. As dificuldades enfrentadas pelas escolas nos Estados Unidos, as ondas de imigrantes, o vício da TV e uma diminuição da leitura, tudo isso contribui negativamente para nossas habilidades em linguagem.

SEGREDOS DO FECHAMENTO DE VENDAS

Uma pesquisa realizada pelo *National Opinion Research Center* mostra que as habilidades em linguagem da população americana vêm diminuindo desde a década de 1960. Duplamente preocupante: as fileiras dos iletrados e parcialmente letrados estão inchando, ao mesmo tempo que as mudanças aceleradas da tecnologia tornam a proficiência em palavras e conceitos cada vez mais importante. Atualmente, muitos recém-formados têm um domínio da linguagem pior do que seus pais.

Um discurso eficaz – atualmente com grande demanda – será mais recompensado do que nunca. "Em sua curta existência, a televisão tornou-se o obstáculo para o domínio do idioma nos Estados Unidos, diz Jim Telease, autor do livro *The Read Aloud Handbook*. Este problema, sociologicamente alarmante, tem um impacto pessoal naquele decidido a dominar a linguagem no fechamento de vendas.

Certamente, ao longo dos tempos, homens e mulheres que deixaram sua marca na sociedade tradicionalmente foram bons oradores. (Oradores *vestidos*, evidentemente. Mark Twain nos alertou que "pessoas nuas têm pouca influência na sociedade.") Demóstenes, um orador grego da antiguidade, disse: "Assim como uma embarcação é conhecida por seu ruído, esteja avariada ou não, os homens também são reconhecidos por seus discursos, sejam eles inteligentes ou tolos."

A Casa Branca sempre deu prioridade máxima ao discurso. Todos os presidentes, desde Franklin D. Roosevelt, mantiveram redatores ou assessores de discursos (speechwriters) de prontidão. Segundo a assessora Dorothy Sarnoff: "Ao longo da história, as pessoas foram vistas e aceitas mais rapidamente como líderes se conseguiam falar de maneira persuasiva. A qualidade excepcional do presidente Ronald Reagan em elaborar discursos, aprimorada ao longo dos anos antes de assumir o governo, teve um impacto tremendo sobre o país."

Por outro lado, Nicholas Gage (no *Wall Street Journal*) identificou o discurso desfavorável como causador da na aposentadoria de Lyndon B. Johnson: "Agora pode ser dito. Eis por que o presidente Johnson decidiu não se candidatar à reeleição. Foi porque sua voz tornou-se tão irritante para tantos ouvidos que sua popularidade despencou para um nível perigosamente baixo. Ele não soava mais como um presidente. Quanto mais as pessoas ouviam sua voz, menos seguras se sentiam sobre ele."

Se você duvida da importância do discurso em atrair audiência política, observe o furor que recaiu sobre Geraldine Ferraro. Como congressista, seu sotaque nova-iorquino arrastado era aceito sem comentários. Como candidata à vice-presidência, seu discurso atraía a atenção. O *New York Daily News* publicou uma manchete em puro dialeto de Nova York: *TO HEAH HUH IS TO KNOW HUH.*

O *Daily News* ressaltou que os nova-iorquinos dizem *"berl the erl!"* e *"I sawr huh."* Embora Ferraro não tivesse ido tão longe, ela dizia *daughta* e *supporta*. Além disso, usava expressões nova-iorquinas como "*Stand on line*" e "*I'm here for ten years*" em vez de "*I've been here for ten years.*" Durante sua campanha, a questão era como o discurso de Ferraro se sairia em Peoria.

Ronald Reagan, por outro lado, era um campeão da retórica. Quando questionado sobre a questão da idade, Reagan recorreu a seu sorriso familiar e ressaltou que havia tomado a decisão de não usar "a idade e a falta de experiência de meu oponente" como tema na campanha. Bingo!

Não Seja um Papagaio

Como exemplo do que fazer e do que não fazer no discurso competitivo, veja as entrevistas na TV.

"Diga, senhor congressista, por que é contra a emenda de Auxílio a Crianças do Ensino Fundamental?"
Congressista inexperiente: "Contra a emenda de Auxílio a Crianças do Ensino Fundamental? Não sou contra a emenda de Auxílio a Crianças do Ensino Fundamental.
Por quê —"

Placar até agora – três a zero contra o senador. O público ouviu *contra* três vezes. Compare com:

Congressista experiente (tendo o cuidado de não ser um papagaio): "Estou feliz em comentar sobre meu plano progressivo para os alunos das escolas fundamentais americanas. Acredito…"

Placar até agora – um a um. Todo argumento positivo que ele acrescenta agora é um ponto a mais. Aplique este princípio às vendas. Você está tentando fazer um *prospect* em outra cidade usar seu serviço de entregas.

Prospect: Você tem um depósito neste estado?
Vendedor inexperiente: Não, não temos um depósito aqui.
Mas o que fazemos…

Placar – dois a zero contra o vendedor. Agora um vendedor com palavras poderosas responde a mesma pergunta:

Que recursos de depósito em particular são de seu interesse?

Placar – objeção eliminada sem ser papagaio. O *prospect* foi redirecionado para lhe dizer *por que* tem interesse em tal serviço. Agora o vendedor pode se concentrar *nisso*.

Discurso persuasivo! Os grandes entretenedores o tem. E também altos executivos, vendedores excepcionais, influenciadores da opinião pública. Um discurso eficaz irá atrair e manter a atenção, vender seus produtos, sua empresa, suas idéias, *você*. É a arma mais potente disponível na sociedade moderna. Se você adquiri-la, irá ganhar muitas outras habilidades. Se ignorá-la, um discurso monótono vai lhe dar um chute no traseiro.

Não causa surpresa que um discurso eficaz seja sua principal ferramenta no fechamento de vendas. A necessidade de palavras corretas não começa com o fechamento, é claro. Começa com a primeira palavra em sua abordagem e continua até seu até logo. No entanto, palavras certas são mais importantes no fechamento do que em qualquer outro momento. No fechamento, a mente do comprador está extremamente sensível. Ele fica irritadiço, desconfiado e extremamente suscetível a nuanças de palavras – mais do que em qualquer outro momento.

Pese cada palavra. Palavras poderosas constroem uma reação positiva em vez de negativa na mente do cliente. Grandes promotores, reverendos e campeões de vendas colecionam e usam essas palavras. Elas não são difíceis. Elas são, sem exceção, palavras simples, comuns, corriqueiras e todo vendedor as considera inestimáveis.

Como Construir Sua Estrutura "Sim"

Faça com que o comprador adquira o hábito de dizer sim o tempo todo. Então, será mais fácil obter o *sim* nas questões importantes.

"Você gostou do modelo, não é mesmo?"

"Sim," diz o cliente.

"Este é um recurso muito valioso, não acha?"

"Sim."

"Talvez esteja imaginando o que este acessório faz, não está?"

"Sim, pensei nisso."

"Isso vai combinar com as cortinas de sua sala de jantar, não vai?"

"Sim, vai."

Ao fazer perguntas geradoras de *sim* durante uma venda, você cria uma série de respostas favoráveis. Você condicionou a mente de seu cliente a um fechamento bem-sucedido:

- "Pode me confirmar seu endereço?"
- "Essa é sua rubrica?"
- "Pode dar um o.k. aqui para mim?" (diga sempre *o.k.*, nunca *assinar*)

Pergunte Sempre "Por Quê?"

Sem o *por quê*, a vida de um vendedor seria muito dura – às vezes impossível. Imagine que você seja um comprador. É difícil responde *por que* sem se comprometer. Ainda assim é inofensivo. As crianças vivem perguntando *por que* aos pais. Crescemos com ele. Grandes vendedores transpiram *por que* sempre que a venda enfrenta um abalo. Suponha que seu cliente diga: "Acho que isso não é exatamente o que eu quero."

Sua defesa é "*por quê?*"

Suponha que seu cliente diga: "Ah, não sei. Acho que não quero isso." Se você sorrir, pode perguntar por quê.

Repita a palavra com charme para extrair a verdadeira razão por que o cliente está hesitante. Você pergunta, "*Por que* está ponderando, sr. Rinker?"

Ou "*Por que* acha que isso é verdade?"

Ou "*Por que* quer esperar até 15 de abril quando o preço irá inevitavelmente subir antes?" Não se esqueça do *por quê*, uma das mais poderosas ferramentas de fechamento.

Um psicólogo de Chicago sistematizou o uso do *por que* nas vendas. Ele chama isso de *bate-volta*. Você simplesmente usa seu *por que* com o *prospect* depois que ele lançou o *por que* dele para você.

Você perguntou ao comprador pelo pedido. O comprador devolve: "Por que preciso comprar esses produtos agora?" Use o *bate-volta*: "*Por que* está perguntando *por quê?*" a defesa mais poderosa ainda é outro *por quê*.

Existe um verso recitado pelas crianças nas escolas americanas, escrito com os seguintes acrônimos:

YYUR

YYUB

INOUR

YY4ME[1]

---

[1] "YY" significa "*two Ys*" (dois y), cuja pronúncia é a mesma que em *too wise* (muito inteligente); "UR" pronuncia-se como *you are* (você é); "UB" pronuncia-se como *you be* (você é, sim); "INOVR" pronuncia-se como *I know you are* (sei que você é). "YY4ME" significa "*too wise for me*" (muito inteligente para mim).

Cuja tradução é:

Muito inteligente você é
Muito inteligente é, sim
Sei que você é
Muito inteligente para mim.

Use este verso para ajudá-lo a lembrar o poder de dois *por ques* no fechamento.

Vamos Usar "Vamos" Sempre

Bons vendedores usam *vamos* para estimular o fechamento.

"É extremamente útil," concorda o exímio vendedor Chris Locke. "*Vamos* é uma palavra cooperativa. Somos você e eu juntos. É uma palavra altruísta. Quando você diz: 'Vamos fazer tal e tal,' os compradores não se sentem coagidos, eles acham que a sugestão é tanto idéia deles quanto sua."

"Posso dizer para uma mulher: 'Vamos ver juntos por que você vai ter mais por seu dinheiro se fechar isso hoje.' Isso é muito mais aceitável do que "Você vai obter mais com seu dinheiro.' A conclusão é a mesma. Mas a palavra *vamos* torna as coisas mais aceitáveis."

Locke, com rendimentos anuais na casa dos seis dígitos, continuou: "Freqüentemente digo para um *prospect* na forma de um estímulo forte e poderoso:'Vamos arranjar um jeito para você experimentar isso em casa.' Construa frases de fechamento centradas em *vamos*. Isso resulta em mais ação na linha pontilhada do que as mesmas idéias expressas de outras maneiras."

Conotar ou Denotar?

Um bom vendedor começou sua apresentação com "Agora vamos mostrar como este serviço economizará seu dinheiro." Esta é uma escolha infinitamente melhor do que "Você economizará dinheiro se instalar isso." *Como* gera curiosidade, um dos principais estimulantes da mente. Uma oportunidade de ver *como* uma coisa funciona? Sua curiosidade é aguçada imediatamente. Você se inclina para a frente para ouvir o resto.

Observe o uso freqüente de *como* nas manchetes das publicações mais vendidas nas bancas. Examine dentro tanto as páginas de anúncios quanto as de editorial. Veja também com que freqüência *novo* e *agora* são usados. Todo mundo quer uma recompensa *instantânea* de uma maneira *inovadora*. Inclua estas palavras em seu fechamento. Outra palavra mágica no fechamento é *verdade*. *Verdade* recebe atenção imediatamente. "Esta é a verdade sobre a situação, Sr. Roberts," disse uma vendedora ao refutar uma objeção. *Verdade* é forte. Representa uma qualidade que todos respeitamos.

Justo é outra palavra poderosa de fechamento. Robert D. Esseks, um mestre em vendas de serviços de leasing para empresas, tirava grande proveito usando essa palavra. No leasing, a taxa de juros é a principal questão que deve ser acertada após uma negociação intensa. Mesmo assim, o *prospect* sempre pergunta, "Qual é a taxa?" logo no início.

Esseks sempre dizia: "Aquilo que for *justo*!" Assim, o *prospect* invariavelmente relaxava. Afinal, todo comprador não está interessado no preço *justo?*

William E. Bolster, um gerente de conta de comercial na TV, usava a palavra *justo* de outra maneira. Quando um cliente ameaçava cortar seu orçamento, Bolster dizia a ele seriamente: "Isso não é *justo*." O cliente acabava reconsiderando. Afinal, se não for *justo*, quem vai querer fazer?" Impedir um retrocesso evita ter que fazer o fechamento todo de novo mais tarde.

Toda palavra tem dois significados. O significado literal de uma palavra é sua *denotação*; por exemplo, gato é um quadrúpede da espécie dos felinos. O segundo significado de uma palavra é a *conotação*, aquela interpretação baseada na experiência pessoal. A *conotação* de gato, portanto, pode ser seu *gato malhado*, o *gato de um vizinho* ou um *gato seu que miava à meia-noite*. Você dá a *gato* um significado interior seu.

Nas vendas, a *conotação* é muito mais importante que a *denotação*. Por quê? Porque 80% de todas as decisões de compra são baseadas em *emoções*. A conotação é o significado emocional.

Ao fechar uma venda, se você diz ao cliente *assine aqui*, a conotação é formal, legal, temível, comprometedora, temerosa. O comprador já foi alertado sobre assinar contratos, testamentos, cessão de direitos. Por outro lado, se você pede o nome e o endereço, ele ou ela geralmente não mostram resistência. Não existe uma conotação de medo em relação a essas palavras.

O Poder de Dizer o Nome do *Prospect*

Dale Carnegie ensinava a seus alunos: "Quando vocês lembram de meu nome, estão me fazendo um elogio sutil; estão indicando que causei certa impressão a vocês." O nome de seu *prospect* é uma das ferramentas mais poderosas de fechamento porque a maioria de nós está mais interessada em si do que em qualquer outra pessoa.

Repita o nome de seu *prospect* várias vezes – sem exagero – durante sua visita de vendas. *Associe o nome dele aos principais argumentos de benefícios.*

- "Este recurso de discagem automática, Jim, vai lhe economizar muito tempo."
- "Nossa garantia é a de lhe dar sossego, Suzan."

Seu *prospect* não saberá disso, mas você está usando uma estratégia psicológica poderosa chamada *associação por aprendizado* ou *combinação positiva*. Ao associar o nome de seu *prospect* a um produto conhecido, seu cliente terá a expectativa de ouvir algo positivo da próxima vez que você mencionar o nome dele ou dela. O nome irá novamente produzir sentimentos positivos. Este segredo pouco conhecido dos vendedores experientes garantirá mais vendas do que você jamais considerou possível.

Usando Palavras Reconfortantes

Muitos fechamentos são arruinados por palavras inadequadas escolhidas de última hora para forçar o cliente a assinar. O vendedor suburbano desprezava tais refinamentos e intimidava os clientes dizendo: "Faça um rabisco aqui na linha pontilhada!"

Os clientes, ao não assinarem em bandos, tornaram esses vendedores e seus métodos obsoletos. Hoje usamos as seguintes frases refinadas, mas poderosamente reconfortantes:

- "Poderia conferir isso e, se estiver correto, colocar seu nome abaixo da última linha?"
- "Simplesmente escreva seu nome e endereço da maneira que quer que apareçam eu seu cadastro."

Joseph Conrad, o romancista, era um usuário eficiente de palavras motivadoras. Que vendedor magnífico ele teria sido! Tinha uma percepção aguçada das emoções humanas e respeito pelas nuanças sutis do significado das palavras – uma qualidade primordial!

Um amigo sugeriu que Conrad escrevesse uma autobiografia. Conrad recusou-se. Não acreditava que tivesse algo a dizer em uma biografia.

Então seu amigo insistiu: "Você sabe, você realmente deve."

Palavras Poderosas que Fecham Vendas

"Não era um argumento, mas aceitei de imediato," disse Conrad. "Se devo!... Você sente a força de uma palavra. Aquele que quer persuadir deve depositar sua confiança não no argumento, mas na palavra certa. O poder do som sempre foi maior do que o poder da razão... Nada humanamente grande – grande, quero dizer, que afete toda uma massa de vidas – veio da reflexão. Por outro lado, você não pode deixar de ver o poder de palavras comuns – palavras como *glória*, por exemplo, ou *compaixão*. Quando proferidas com perseverança, ardor, convicção, essas duas palavras, somente por seu som, mobilizaram nações inteiras e revolveram o solo árido e rígido sobre a qual repousa nossa estrutura social... Obviamente, é preciso cuidar da pronúncia também. Isso é muito importante... Não me fale de sua alavanca de Arquimédes... Dê-me a palavra certa e a pronúncia certa e eu moverei o mundo!"

Um exemplo da "palavra certa e da pronúncia certa" surgiu durante uma grande feira de equipamentos de calefação, ventilação e refrigeração. Um vendedor excepcional falava em seu estande. Ele tinha domínio completo de cada minuto de sua apresentação. Motivava o público exatamente da maneira como queria – com extrema competência em vendas e habilidade com as palavras.

Durante uma folga, um repórter comercial lhe perguntou quantas vezes por dia ele fazia sua apresentação.

"Cinco vezes por hora, doze horas por dia."

"Sessentas vezes por dia?"

"Isso mesmo."

"Faz essa apresentação há muito tempo?"

"Três anos."

Toda vez que proferia essa apresentação – sem jamais trocar uma palavra ou mudar a pronúncia, pois ambas eram perfeitas – ela vendia ou recebia boas indicações. Entretanto, a apresentação tinha apenas 237 palavras.

"Eu não a escrevi," ele disse. "Foram os clientes. Falava para eles e esperava o resultado. Sempre que eu pensava sobre um aprimoramento, fazia isso. Alguns funcionaram, outros não. Sempre que encontrava uma palavra ou frase que aumentava as vendas, eu acrescentava. Com o tempo, cheguei a uma apresentação que realmente traz vendas. Era isso o que eu queria.

"Cada palavra desse discurso é importante. Não mudaria nenhuma. Não posso me dar o luxo. Eu perderia dinheiro."

Palavras certas valem ouro.

Um executivo de vendas experiente, respeitador das palavras, não dispunha do refinamento de Conrad, mas o que disse ainda perdurará muito tempo depois que as palavras rebuscadas de Conrad já tiverem sido esquecidas. Cada manhã ele dizia: "Venerem as palavras, colegas. Se algum dia vocês pararem de usar direito as palavras, vão parar de comer. Lembrem-se disso."

Diretrizes Práticas para Dominar Palavras

Como você pode garantir que terá a palavra certa na ponta da língua quando precisar dela? Wilfred J. Funk, que passou sua vida entre palavras, acreditava: "O homem ou a mulher que é senhor das palavras é senhor das pessoas." As sugestões do Dr. Funk sobre o domínio das palavras são particularmente úteis no fechamento de vendas.

Ouça pessoas cultas. Ouça-as na TV, em palestras, em cultos, nas conversas com homens e mulheres instruídos. Ouça. Observe como eles escolhem as palavras e como as usam. Você também pode fazer isso.

Gaste 15 minutos por dia lendo algo sério, não revistas de quadrinho ou mistério, mas clássicos da literatura. *Quando encontrar uma palavra nova*, procure seu significado na hora, não "mais tarde," que nunca chega. Agora.

Acrescente duas palavras novas por dia a seu vocabulário. Aprenda seu significado. Utilize essas palavras na escrita e nas conversas várias vezes. Torne-as suas. Mas não exagere!

Peter Hockstein, vice-presidente da Ogilvy & Mather, de Nova York, tinha palavras para vendedores sobre palavras: "Os seguintes insumos," dizia o executivo da conta recém-saído da escola de administração, "devem ser suficientes para vocês gerarem uma apresentação de vendas."

O que ele queria dizer, é claro, era: "Esta é a informação que vocês precisam para preparar a apresentação."

A seguir, estão maneiras espantosas de falar tanto besteirol que você terá *certeza* de que foi *mal* entendido:

1. Use *buzzwords* da matemática e da ciência da computação, mal aplicadas aos negócios – palavras como *parâmetros, input* e *gerar*. Em vez de dizer, "Vamos fazer uma lista de *prospects*," diga, "Vamos inserir uma seqüência de probabilidade dentro de parâmetros estritamente limitados."
2. *Use substantivos como verbos*, por exemplo: "O medo do câncer impactará em nosso mercado."
3. *Use besteirol.* A seguir, estão citações famosas expressas em besteirol. Veja se você consegue traduzi-las para uma linguagem inteligível:

Palavras Poderosas que Fecham Vendas

- Eu preferiria partir otimamente de modelos comprovados no processo de tomada de decisão do que ter as opções do diretor executivo para implementar decisões (*Eu preferiria estar certo do que ser presidente*).
- Felizmente, se eles fizerem o *input* de seus requisitos calóricos a partir de produtos pré-adoçados com alto teor de fermento e assados, terão uma experiência nutricional afirmativa de dimensões adequadas (*Deixe que comam bolo*).
- Tenho à frente as opções de funcionar como uma entidade ou abortar o processo e extinguir todas as operações (*Ser ou não ser, eis a questão*).
- Procedendo de acordo com uma estratégia aceitável, e na base de *inputs* visuais, lancei o potencial de ataque sob minha autoridade, relegando assim efetivamente o veículo sub-superficial manipulado pelo inimigo a uma condição de ociosidade permanente (*Submarino avistado, afundado*).
- Todos chefes de família masculinos têm o direito inerente sob os princípios estabelecidos da lei a possuir uma unidade habitacional superior de múltiplos níveis com construção impermeabilizada, acessível por meio da implementação de uma passagem retrátil sobre um perímetro aquoso (*A casa de um homem é seu castelo*).
- Às duas horas desta manhã, uma unidade de infantaria com o tamanho de um batalhão lançou a sangue frio uma agressão contra várias aldeias civis despreparadas e desprotegidas e agora avança sem o apoio da população nativa oprimida, com o intento de subjugar as aspirações democráticas legítimas de agricultores marginais e pequenos empreendedores comerciais (*Os casaca vermelha estão chegando! Os casaca vermelha estão chegando!*).
- Como gerente desta agressiva entidade marinha móvel de combate, declaro que devemos dar continuidade aos procedimentos operacionais padrão para manobras combativas sob condições favoráveis, apesar de projeções questionáveis por parte de nossos adversários no que concerne nosso progresso para concretização (*Não abandone o navio*).

Entendeu? As expressões clássicas são famosas porque *estimulam* as pessoas a agir, alcançar objetivos, para dar atenção aos comandos de motivadores famosos. Quais versões são melhores para fechar vendas? Você sabe a resposta.

Adular sem Exagerar

São muitos os usos comerciais para palavras de adulação – tornar uma rosa muito mais marcante usando qualquer outro nome. Rock Lubin, especialista do setor imobiliário, diz que as vendas disparam ou despencam dependendo da maneira como você descreve uma casa para o comprador.

Lubin exorta os corretores a usar termos como *controle de conforto permanente, refúgio do esposo, área de repouso, atmosfera interiorana, toque extra de qualidade, espaço de convivência interno/externo, cozinha em estilo campestre e conforto familiar programado.*

"A semântica pode transformar uma planta baixa e uma comunidade comum em um lugar atraente para morar," diz Lubin. "O consumidor deve ser romanceado."

Preste atenção em como você descreve seus produtos, serviços, empresa ou setor. Você está dando pontos de graça para seus inimigos? Não faça isso. Lembre-se de que santo de casa não faz milagre; você compra filé de Kansas City em Nova York e bife de tira de Nova York em Kansas City; um especialista é uma pessoa com uma maleta a oitenta quilômetros de casa.

Nós é uma palavra poderosa com potencial tanto bom como ruim. Quando um contador vê um cliente e fala sobre *nossos* problemas (referindo-se aos do cliente), isso é bom. Ele está se colocando como parte do grupo. Quando um médico ou uma enfermeira pergunta a um paciente, "Como estamos nos sentindo hoje?" é infantil e paternalista. E por falar nisso, ajude a eliminar vendedoras afetadas das lojas de roupas femininas. Uma total desconhecida entra e ouve:

"Entre, *docinho*."

"Sim, *meu bem*, no que posso ajudar?"

"Sim, *querida*, você está procurando algo em especial?"

Já perguntei a 50 mulheres e ainda não encontrei uma que goste dessa conversa mole irritante. Se ninguém quer isso, por que fazer? Isso é poder ao reverso. Excesso de intimidade em público com um desconhecido é uma maneira garantida de ganhar o prêmio de consolação – mesmo que você venda lingerie.

Evitando Palavras Desmotivadoras

Você já viu como certas palavras são *motivadoras*. Opostamente, outras palavras são desmotivadoras. Elas não só falham em impulsionar seu argumento como, na verdade, criam um obstáculo.

No topo da lista de desmotivadores está: "Você sabe." Este modismo atingiu proporções gigantescas. Ouviram um adolescente falar para outro: "Você sabe, eu não sei, você sabe." E *pode ser* é outra moda boba e irritante.

Recentemente, ouviram um vendedor usando "Para ser honesto com você" quatro vezes numa apresentação. Seu *prospect* disse com razão: "Qualquer um que não pára de falar 'Para ser honesto com você', me assusta. Honesto é o mínimo que ele deve ser."

Independentemente do que você faz, evite os modismos da linguagem. Por que ser o décimo quarto a dizer, "Tenha um bom dia!" antes das 10h30 da manhã? Não é desse jeito que se fecham vendas. Isso é um jeito de parecer totalmente sem criatividade.

Como Palavras Amarradoras Estimulam a Compra

Palavras amarradoras literalmente prendem o *prospect* a um compromisso de compra. Para entender por que elas funcionam, entenda o princípio: o fechamento é um esporte de participação, não de espectador. Se você faz uma alegação, o *prospect* pode não acreditar. Se o *prospect* faz uma alegação, ele ou ela *acredita*.

A seguir, estão quatro amarradores úteis:

- Não seria mesmo?
- Não é mesmo?
- Você não concorda?
- Não está certo?

Crie amarradores adequados para seu produto ou serviço. A seguir, estão perguntas adaptadas para moradia:

- "Você acha que este é o tipo de comunidade onde gostaria de morar?"
- "Você acha que se sentiria confortável de morar nesta casa? Se conseguíssemos um bom preço (financiamento, acordo), acha que poderia decidir hoje?"
- "Agora que escolheu a casa que realmente quer, gostaria de dar um sinal para garantir o imóvel? Eu realmente gostaria de ver você com essa casa antes que o preço suba. Está pronto para dar início no processo hoje?"

Lee Stanley usava esses amarradores para vender solários: "Se eu mostrasse como comprar um solário de US$ 8 mil por US$ 1.500, você se sentiria confortável assumindo um pequeno compromisso comigo hoje?

Substituindo Palavras Incendiárias

Palavras incendiárias impedem vendas. Evite *se* na maioria das conversas. Freqüentemente leva a uma negação. Uma palavra muito melhor é *qual*. "*Qual* desses dois acabamentos você prefere?" é uma frase forte e segura de fechamento. Use AOA – Algo ou Algo. Evite AON – Algo ou Nada. (Não confunda com Algo por Nada, uma das suas principais chaves de fechamento.)

Você também deve evitar jogar o jogo do *prospect* com palavras incendiárias. Não seja bobo de jogar álcool na fogueira.

Corretores imobiliários experientes sabem esta lista faça/não faça de cor:

Nunca diga	Em vez disso, diga
Comprar	Possuir ou envolver-se
Vender	Ajudar você a possuir
Mensalidade	Valor inicial para dar início
Preço	Total do investimento
Subdivisão	Comunidade
Terreno	Local do imóvel
Contrato	Papelada
Acordo	Oportunidade magnífica
Última casa ou terreno	Única transação disponível
Problema	Desafio
Comissão	Honorário por serviço
Padrão	Recursos inclusos
A empresa	Nós (não eles)

Palavras memoráveis, aplicadas adequadamente, fecham vendas. Certifique-se de que o poder de suas palavras é de primeira.

VINTE E DOIS

Quando o Remorso do Comprador Vem a Galope

Algumas vendas costumam reverter justo no momento em que você pensa que tudo estava fechado. A reversão pode ser um cancelamento, às vezes um corte no pedido, às vezes um adiamento, outras vezes um cliente *assumindo* a autoridade de tomador de decisão.

Até mesmo coisas mais estranhas acontecem: o Sr. Tomador de Decisão é transferido e seu substituto vem com uma vassoura nova. Acontece.

Não importa qual seja a causa da reversão, adivinha quem é escolhido para pôr as coisas de volta nos eixos? Acertou – o velho Fiel Escudeiro. Você. Isso não acontece por acaso, e acontece freqüentemente. O remorso do comprador vem montado de costas na sela, avançando a galope.

Então não pense que seu trabalho acabou quando o comprador assina o pedido. Ainda resta mais um passo vital: amarrar a venda para sempre. Para fechar a venda a sete chaves, você precisa de estratégias especiais. Isso se chama trabalho de bis.

Pense nisso como o "Fator Seabiscuit." Apesar de ser o azarão, Seabiscuit, o cavalo de corrida da fábula da década de 1930, começou a vencer (e vencer e vencer) e inspirou um país paralisado pela pobreza e desemprego.

Casey Stengel, heterodoxo na gestão de pessoal assim como em tudo mais, criava frases de efeito em meio a suas ruminações. Certa vez, sentado no banco junto ao outfielder Bob Cerv, o velho Case disse: "Não olhe agora, mas um de nós acaba de ser transferido para Kansas City." Nenhum executivo jamais demitiu um funcionário de maneira mais indireta.

Às vezes, a reversão é apenas simples remorso do comprador. Para você, o fechamento é uma vitória. Você está radiante. Para o comprador, é uma incerteza. O medo da compra, momentaneamente superado, volta.

O comprador pensa: "Será que errei? Será que vale quanto custa? Poderia ter feito melhor negócio em outro lugar? Como posso saber se o fornecedor é confiável? Como o mercado de ações vai se comportar? Vou perder meu dinheiro ganho a duras custas? Fiquei louco?" Estes medos transformam um comprador em cético. A mesma pessoa que assinou voluntariamente seu pedido agora recua com um: "Estive pensando. É melhor segurar meu pedido por um tempo. Existem algumas considerações que não fiz quando nos encontramos. Ligo para você."

Não caia nesta evasiva esperta. Identifique as "considerações" e desbanque-as na hora.

Dizem que a única diferença entre obstáculos e degraus são a maneira com você os usa.

Como Eliminar o Remorso do Comprador

A melhor maneira de lidar com um vírus no computador é, antes de tudo, não deixar que ele se instale em seus programas. O mesmo acontece com o remorso do comprador. Impedir que a semente seja plantada.

Para iniciantes, um bom vendedor não se demora mais do que o estritamente necessário depois que a venda foi fechada. Um vendedor experiente recomendou: "Entre, resolva, saia." Bom conselho.

Saia o mais rápido que puder, mas não corra como um bandido. Obviamente, pular pela janela gera desconfiança e mal-estar. Entretanto, não fique enrolando e jogando conversa fora um minuto além do necessário. Não dê ao comprador uma abertura para pensar em cancelamento ou postergação.

Expresse aquele sentimento mais sedutor e valioso ao se retirar: gratidão. Muitos vendedores desconsideram este passo, tratam-no como irrelevante, dão-lhe pouca ou nenhuma atenção. Agradeça ao comprador cordialmente, sinceramente e calorosamente – mesmo que tenha lutado a cada passo até chegar ao pedido.

Diga "Muito obrigado!" com convicção. Sorria! Mostre ao comprador que você preza o negócio. Todos nós queremos ser valorizados. Todos gostamos de sentir que nosso negócio é importante e vital. Gostamos de pensar que nossa compra mantém uma loja de departamentos operante, uma companhia de seguros em atividade e uma empresa aérea voando. Fixe a idéia na mente do comprador.

Estou ouvindo vaias? "Um sorriso e sapatos bem lustrados! Diretamente de Willy Loman e *A morte de um caixeiro viajante*!"

A razão por que alguns clichês perduram é fundamental: eles são verdade (ou, como Jack Point nos conta na ópera de Gilbert e Sullivan, *Os Guardas do Rei*, "Existe um ou dois grãos de verdade no joio!").

O mesmo vale para o poder do sorriso. E um estudo embasa isso, segundo *A Busca do Prazer*, de Lionel Tiger. Roger Master, do Dartmouth College, e seus colegas publicaram um estudo sobre as expressões faciais dos políticos. Aqueles que sorriem mais se saem melhor (trabalhei para Ike, tanto como político quanto como comandante militar).

Sorrir parece ser um fator fundamental para atrair eleitores, homens e mulheres. O eleitorado parece sentir-se irritado ou intimidado por líderes austeros, porém confiantes e estimulados pela variedade sorridente. Rostos sorridentes também são uma qualidade para os entretenedores, que precisam manter o controle sobre a atenção e o entusiasmo de seu público.

Bill Miller, um vendedor de casas móveis, usava a técnica "Eu prezo você" para fechar vendas com Joe Conforti, um de seus revendedores.

"Você é meu maior cliente," ele disse para Joe. "Quero brindar com você."

Joe Conforti ficou lisonjeado. "Não tinha idéia de que meu negócio era tão importante," ele disse, radiante.

Pouca coisa? Com certeza. Mas você pensa que os pedidos de Bill não vinham junto? Vinham.

Parabenize Seu Cliente pela Escolha

Um agradecimento sincero não é suficiente para muitos compradores. Mas para os mais sofisticados, vá um passo além: parabenize o tomador de decisão "por fazer uma escolha lucrativa para sua empresa" ou "por fazer um *investimento* inteligente para sua empresa." Afinal, esta é a razão para a decisão dele. Com certeza ele gostará de se sentir elogiado – mais ainda se for pelo chefe. Portanto, quando a sofisticação do comprador permitir, *parabenize* mais do que *agradeça*.

Henry Schapper, ótimo headhunter de Manhattan, sempre escrevia uma carta para o recém-colocado, programada para chegar no primeiro dia de trabalho do contratado.

> *Congratulações a você e à empresa por estarem juntos. Uma excelente escolha! Meus melhores votos para um progresso contínuo em sua carreira!*
> Henry

Isso é uma excelente vacina contra o remorso do comprador. Suas colocações (e honorários) raramente davam errado.

Transformando Desastre em Triunfo

Às vezes, gratidão leva à repetição da venda, mesmo quando a primeira dá errado. Lynn Doyle estava empreitando há apenas três meses quando cavou um grande *prospect*. Jovem como era, estava entusiasmado porque o magnata John B. Phillips permitiu que cotasse um projeto de um milhão de dólares.

Doyle ofereceu a Phillips o melhor que tinha, mas sua experiência não era sólida o suficiente. A empresa fechou com outro. Naturalmente, Doyle sentiu-se desestimulado, mas não derrotado. Ele ligou para Phillips e agradeceu cordialmente.

"Mas o que fiz?" Phillips perguntou. "Fechei o negócio com outro."

"Sei disso," Lynn disse, "mas, Sr. Phillips, o senhor é o primeiro construtor respeitado que teve confiança suficiente para me deixar cotar um projeto importante – um grande impulso para mim como empresa novata. Gostaria de lhe agradecer. Sou profundamente agradecido."

Nada aconteceu por três dias. Então, Phillips ligou para Doyle e lhe deu um contrato para uma construçao menor. "A atitude de gratidão agradou a Phillips." Ele expressou seu prazer dando a Doyle um negócio diferente.

Antes de sair de um cliente fechado, faça uma breve declaração de confiabilidade – quanto menor e mais pontual melhor. Enfatize as vantagens. Reitere para seu cliente o lucro e a satisfação que ele terá.

"Quero parabenizá-lo por sua escolha, Sr. _____," diz Johnson Benn. "O senhor desfrutará meses e mais meses de satisfação com este equipamento. E economizará dinheiro, também. O mercado está definitivamente em alta. Daqui a 30 dias, teria lhe custado US$ 75 a mais para duplicar este modelo" (use o aumento do custo quando verdadeiro, mas não invente!).

Quando o Remorso do Comprador Vem a Galope

O Campeão de Vendas Desiste

Todo gerente de vendas tem pessoas-chave – pessoas necessárias para atender metas de vendas especializadas. Você pode treinar outros, mas neste momento Jones é vital. Você achou que ele vestia a camisa da empresa.

O primeiro tiro sempre acontece quando você está a caminho de uma reunião importante. Bill te interrompe timidamente e murmura: "Você tem um minuto?" E vem a bomba: "Estou me demitindo!" Você olha para ele pasmo. Você descobre que não se trata de dinheiro nem de benefícios e detecta que Bill acha que seu trabalho não é plenamente valorizado e elogiado.

Se você for humano, seu impulso é correr para sua reunião e murmurar algo como "vamos conversar sobre isso mais tarde." Mas e se Bill estiver indo embora porque acha que não é importante para você? Então sair correndo confirma isso, e aí ele "vai mesmo."

A solução é parar o que está fazendo. Sente-se e pergunte a Bill por quê. Deixe que ele fale, discurse, ou entre em pânico. Você não pode ganhar a guerra aqui, mas pode perdê-la. Vá até o âmago, até o verdadeiro motivo.

Apresente uma solução que mude a opinião dele e beneficie a empresa. Cuide para que um plano para um reconhecimento melhor percebido seja implementado.

Nem Todos os Loucos Estão Trancafiados

Enquanto vai embora, Millicent Braun diz: "Sr. Wells, para um homem com seu bom senso empresarial, nem preciso dizer isso – mas foi inteligente em ter feito este pedido agora. Com o passar do tempo, o senhor ficará cada vez mais satisfeito." E sai.

Um atendente do varejo entendeu a teoria do pós-venda, mas aplicou-a de maneira errada. Quando um jogador de pôquer comprou um baralho, o atendente disse: "Muito obrigado. Espero que ganhe com este."

"Obrigado," disse o Amarillo Slim local. "Espero que você não diga o mesmo para cada cliente."

"É claro que faço," disse o atendente seriamente. "A fabricante do baralho nos manda falar isso. Faz os clientes se sentirem com sorte."

Instrutores de vendas sabem que você não pode vencer todas. Como disse um nova-iorquino a um turista que lhe perguntou como ir ao Radio City Music Hall:

"Ah, é fácil. Não me perca de vista e desça duas estações de metrô *antes* da minha."
Ah, bom!

Enfatize as Necessidades do Comprador e Esqueça as Suas

Hubert Bermont aprendeu como vender para sempre quando treinou no varejo. Dizia Bermont:

> *Quando eu era um jovem vendedor, um ótimo colega sempre voltava para casa com o maior cheque de comissão. Ele tinha 30 anos de experiência. Munido das informações sobre o produto iguais às do veterano, fui à luta com os clientes: persuadindo, adulando, encantando, contando piadas e até mesmo ameaçando com as conseqüências de não comprar.*
>
> *Eu era o mocinho tentando fechar vendas para sustentar minha família. Havia os bandidos tentando me impedir de vender. Após cada rara venda, eu ficava emocionalmente exausto.*
>
> *O Sr. Experiência não tinha dias assim. Ele era despreocupado e calmo, e perdia muito poucas vendas. Certo dia, ele me puxou de lado e disse, "Garoto, gosto de você. Vou explicar por que você está com a abordagem e a atitude erradas. Os clientes não são inimigos. Eles não vêm à toa ou para fugir da chuva. Eles entram aqui porque querem algo.*
>
> *"Você age como se eles estivessem aqui para lhe dar trabalho, como se fosse sua obrigação lembrá-los de que vieram para comprar algo. A necessidade deles de comprar o que vendemos é real, só que estão com medo. São tempos difíceis. Eles trabalham duro para ganhar dinheiro. Estão terrivelmente preocupados em comprar algo de que não precisam ou não querem.*
>
> *"Sua função é acalmá-los e ajudá-los a se desprender do dinheiro. Sua função não é amedrontá-los e agarrar a mão em que está o dinheiro deles por causa de suas próprias necessidades. As necessidades deles vêm primeiro."*
>
> *Em véz de focar em você e no que vai dizer, use uma apresentação planejada. Isso lhe permite concentrar-se nas reações do prospect e identificar sinais de compra. Esteja alerta para botões de compra verbais e não-verbais.*

Quando o Remorso do Comprador Vem a Galope

Tomando a Via Tranqüila do Fechamento

Ellery Jordahl conduzia a fábrica de caldeiras River City Furnace Ltd., em Mason City, Iwoa, cidade conhecida como a fictícia River City em *The Music Man*. Porém, seria impossível encontrar diferença maior entre Jordahl e o Professor Harold Hill.

Jordahl acredita sinceramente em oferecer um produto de qualidade. Ele foi o primeiro vendedor das caldeiras Hot Shot de River City. Ele acredita em vender para sempre. Afinal, suas Hot Shots duram dez anos ou mais. Jordahl queria contratar David Wetzel, de Waterloo, Illinois, como seu distribuidor neste estado.

"Na época, não tinha um produto para entregar," relembra Jordahl. Mesmo assim, precisei cobrar um sinal de US$ 9 mil em troca de minha palavra para começar a construir a fornalha. Nunca havia encontrado Dave ou Rita Wetzel pessoalmente. Eles nunca haviam sido distribuidores de caldeiras antes."

Jordahl optou por uma abordagem tranqüila do tipo "somos-todos-amigos".

Jordahl foi dirigindo de Eau Claire, Wiscosin, a Waterloo. Chegou na fazenda Wetzel no fim da tarde a tempo de jantar com Dave e Rita. Ele não se apressou. Depois do jantar tirou o protótipo da Hot Shot da caixa.

"Eles ficaram perplexos," diz Jordahl. "Nunca viram nada tão atraente e com tanta qualidade."

Novamente, sem pressa. Ele disse que precisava de um sinal de nove mil para a distribuição em Illinois.

Os Wetzels fizeram o cheque. Mas Jordahl não considerou a venda terminada – longe disso. Ele queria amarrar a venda; estava vendendo para sempre. Para estabelecer confiança, ele enfatizou uma experiência em comum: fazendas. Um fazendeiro pode confiar em outro.

"Disse a Dave que estava disposto a lhe dar uma oportunidade em outro ramo. Ele não tinha experiência. Quando comecei, também não tinha experiência. Disse a ele que sabia que os fazendeiros acordam com os pássaros e trabalham até que tudo esteja feito. É difícil o pessoal que trabalha 'das oito às cinco ter sucesso'."

Jordahl continuou falando por algumas horas mais, enfatizando confiança e amarrando a venda.

"Eu acreditava em Dave e Rita," diz Jordahl. "Em troca, eles confiavam em mim. Fizeram um cheque com base estritamente em minha palavra. Honestidade torna as pessoas confiáveis e minha honestidade foi comunicada a eles. Essas pessoas eram fazendeiros e conversamos sobre fazendas. Eu falava sério – e isso ficou patente."

Wetzel tornou-se o maior distribuidor, respondendo por mil unidades ao ano por meio de 90 revendedores em Illinois e no Missouri.

Jordahl, mestre em vendas, sabe quando quebrar a regra "assinar-e-cair fora". Quando você está construindo um relacionamento lucrativo e duradouro baseado em confiança, fique o quanto for necessário.

As regras de fechamento são contraditórias? Pode apostar! Os mestres sabem *quando* aplicar *cada* técnica!

Ajudando o Comprador a Vender para Si

Robert Connolly fecha para sempre através do envolvimento do cliente. A venda é fechada porque o cliente acredita que tomou todas as decisões importantes ao longo do processo.

"Quando você convence o comprador de que o plano de compra é idéia *dele*, coisas impressionantes acontecem," diz Connolly. "Quando ele aceita o elogio por um procedimento, ele passa a defendê-lo. Então ele está convencendo você e vendendo para si."

Excitante, não é? Mas assim como a maioria dos princípios sofisticados de fechamento, leva tempo e exige prática para dominar.

Como dar o crédito a seu *prospect*? Isso pode ficar claro. Uma maneira é simplesmente fingir que foi idéia dele. Reaja como se a idéia tivesse acabado de ocorrer. Mostre um entusiasmo crescente por ela. Então ele começará a vendê-la para você.

Comece o processo com uma declaração: "Sabe que você teve uma ótima idéia?"

Ou tente isso: "O que você considera ser o melhor a fazer?" Vaidade humana! Se seu *prospect* acreditar que *sua* idéia é idéia *dele*, vai defendê-la até o fim.

Você está vendendo uma linha de suprimentos comerciais. Você preenche seu pedido normal e pergunta:

"Você acha que seria um bom planejamento reservar uma quantidade adicional para entregar durante o mês de maio? É claro que vamos confirmar antes da entrega."

Depois de uma resposta *afirmativa,* mas antes de ir embora, diga: "Sabe que gosto de sua idéia de planejar entregas futuras? Faz muito sentido."

Você vende imóveis residenciais. Quando sentir que colocou seus argumentos básicos, diga: "Quero saber sua opinião. O que é preferível, a *conveniência* do parcelamento em 20 anos ou a maior *economia* do parcelamento em 15 anos? O que pensa sobre isso?"

Então, mais tarde você diz: "Seu raciocínio foi inteligente. Vamos definir dessa maneira."

Quando o Remorso do Comprador Vem a Galope

Não Negligencie Seu Cliente Jamais

Veja cada cliente como uma fonte adicional de negócios. Sua função não é apenas fazer vendas, mas também fazer *clientes.* Mantenha contato. Descubra como o produto está funcionando. Mantenha o comprador satisfeito e feliz.

Um empresário muito inteligente de Detroit certa vez escreveu sua filosofia de negócios. A venda, ele disse, *começa* com a assinatura do pedido. Depois disso, o vendedor deve cuidar para que o cliente tenha o máximo de lucro, satisfação e aproveitamento no uso do produto. Este homem era Henry Ford. Essa filosofia fez coisas extraordinárias para o pequeno negócio que Henry Ford comandava. Fará maravilhas por você.

A venda só está verdadeiramente fechada quando seu cliente já souber como usar o produto ou serviço e quando estiver satisfeito. Sua função como especialista em fechamento é dar uma passada no cliente e ver como vão as coisas. Se não puder ir até o cliente, ligue. Pergunte se ele precisa de algum serviço extra. Pergunte também se ele poderia indicar alguém que precise do mesmo serviço.

Mantenha contato. Os clientes se ressentem quando são negligenciados. A principal causa de perda dos clientes é a omissão do vendedor no acompanhamento pós-venda. Não deixe isso acontecer com você.

Um vendedor veterano disse, quando lhe perguntaram sobre o princípio mais importante: "Nunca se esqueça de um cliente. Nunca deixe que um cliente se esqueça de você."

Fechar vendas é muito mais que "rubrique aqui, por favor." Sua função é vender para clientes permanentes. Este é o caminho para repetir negócios e para indicações importantes de terceiros. Um ator da peça off-Broadway *Song of Singapore* interrompeu o aplauso do público no *curtain call* para dizer: "Se vocês gostaram de nós, contem para os amigos. Se não gostaram, contem para os parentes!", amarrando a venda pura e simplesmente.

VINTE E TRÊS

Poder de Fechamento Via Conversa

Paul Woods vende roupas masculinas em Chelsea, um bairro descolado de Manhattan, numa loja "tanto show business quanto varejista," repleta de cachorros, gatos, papagaios, uma banda de jazz e um macaco de estimação.

A despeito de qualquer outra coisa, os vendedores, no final das contas, ainda são avaliados por quantidade de vendas fechadas. E nesta quantificação vital, Woods supera. Por quê? Porque ele atinge empatia instantânea com os 15 a 20 compradores que atende por dia, pessoas a quem vende – e encontra – pela primeira vez.

"Meu plano é fechar no mínimo com 15 compradores por dia," diz Woods. "Mas o objetivo é *interno*. Externamente sou um *consultor* que escolhe a roupa certa para cada comprador, trajes que valorizam a apresentação de cada pessoa no mundo dos negócios, profissional e social.

"Compradores não têm objetividade sobre o que devem vestir," ele diz. "Você vê essa necessidade como uma consultoria. Para eles é confiar num *amigo especialista*.

"Levei alguns anos para me tornar um autêntico especialista em roupas masculinas", diz Woods. "Mas me coloco como um amigo nos primeiros três minutos. Sem empatia não existe amizade nem venda – esta é a fórmula."

Como ele faz isso? Primeiro, escolhendo seu cliente logo que entra. A loja é especializada em "adequar o consultor ao cliente." O grupo de 30 vendedores mais parece um comitê da ONU – africanos, latinos, árabes, judeus, asiáticos – cada qual atento a clientes de origem correspondente.

"E não se esqueça dos WASP,"[1] diz Woods, "procuro meus extremamente polidos e presunçosos princetonianos." Um casal assim entrou numa tarde, vestindo roupa náu-

---

[1] N. da T.: WASP é a sigla de branco, anglo-saxão, protestante usada para referir-se ironicamente ao membro da classe privilegiada dominante nos EUA.

Poder de Fechamento Via Conversa

tica informal um tanto desgastada ("Podiam ter acabado de chegar de um cruzeiro da Carnival pelo mundo," Woods pensou). Os bacanas nem sempre vão à Bergdorf-Goodman; às vezes se misturam ao povão na busca por qualidade e bons preços.

Woods se apresentou, no estilo recepção na embaixada, observando cuidadosamente os nomes – Dr. e Sra. William T. Hamilton – e lhes ofereceu uma opção de suco ou água mineral. O casal graciosamente aceitou um de cada ("Boa idéia *oferecer* ao cliente algo logo na chegada, diz Woods. Afinal, é isso o que os amigos fazem!").

Todos se acomodaram em confortáveis poltronas de consultoria. Notando mentalmente que chamavam um ao outro de Bill e Millicent, Woods jogou sua primeira carta.

"Notei o desenho em sua camisa, Dr. Hamilton. Não é o Clube Zanzibar, na Flórida?"

"Puxa, é sim," disse o cliente. "Somos de Naples, Flórida. Estamos levando nosso barco até Finger Lakes para o verão. Essa é uma escala na rota." (Não muito longe de um cruzeiro da Carnival, pensou Woods, notando também os 30 mil dólares em jóias de Millicent expostas com discrição).

Eles trocaram histórias sobre conhecidos em comum do Clube Z. Então o Dr. Hamilton perguntou sobre um terno que viu num anúncio de jornal, sua razão para vir à loja.

Woods não achava que o terno era adequado para este cliente e comentou isso. "Mas recomendo que experimente o modelo transpassado de gabardine," disse. "Acho que vai lhe cair muito bem."

Levou o doutor até o espelho.

"Imagine-se nessas cores – cinza claro, preto mesclado, marrom escuro," disse Woods.

O *prospect* experimentou os três paletós, e então Woods voltou-se para a Sra. Hamilton. "De qual padronagem a senhora gosta mais?"

"Bill, o marrom combina com você," ela disse.

Paul Woods agora sabia que cada compra deveria agradar a ela. Ela nunca criticava o que não gostava e elogiava o que lhe agradava.

"Existem boas maneiras de complementar este terno," ele acrescentou. "Dê uma olhada nessas quatro gravatas." Ele dispôs as gravatas em leque sobre a mesa e perguntou caprichosamente a ela: "Que cor procura evitar?"

"Verde," ela disse, "faz ele parecer doente."

"Excelente observação," disse Woods.

Então ele trouxe um blazer azul em estilo náutico.

"O vejo na ponte de comando com este."

Enquanto o casal olhava no espelho, Woods espalhou três pares de calças para combinar-revezar no chão. Ele as arrumou como uma escultura de roupa no Museu de Arte Moderna. Hamilton aprovou acenando com a cabeça enquanto andava na ponta dos pés por entre a obra de arte.

"Bill, este paletó azul é *savoir faire*," ela disse novamente, nunca criticando os outros.

A essa altura, o vendedor fez um cálculo silencioso da pilha de roupas aprovada: dois paletós, três pares de calças avulsas, três camisas e quatro gravatas ("Três mil e cem dólares, aproximadamente").

O Dr. Hamilton tirou do bolso um computador de mão com a forma de um estojo de cigarros caro e começou a pressionar os botões. Discussão sobre dinheiro a estibordo! Hora de conversa de amigo para amigo.

"Essa nova máquina é da Inglaterra?" Woods perguntou. "Ouvi falar dela. Ainda nem chegou ao mercado! Ouvi dizer que faz absolutamente tudo!"

Lisonjeada, a Sra. Hamilton fez um gesto "não é nada demais." O doutor entrou na conversa: "Nosso vizinho é um daqueles viciados em computador e Internet. Nos trouxe isso de uma feira de negócios em Londres."

(Adivinha quem pegou a deixa?) "Não é à toa que Robert Frost nos disse para ajudar os vizinhos a construírem uma cerca!"

Ambos os Hamiltons sorriram, friamente polidos, como dizendo, "*Sabemos* quem é Robert Frost. Muitas pessoas não sabem."

O Dr. Hamilton voltou a seu handheld.

"Vejamos. Você disse 10% de desconto hoje."

Woods fez uma ressalva.

"Verdade, antes das duas da tarde, e nossa loja segue rigidamente o horário de promoção anunciado. Vou lhe dizer o que *posso* fazer – agilize as alterações. Elas normalmente demoram dez dias. Onde estão hospedados?"

"Hotel Mark, na avenida Madison."

"Ótimo," disse Paul Woods. "Faça seu cheque, ou use seu cartão se preferir, e eu entregarei suas roupas pessoalmente amanhã."

"Antes do meio-dia?"

Woods concordou. "Mas com uma condição: que inclua a mim e minha loja em seu banco de dados. Nada vale mais do que manter contato com bons amigos."

Quando Bill e Millicent despediram-se de Paul, todos se ressentiram pelo fim de um encontro tão inusitado. Até mesmo o papagaio gritou: "Líder de estilo! Líder de estilo!"

P.S.: O dia de Paul Woods continuou, turbinado pelo entusiasmo do vendedor. Ao final do dia, ele havia vendido o equivalente a 5 mil dólares em roupas por meio de sua poderosa empatia instantânea com estranhos, o pilar do fechamento consultivo.

Chave para um Relacionamento com Empatia: "Estamos Juntos Nisso!"

O primeiro passo numa venda B2B (*business-to-business*, ou seja, de empresa para empresa), com empatia, é descobrir como os compradores de seu setor operam. Parece básico? Talvez seja mais básico do que você imagina. Mark Blessington descobriu isso a duras custas quando saiu da escola de administração.

Os negócios iam mal para o cliente de Blessington, uma pequena estamparia especializada em imprimir desenhos em vidro para máquinas caça-níqueis e de fliperama. A economia estava em recesso e as crianças preferiam videogames. A empresa precisava encontrar outro mercado rapidamente. Brainstorm de Blessington: móveis.

"Ao invés de imprimir dragões, eles imprimiriam desenhos em vidros internos, como um gato saindo de um guarda-louça em estilo colonial americano," projetou Blessington. Ele redigiu um plano de marketing e começou a ligar para fábricas de móveis. "Falei a eles sobre nossas habilidades de design e qualidade," ele disse. Mas conseguiu muito poucos negócios. A empresa em dificuldades sucumbiu.

A razão, ele finalmente descobriu, é que o setor de móveis consiste de uma pequena rede de tomadores de decisão baseada na região de Piemont, na Carolina do Norte. "Eles todos se conhecem, e eu aqui com esta abordagem sofisticada de vendas que não me leva a lugar nenhum," disse Mark. "Eu era um forasteiro."

"Vender através de uma rede pode ser um processo lento. Mas em muitos setores a única maneira de vender é por meio de um jogo de relacionamento. Com um pouco de planejamento, eu teria economizado muito tempo e esforço."

Quando eles Querem "Dar uma Pensada"

"Toda essa conversa de consultoria não é simplesmente fechamento vestindo uma nova linguagem?", perguntou um vendedor veterano numa convenção de vendas.

Existem três respostas:

1. *Sim*. Bons vendedores se tornam consultores quando eficientes.
2. *Não*. Às vezes, ótimos consultores vão além do fechamento normal, convencendo os resistentes (leia e obedeça).

3. Se você conseguir acrescentar novas técnicas de fechamento a seu estoque, quem liga para o rótulo? Comemore os bons resultados.

Veja Patty Bryant, ótima vendedora de solários para casas. Você poderia chamar o trabalho dela de "resposta hábil a objeções." Ela o chama de "consultoria para auxiliar os indecisos."

Prospect: Queremos dar uma pensada.

Bryant: Está certo, Sra. Smith. Obviamente, a senhora não gastaria tempo pensando sobre o assunto se não estivesse seriamente interessada, não é? Quero dizer, tenho certeza de que a senhora não está dizendo isso para se livrar de mim. Portanto, posso supor que vai considerar o assunto cuidadosamente? Agora, para esclarecer meu raciocínio, sobre que *etapa* desta oportunidade quer pensar melhor? [Sem pausa] É sobre a qualidade do serviço que minha empresa vai oferecer? É sobre [duas ou três alegações positivas a mais que o cliente não pode negar]? Por favor, diga francamente. Do que se trata? [Pausa] Seria o dinheiro?

Muitas vezes, o *prospect* dirá, "Sim, é o dinheiro." Então ela lida com a objeção e recomeça o fechamento.

Bryant acredita que toda consultoria tem um lado reverso. Como estudiosa de parábolas bíblicas, ela recorre a seu fechamento Lázaro e o Rico: "Peço ao *prospect* para consultar *comigo*." Bryant usa Lázaro quando a venda parece perdida – perdida, isto é, para o vendedor comum.

"Perdoe-me, Sr. Smith, antes que vá embora, poderia me desculpar por não ter feito meu trabalho hoje? Devo ter tido muita falta de habilidade. Caso contrário, teria dito e feito o que era necessário para convencê-lo do valor de nossos salários, o que não fiz, e por isso o senhor e sua família não desfrutarão dos benefícios de nosso belo salário. E acreditem em mim, eu realmente sinto muito. Sr. Smith, eu acredito neste produto, e ganho a vida ajudando as pessoas a desfrutar dele. Portanto, não cometerei o mesmo erro novamente, poderia por gentileza me dizer no que errei?"

É dinamite! Recrute o *prospect* como *seu* consultor.

Aliviando a Tensão de Seu Comprador

O consultor de fechamento trabalha para aliviar a tensão. Somente em um ambiente relaxado, o *prospect* pode responder a "apenas rubrique aqui, por favor."

Poder de Fechamento Via Conversa

A venda consultiva baseia-se no seguinte princípio: o comprador toma decisões segundo critérios de compra específicos (necessidade, vontades, desejos). Então você age como um parceiro de negócios para ajudar o *prospect* a satisfazer essas necessidades.

Nas reprises da TV, o Tenente Columbo não aparece como uma ameaça. Ele dirige um carro velho e usa uma capa amassada. "Esse palhaço está tentando me pegar? Impossível." Então o suspeito relaxa ("nada com o que se preocupar").

Então Columbo começa a fazer as perguntas certas e o suspeito fica um pouco tenso. Columbo sente a tensão e muda de assunto. Columbo é o grande interruptor. "A propósito," ele diz e sai pela tangente. Quando a tensão é aliviada, ele recomeça.

Ele pode voltar a um suspeito seis vezes. A cada vez o suspeito pensa: "Acabou. Ele se convenceu. Me livrei." Então Columbo volta e diz: "Mais uma coisa." O profissional em serviço.

No fechamento consultivo, você faz quase o mesmo – mas sem o carro detonado e as roupas surradas. Fazemos perguntas, não para ameaçar, mas para obter a informação para o próximo passo. Pergunte de maneira calorosa e agradável. Quando perceber que está ameaçando o *prospect*, recue. Quando a pressão diminuir, tente novamente.

Para aliviar tensões, por que você precisa de tantos fechamentos? Porque você precisa de *mais* maneiras de estimular *sim* do que as maneiras de dizer *não* que eles conhecem. Se você não desbancá-los, eles desbancam você.

Lembre-se de Gus McCrae, no clássico *Pistoleiros do Oeste*, decidindo não perseguir o renegado Blue Duck pelo deserto: "Não faz sentido perseguir um homem quando você está *sem montaria!*"

Todos os campeões possuem múltiplos fechamentos. Isso não requer um intelecto monumental. Requer organizar seu tempo e aprender vários fechamentos minuciosamente – não é um preço alto para o sucesso.

Três Maneiras de Vencer Impasses de Fechamento

Suponhamos que você esteja fazendo uma caminhada na montanha. Não está em seu mapa, mas existe um riacho que cruza a trilha. Você está *numa* margem. Precisa continuar seu trajeto na *outra* margem. O que você faz? Você pensa num jeito de fazer uma ponte. O mesmo acontece com um obstáculo ao fechamento. Construa uma ponte. Veja como:

1. **Peça desculpas.** Você pressionou demais. Recue com desculpas rápidas. "Sinto muito. Me entusiasmei. Não era minha intenção apressá-lo." O que você está fazendo,

na verdade, é pedindo desculpas a si próprio. Não se preocupe com isso. Agora você tem uma chance de experimentar outro de seus vários fechamentos.

Um campeão diz: "Não queria pressioná-lo." (Um campeão não *pressiona*; ele ou ela *puxa* com perguntas sugestivas.)

2. **Resuma os benefícios já acordados usando um compelidor.**
Não se arrisque e atenha-se a anuências menores agora.

- "Sei que ainda tem muitas perguntas em mente, mas este modelo é do tamanho que queria, não é?
- "Eu não estaria aqui se sua necessidade não existisse, estaria?
- "Tudo o que estou tentando dizer é que o produto parece atender suas necessidades, não é?
- "Acredito que disse que o lustre está em perfeita harmonia com sua sala de estar."

3. **Faça uma pergunta de progresso.** "Sei que conversamos um pouco rápido, mas sobre os assuntos que discutimos até agora, realmente estamos de acordo, não estamos?" Ou "Existe alguma coisa que abordei sobre a qual gostaria de mais detalhes?"

Use essas técnicas para avançar para seu próximo fechamento. O *prospect* acabará adquirindo seu produto ou serviço. Por quê? Porque você conhece mais fechamentos do que ele objeções.

Uma Resposta Branda Desvia a Ira

O vendedor prudente inicia conversas civilizadas com o cliente. Sua função é converter o consultado. Às vezes funciona, mas em raras ocasiões o comprador perde a estribeira.

Jan Suchanek, um vendedor de bens de consumo, sugeriu que um grande atacadista de medicamentos comprasse um suprimento de seu produto para seis meses. O vendedor explicou que sua empresa dobrou os gastos com promoções na área do comprador – portanto, estocar seria o melhor a fazer. Indignado, o comprador atirou o talão de notas longe. Suchanek calmamente pegou o talão e devolveu ao comprador dizendo: "Desejava comprar suprimentos para *mais* que seis meses?"

O comprador riu e disse: "Quanto você honestamente acredita que seja uma quantidade razoável para comprar?" (um sinal de compra). Eles fecharam um suprimento para três meses.

Lembre-se, pode ser apenas uma exaltação, não um crise psicótica.

Não pense que a ira é um problema moderno. Na época do lampião a gás, Diamond Jim Brady acreditava que a ira do vendedor sufoca a ira do comprador. Brady, que vendia vagões de trem, atracava-se com o terrivelmente genioso George Baer, presidente da Ferrovia de Reading, famoso por odiar vendedores apenas um pouco menos do que sindicalistas. Durante cinco dias, Brady acampou do lado de fora do escritório de Baer. Por fim, Baer não agüentou mais. Saiu explodindo de raiva: "você está sentado aí há uma semana?"

"Estava esperando para lhe dizer, Sr. Baer," disse Jim agradavelmente, "que pode ir direto para o inferno."

Uma hora mais tarde, Diamond Jim Brady foi embora levando consigo um contrato assinado no valor de 5 milhões em vagões de carga.

Brady era um vendedor que tinha complexo de Poliana. Durante recessões econômicas – "pânicos" em sua época –, ele não se abalava: "Não há nada de errado com este país," ele dizia, "isso é só temporário."

E nos dias em que não havia necessidade de ira estratégia, Brady voltava ao fechamento consultivo. Seu jeito calmo, reservado, seu prazer evidente em driblar o cliente, sua conversa agradável, seu conhecimento do negócio, seu estilo gentil e generoso – tudo somado a sua persuasão natural, que em todos os tempos privilegiam vendedores talentosos.

Acompanhado por amigos chefes de seção, Jim inspecionava depósitos de ferramentas, fazia listas de suprimentos necessários e apresentava essas listas a agentes de compras perplexos.

"Aqui está o que você precisa, John," ele dizia. "Eu e os meninos aqui economizamos um pouco de trabalho para você."

Mas James Buchanan Brady era muito mais do que uma figura espetacular. Esse seu jeito bizarro não era um fim, mas um meio. Ele era fenomenal. Tudo o que fazia, dizia, vestia, comia, bebia e lhe dava satisfação combinava com o fechamento de vendas e o aprimorava.

Quando e (Por Que) Oferecer um Conselho de Graça

John Sedick estava fazendo sua apresentação para serviço de café para o gerente de serviços administrativos. Próximo do fim, o GSA perguntou: "Qual é seu preço?" John citou sua lista de preços, e o GSA disse imediatamente, "Fora de questão – o preço de seu concorrente é US$ 10 mais barato!"

Como você lida com esta objeção? É um sinal de alerta, não um obstáculo. John ataca com os 3Rs:

- **R**eformule o argumento como uma pergunta.
- **R**epita os benefícios, enfatizando os aspectos custo-benefício.
- **R**eduza o custo ao menor fator.

Na vida real, funciona assim:

Sedick: O senhor considera nosso preço muito alto pela qualidade e serviço que recebe. É isso?

GSA: Sim.

Sedick: Sei que nossos concorrentes *parecem* oferecer um preço menor. Acho que não expliquei muito bem todos os extras que terá por alguns centavos por xícara.

John detalha as diferenças: seu produto em relação ao do concorrente: qualidade, volume, manutenção do equipamento. Ele não falou do custo por embalagem, mas centavos por xícara.

Ele adicionou um endosso de terceiros: "Joe Benson, de Rockville, queria a mesma confiabilidade para sua empresa. Ele tem nosso equipamento há três anos. Por que não liga para ele e pergunta se nosso produto vale a pena?"

Sedick também ressaltou o custo no longo prazo comparado ao preço inicial. Sua palavra-chave era *confiabilidade*. "Nosso equipamento é mais caro inicialmente do que o deles, mas num período de cinco anos nossos custos de operação são menores do que o deles devido ao nosso recurso de economia de energia. Na verdade, com o tempo, ele lhe custará menos do que o modelo do concorrente."

"Seu preço é muito alto" é uma reação imediata comum dos compradores. Combata com conhecimento de seu produto ou serviço, do negócio de seu *prospect* e dos produtos de seu competidor. Como consultor, você pode satisfazer seu *prospect*; o valor que ele recebe vale o custo adicional.

E sempre que você reduz o custo ao menor fator (centavos por xícara), o preço parece encolher.

O Básico do Fechamento Consultivo

A venda consultiva é um sistema de fechamento baseado no seguinte princípio: o comprador toma decisões com base em critérios de compra específicos. O vendedor descobre os critérios (necessidades, vontades, desejos) e, então, atua como um parceiro de negócio para ajudar os *prospects* a satisfazer essas necessidades.

"Obviamente," diz Tom Snider, consultor de viagens premiado, "é essencial conhecer as necessidades, desejos e critérios do cliente *antes* de vender os méritos de sua agência."

A partir do *perfil de necessidades*, você descobre os critérios que conduzem à venda. Isso lhe permite desenvolver uma apresentação que diz ao cliente: "Aqui está o que você disse que queria."

"Ao vender a maioria dos serviços, você não pode improvisar perfis de necessidades na hora. Eles devem ser construídos antecipadamente."

Se você prefere ver a consultoria de uma maneira menos formal, veja o exemplo do consultor Peter Drucker.

"Meu ponto mais forte como consultor é ser ignorante e fazer algumas perguntas."

Faça perguntas para ajudar ao próprio comprador: O que aconteceria se *começasse* a fazer isso? O que aconteceria se *parasse* de fazer isso?

Certamente você segue este plano há alguns anos. Mas seria bom para você *aprimorá-lo*? *Eliminá-lo*?

Vendedores consultores também acreditam em aliados internos. Nas conversas sobre carreira policial em Nova York, a sabedoria popular diz: "Você não consegue uma promoção a menos que tenha um líder espiritual no Polícia Plaza." Tradução: Arrume um aliado interno no QG. Treine seu líder espiritual para uma relação onde todos ganham.

Em Que o Fechamento Conversacional É Diferente

Bill Broonzy, famoso cantor de música popular, não gostava do termo *música popular*. Toda música é popular," ele dizia ao público enquanto entoava seus acordes característicos no violão acústico. "Nunca ouvi um cavalo cantar alguma."

O vendedor, assim como Broonzy, pode se opor ao termo *venda conversacional*: "Mostre-me uma venda fechada *sem* uma conversa. *Toda* venda é conversacional."

Bem, sim e não. É uma questão de refinamento. Steve Thompson, palestrante/instrutor estreitamente identificado com *venda conversacional,* vê da seguinte forma: um vendedor bem-sucedido estimula o *prospect* a participar em um tipo especial de atmosfera, confiança, empatia e bons sentimentos. É um processo de vínculo em que o comprador identifica *necessidades* e reconhece o vendedor como a *solução* ideal.

Tudo bem, mas em que a venda conversacional (VC) é diferente da venda tradicional? Segundo Thompson: "Na venda tradicional, o vendedor tenta manter um controle estrito do fluxo da conversa; na venda conversacional, você *compartilha o* controle. Na venda tradicional, os vendedores *escondem* os sentimentos; na venda conversacional, *compartilhamos* sentimentos.

"Na venda tradicional," acrescenta Thompson, "os vendedores simulam prestar atenção enquanto pensam no que vão dizer depois; na venda conversacional, ouvir é o mais importante. Ouvir de verdade ajuda o *prospect* a focar nas necessidades *dele* e, assim, tornar-se receptivo a *sua* solução."

Após comunicar uma auto-imagem confortável e equilibrada, você pode criar um terreno fértil para a conversa produtiva. Sua missão é manter o fluxo de informação livre de barreiras. Sentindo-se confortável com *quem* é e onde *está*, você não sente perigo nem necessidade de barreiras. O cliente percebe seu conforto interior e confia as necessidades específicas dele a você.

Mantenha toda a interação positiva. Em vez de vencer objeções, maximize-as. Construindo um vínculo forte, você consegue vencê-las. Experimente esta simples frase: "É por isso que estou aqui" – não importa qual seja a objeção. Mostra que você (1) entende, e (2) está plenamente preparado para solucionar o problema.

Duas palavras poderosas que aumentam seu poder de negociação são *pensar* e *sentir*. Elas desencadeiam novos pensamentos. Seu cliente diz: "Isso não vai funcionar." Você diz: "Pode compartilhar comigo por que *sente* isso?" Dessa forma, você encoraja seu cliente a suspender suas conclusões lógicas e revelar o que de fato sente.

A venda conversacional cria confiança mútua. Também é um termômetro da situação.

"Com a venda conversacional você pode fechar assim que notar sinais de aceitação," diz Thompson. "Você não vai perder oportunidades de fechamento falando além da conta."

Diretrizes para Saber Ouvir

"O elemento mais importante – e provavelmente o menos explorado – no fechamento conversacional – é ouvir," diz o Dr. Kenneth B. Haas. Tenha em mente a proporção de uma boca para dois ouvidos. "Ouça duas vezes mais do que fala."

Ouvir de verdade, diz o Dr. Haas, pode:

- persuadir, motivar, orientar;
- controlar as atividades de compra de um *prospect*;
- inflar o ego de um *prospect*;
- ajudá-lo a entender as necessidades dele;
- remover obstáculos;
- guiar o pensamento do *prospect*.

"Ouvir e perguntar trabalham juntos," ele diz. "Quando ambos são usados com habilidade, transformam-se em venda conversacional – uma arte rica e sutil. Muitas vezes o *prospect* teria ele mesmo se convencido a comprar se o vendedor tivesse escutado mais e falado menos. Quando as palavras inundam a mente do *prospect*, ele fica confuso e hesitante."

Por que saber ouvir é difícil? Por que você:

- tem medo de perder o controle da conversa (o mesmo que: teme a rejeição);
- tira conclusões precipitadas;
- concentra-se em estruturar o que vai dar como resposta;
- não presta atenção no significado por trás das palavras;
- distrai-se com a liguagem corporal que acompanha as alegações do *prospect*.

Diz o Dr. Haas: "Um cliente que fala é um cliente prestativo. Cuide para que seu cliente fale e você escute, de verdade. Saber ouvir é uma qualidade inestimável."

Você deve não só realmente ouvir, como também *demonstrar* que está ouvindo. Um sem o outro não adianta nada. Ouvir realmente nem sempre é fácil. Você pode estar seguro de que já tem a resposta para a objeção. Mas se tentar contornar sem informações do comprador, está arriscando a se alienar. Pare para ouvir realmente o que o comprador está dizendo.

A pausa prova que você está de fato interessado e analisando a objeção (na verdade, use a pausa para pensar em como lidar com ela). Diga: "Sr. Comprador, entendo com se sente" ou "Sra. Compradora, agradeço sua preocupação." Reafirme: "Corrija-me se estiver errado, Sr. Comprador. Acha que [objeção], certo?" Mesmo que o comprador diga, "Não, não é isso," você tem uma oportunidade de reformular e perguntar novamente se está correto.

Uma reafirmação aceita está à mostra para você lidar com ela – conversando.

Quando Pedir ao *Prospect* para Mostrar o Jogo

Objeções verdadeiras valem ouro. Elas estabelecem uma base de realidade. Seu *prospect* pode de fato estar pesquisando outros três ou quatro fornecedores. Talvez o preço realmente seja muito maior do que ela havia previsto. Muitas pessoas não ousam tomar uma decisão importante sem consultar um cônjuge ou chefe. Você deveria interferir nessas práticas? Não. Objeções reais são convites abertos para ajuda.

Ajude seu *prospect* a articular a verdadeira razão da hesitação. Não assuma que sabe a causa. Se a objeção for real, responda e feche. Se a objeção for um blefe, peça a ele para abrir o jogo. "Deve existir uma razão real para dizer isso. Posso saber qual é?" Os *prospects* raramente recusam este pedido.

Quando tiver em mãos a verdadeira objeção, diga: "Se eu resolver este problema, podemos fazer negócio?" Se receber um sim, negocie a solução e feche. Caso contrário, pergunte por que novamente! Peça um esclarecimento. Lembre-se, você está ajudando o cliente a aliviar um desconforto. A verdadeira relação *win-win* (relação de mútuo benefício, onde todas as partes ganham) é resolver as dúvidas do cliente, ajudando-o a se decidir.

Quando a conversa emperrar, compartilhe seus sentimentos abertamente.

Dica de Vendedor: Mantenha um Diário de Objeções

Nunca sinalize sua investida para fazer o comprador sentir "Ai, meu Deus, lá vem o fechamento!" Experimente as seguintes extensões de fechamento:

- "Podemos rever por que esta é a melhor escolha? Primeiro, aumenta sua produtividade. Segundo, vai lhe economizar $75 por hora em suporte técnico. E, terceiro, nossa garantia é de três anos. Isso não cobre todas as suas necessidades?"
- Nosso plano de despacho foi ajustado para atender seu prazo e, como insiste, estenderemos a garantia em seis meses e ainda terá 2% de desconto adicional. Não é tudo o que desejava? Parabéns, você é um negociador tenaz!"
- "Sra. Jones, como concordamos que nossa data de entrega é adequada e nossas condições são competitivas, e a princípio solucionamos as questões financeiras, poderia rubricar este contrato, por favor?"
- "Vamos examinar esta decisão sob o ângulo dos benefícios, está bem?" O primeiro benefício é um valor maior por seu usado na troca. Isso significa que não há necessidade de entrada. O segundo benefício é um contrato de manutenção gratuito no primeiro ano. Isso lhe economiza $450. O terceiro benefício é que este equipamento tem uma taxa de produtividade 17% maior, o que significa que ganhará mais dinheiro a cada semana."
- "Esqueci de algo?"

Use a Linguagem Como uma Arma

Vendedores experientes em fechamento conversacional são usuários especializados da linguagem. Quando você faz uso de um vocabulário diversificado de linguagem, fica muito à frente da maioria dos concorrentes. Exemplos:

1. O aborto tornou-se um assunto explosivo na política americana. Uma facção ganhou muito com seu slogan: *Pró-escolha*. Então os oponentes revidaram, denominando-se *Pró-vida* – um slogan fantástico, impossível de degradar. A palavra certa, no momento certo, move montanhas.
2. James Webb Young, um vendedor de primeira, aposentou-se no Novo México e começou a vender maçãs cultivadas em seu próprio sítio. Ele vendia as maçãs Uncle Jim pelo Correio, como brindes de Natal para empresas.

    Certo outono, ocorreu um desastre. Um pouco antes da colheita, uma tempestade de granizo castigou os pomares de Jim, criando pequenas marcas nos frutos, anteriormente perfeitos. A princípio, Jim pensou em devolver o dinheiro a seus clientes. Então, uma inspiração. Junto com cada engradado Jim enviou a seguinte nota:

    "Você notará algumas marcas em minhas maçãs este ano. São marcas de granizo. Elas não afetam o sabor ou a textura da fruta. São sua prova de que essas deliciosas maçãs cresceram aqui nas montanhas do Novo México, onde o ar e o solo são praticamente os mais perfeitos para o cultivo desta fruta."

    Nem um único cliente pediu reembolso. Na verdade, nos dois anos seguintes, os clientes escreveram perguntando a Jim se poderia mandar maçãs marcadas por granizo!
3. E não nos sentiríamos menos seguros se os comissários de bordo antes da decolagem se referissem à *bóia salva-vidas* sob nosso assento em vez de *dispositivo de flutuação*?

Uma Sentença Resume com Intensidade e Clareza

Se estiver certo de que o *prospect* entendeu tudo, vá adiante. Mas continue pescando confirmações de que alguma frase da explicação não ficou totalmente clara.

Resuma seus pontos vantajosos numa frase concisa e clara. O mestre Theodore F. MacManus vendeu milhões de dólares em automóveis. MacManus sugere: "Você consegue resumir as vantagens para seu *prospect* numa única frase curta, simples, clara e convincente? Faça isso, e fechará mais vendas."

Assim como os médicos, os vendedores podem ocultar alguns de seus erros – em médias mensais ou semanais. Mas publicidade por mala direta ou é um sucesso ou um fracasso no histórico. Veja os anúncios famosos que vendem consistentemente produtos e serviços gerando rios de dinheiro. Um exercício útil é começar com benefícios numa única sentença:

- O segredo de fazer pessoas gostarem de você.
- Um pequeno erro que custou US$ 3 mil por ano a um fazendeiro.
- Como uma nova descoberta deixa linda uma garota comum.
- Você comete erros de ortografia?
- Quem já ouviu falar de uma pessoa que perdeu peso fazendo três deliciosas refeições por dia?
- A 80 km por hora a única coisa que você ouve é o relógio.
- (No caso cabelo tingido) O dela é ou não é?
- Nada funciona como um Deere.
- Outra mulher espera por seu homem especial e é elegante demais para ter "hálito da manhã."
- Eles riram quando me sentei ao piano, mas quando comecei a tocar...
- Pra *mim* chega de arrebentar as costas arrumando o jardim – embora nosso jardim seja agora a vitrine da vizinhança!
- Imagine eu prendendo a atenção de uma platéia por 30 minutos!
- É uma pena você não conseguir ganhar dinheiro quando esses homens fazem isso tão fácil.
- Uma viagem maravilhosa de dois anos com tudo pago – mas só aqueles com imaginação podem fazê-la.
- Ex-barbeiro ganha US$ 16 mil como agente imobiliário.
- Não vendemos vinho antes da hora.

Sentenças dramáticas de benefícios fecham vendas. Certifique-se de contar a história completa.

Veja onde muitos vendedores falham. É fácil para você, fazendo sua apresentação 20 vezes por dia, menosprezar alguns dos detalhes simples.

Então, pouco a pouco você elimina informações essenciais. Você as entende e, portanto, conclui que seus clientes também as entenderão. Erro fatal! Atenha-se ao básico. Resuma. Compare sua apresentação com este resumo de fechamento:

Poder de Fechamento Via Conversa

Agora, Sr. Britten, sei que concluí com base em meus argumentos que este produto lhe proporcionará uma economia muito grande em dinheiro, tempo e eliminará muito do trabalho desnecessário. Ofereci provas dos benefícios que ele oferece através de diversos outros usuários. Não se pouparam gastos para assegurar a qualidade deste produto.

Certamente a economia de $10 mil ao ano é tão significativa para o senhor como para as outras empresas que já mencionei.

É claro, economizar uma hora por dia provavelmente é mais valioso para o senhor, porque tem muitas coisas produtivas para fazer com o tempo extra em cada dia. Por este motivo, é muito vantajoso que aceite esta oportunidade agora. Uma atitude imediata é atraente: no momento nossa empresa está oferecendo um desconto especial.

Se você não é tão conciso em seu resumo de fechamento, não é básico o suficiente. Vendedores experientes usam palavras de diálogo, não de escrita. Evite clichês e modismos. Palavras poderosas motivam, cativam e estimulam seu *prospect*. Palavras poderosas deixam-no com humor "sim." A maior parte são palavras simples, incluindo *qual* (algo ou algo), *por quê* (a favorita dos vendedores), *e se* (o cavalo de batalha do criador de fantasias), *vamos* (venha, vamos pensar juntos), *veja como* (isso lhe economizará dinheiro ou tempo), *justo* (todo mundo quer o que é justo), *você consegue* (se ver neste novo terno de grife ou desfrutando desta renda de aposentadoria) e muitos mais.

Aprimore sua apresentação conversacional com palavras poderosas – os componentes vitais que dão brilho a seu discurso e enchem seus bolsos de dinheiro.

VINTE E QUATRO

Negociação:
O Fechamento Diplomático

A negociação idealmente é um processo onde todos ganham (*win-win process*), seja na diplomacia global ou no fechamento de uma venda de equipamentos industriais. Quando um comprador faz uma exigência firme, você não pode ater-se a suas cartadas indiferentemente. Mas também não pode oferecer tudo de graça.

O segredo é: dê um pouco, receba um pouco e continue a trabalhar visando um relacionamento duradouro. Você pode pensar sobre *negociação* como acordos multimilionários firmados na sala da diretoria, ou pessoas mantidas reféns envolvendo o governo e terroristas. Vamos aplicar a palavra ao cotidiano.

Negociamos com nossos filhos para fazerem a lição e ajudar nos afazeres da casa. Negociamos com pessoas com quem moramos sobre responsabilidades e como gastamos o tempo ou dinheiro. Você provavelmente negocia essas questões através de tentativa e erro. E quanto ao *prospect* sentado a sua frente, na mesa?

Neste caso, você precisa conhecer seu próprio estilo, assim como o de seu oponente. (O que é estilo? É uma combinação de personalidade, linguagem corporal, pistas verbais e auto-estima.)

Seu oponente é Big Daddy? Jungle Fighter? Wavering Wimp? Nonchalant Nellie? Policy Wonk? Simpaty Sally? E qual é seu estilo? Como ele combina/contradiz/irrita/acalma seu *prospect*? Vamos examinar os casos.

Reduzindo a Negociação ao Senso Comum

A principal obra da Williams Construction foi adiada devido à falha em um equipamento. Com o prazo final se aproximando rapidamente, a empresa ligou para Clairborne Rogers, vendedor da Alliance Equipment Supply e pediu a entrega urgente de um equipamento de reposição para que a Williams pudesse cumprir o prazo prometido.

Roger, ávido para conquistar uma nova conta, concordou com (1) condições generosas de financiamento e (2) em absorver as despesas com frete aéreo para fazer o equipamento chegar rapidamente a seu cliente – concessões que reduziram o lucro líquido de 20% de sua empresa para menos de 10%.

"Queria ser razoável com esta conta," ele disse. "Estou atrás de seus negócios futuros. Eu estava lá quando eles precisaram de mim. Ele vão se lembrar de mim mais tarde nos outros negócios. As concessões tinham justificativa."

Robert E. Kellar, mestre em negociação e CEO do Brandywine Performance Group, em Brandywine, Mariland, discorda: "Rogers se arriscou com um oponente astuto," afirma Kellar. "É função do comprador pedir um tratamento generoso (se não fizer, está no trabalho errado!). Mas isso não significa que ele espera obter tudo o que deseja!"

Em seu entusiasmo para ganhar uma conta nova, Roger desconsiderou o que mantém sua empresa saudável: lucro. Com um risco mínimo ele poderia ter se comprometido com uma entrega expressa – evidentemente a principal preocupação do cliente – e resistido a outras concessões.

Sob essas condições de iminência, ele poderia ter considerado a política de que em pedidos de urgência o cliente assume todos os custos do frete.

"Ele precisava ter dito *não* algumas vezes," afirma Kellar. "O mais provável é que o comprador, satisfeito com a entrega rápida, teria desistido de suas exigências adicionais. Além disso, Rogers e sua empresa salvaram o comprador de uma perda de prazo potencialmente cara. Um excelente ponto de negociação!"

O Que Fazer Quando o Comprador Tenta Trapacear

Alguns compradores acham que tudo é válido na negociação e na guerra. Às vezes, o comprador chega ao ponto de tentar trapacear!

Jane Jacobs está prestes a fechar a venda quando o comprador anuncia: "Temos o correspondente a US$ 5.500 em avarias devido a sua embalagem inadequada. Estou disposto a dividir o prejuízo com você se der sua palavra agora. Tenho outra reunião daqui a alguns minutos."

Jacobs suspeita que a avaria remonta a manipulação descuidada do comprador, mas não tem como provar.

Ela pensa: "Dividir a diferença é uma solução razoável. Vou concordar e assinar o contrato." Mais uma vez, afirma Kellar, "cedeu rápido ou fácil demais".

Se Jacobs concordar em vez de verificar a alegação, o comprador continuará pedindo concessões dúbias. O que Jacobs deveria ter feito? "Pedir que fosse realizada uma inspeção por uma empresa independente para avaliar os danos," diz Kellar. "Ser específico sobre os danos. Tirar fotos se possível. Verificar se o comprador fez uma reclamação com a transportadora."

Se a alegação não puder ser comprovada ou desaprovada (por que o comprador se ofereceu para dividir a despesa se a reclamação é justa?), Jacobs deveria oferecer uma concessão menos onerosa. Seja duro com este comprador.

Ao Negociar, Preste Atenção no Que Diz

O que você diz numa negociação pode se voltar contra você. O. C. Halyard, o rei da negociação imobiliária, já viu a venda de casas ir para o brejo quando o agente referiu-se "aos *garotos*" em vez de "às *crianças*". Ross Perot, buscando conquistar o eleitorado afro-americano em sua candidatura à presidência dos Estados Unidos, exibiu na TV a seguinte frase "seu povo" – um tremendo menosprezo, como se descobriu.

A CNN, ao mostrar por que pesquisas com eleitores diferem tanto (as mesmas pessoas, respostas diversas), atribuiu isso estritamente à linguagem. Exemplo:

1. *Pesquisador:* Tem interesse que o governo gaste mais com Assistência Social?
   - Sim: 18%
   - Não: 63%

2. *Pesquisador:* Tem interesse que o governo aloque dinheiro para famílias pobres?
   - Sim: 68%
   - Não: 11 %

Negociação: O Fechamento Diplomático

Mesma pergunta, mesma amostragem. Linguagem diferente, respostas diferentes. Percebeu como a linguagem pode sustentar ou arruinar sua apresentação? Seus competidores bem-sucedidos percebem. Palavras podem ser fundamentais. Assim como o contato visual, conforme Bruce Shine descobriu.

Contra Todas as Probabilidades: Vender para Mil Trabalhadores Enfurecidos

D. Bruce Shine, um advogado de Kingsport, Tennessee, distinguiu-se como negociador vendendo para mil empregados da North American Rayon um plano de opções de ações que eles "não entendiam e nem acreditavam." Os métodos de Shine são instrutivos para todos os vendedores que negociam com grupos.

A North American Rayon, em Elizabethton, Tennessee, bateu de frente com o sindicato local dos trabalhadores da indústria têxtil sobre um corte de 25% na folha de pagamento. A empresa, que enfrentava dificuldades financeiras, teria que (1) obter concessões dos empregados, ou (2) fechar as portas.

A empresa sugeriu uma redução de 25% nos salários e, eliminação de oito dos nove feriados remunerados. O sindicato rejeitou a oferta. A desaprovação foi para o escritório internacional do sindicato para ratificação, que contratou Bruce Shine como investigador/negociador.

Shine concentrou-se primeiro na verificação de fatos. Sua auditoria externa mostrou números de fato no vermelho. A crise era real, embora a empresa estivesse cometendo erros de aparência ("manter quatro Chryslers New Yorkers novos, para uso da gerência, era mal visto pelos empregados").

Shine recomendou uma mudança drástica para um plano de opções de ações para funcionários (POAF), em que empregados ativos tornam-se acionistas com direito a vender de volta suas ações quando da aposentadoria.

"Empregados com POAF são proprietários, mas não administradores," explicou Shine. "A gerência se reporta para um conselho formado por três pessoas – dois diretores e um representante dos empregados."

O POAF podia salvar a empresa. Shine descobriu um ressentimento provocado pela quebra de compromissos anteriores assumidos pela empresa com os empregados e falta de conhecimento destes sobre o que são os POAFs. Para combater isso, ele:

- escreveu uma descrição do POAF em linguagem inteligível para distribuir nas reuniões;
- agendou reuniões com os empregados em grupos de 25 pessoas ou menos ("Grupos maiores são difíceis de controlar e nos menores as pessoas não falam"). Foram dois dias de reunião, das 7 às 2 da manhã, cada uma levando em média uma hora.

Os empregados falaram rispidamente sobre compromissos assumidos anteriormente pela gerência e que tinham sido desrespeitados. Shine admitiu falhas no passado, mas ressaltou: "Como proprietários, vocês terão uma confirmação *por escrito* da posse de suas ações. Além disso, esta é a única maneira de salvar seus empregos e a vida econômica da cidade."

Por fim, a votação dos empregados terminou em 5 a 3 a favor do POAF.

Um ano mais tarde, a gerência reverteu os cortes, e os empregados (agora proprietários) transformaram o ganho em produtividade (afinal, é a empresa deles!). Empregados anteriormente céticos podiam agora se ver aposentados, obtendo dinheiro de verdade com a venda das ações POAF.

Shine fechou uma venda negociada com mil compradores descrentes. O fator mais importante? "Olhar cada empregado diretamente nos olhos durante as reuniões," disse Shine.

Usando a Negociação "E-Se"

Robert E. Baxter, de Los Angeles, diz: "Não existe nada tão devastador no ramo imobiliário quanto ficar preso no meio de uma disputa entre comprador e vendedor." Sua história era:

> *Me vi nesta situação em minha primeira venda de imóvel comercial. O proprietário queria $ 300 mil – $ 120 mil à vista. A propriedade tinha uma hipoteca de $ 80 mil. O proprietário propôs fazer uma segunda hipoteca de $ 55 mil. Eram necessários muitos reparos: sistema de ar-condicionado, encanamento e recapeamento do estacionamento. Calculei que se o proprietário quisesse vender o imóvel nessas condições, a propriedade estava superavaliada em $ 40 mil. O valor real de mercado era $ 260 mil.*
>
> *Durante três meses, levei clientes ao imóvel, mas não recebi nenhuma oferta. A esta altura, o proprietário estava amolecendo e começando a sentir que nunca receberia uma proposta de compra. O imóvel havia sido anunciado e havia sido feita uma promoção.*

Negociação: O Fechamento Diplomático

Então, certo dia, recebi uma oferta de $ 280 mil de um prospect *em vez dos $ 300 mil pedidos. Deste total, ele pagaria $ 90 mil à vista, não os $ 120 mil. Além disso, ele queria que o ar-condicionado e o encanamento fossem consertados. Não tinha idéia se o vendedor aceitaria isso. Só o reparo do ar-condicionado custava perto de 8 mil. Isso significava vender por menos que o valor de mercado, nas minhas contas.*

Apresentei a oferta e quase caí para trás quando o proprietário disse que aceitaria, contanto que o comprador dividisse o custo do reparo do ar-condicionado. Na verdade, por causa de $ 4 mil, ele estava disposto a vender por $ 6 mil a menos que o valor de mercado. Ele estava realmente ansioso para vender. O vendedor estava começando a vacilar.

Corri de volta feliz para o comprador e contei as boas novas. Tinha certeza de que a venda estava no papo, mas estava fora de papo e eu sem comissão.

Por quê? Simplesmente porque a resposta rápida fez o prospect *pensar: "Cara! Este proprietário realmente quer vender. Ele baixou o preço na hora e ainda por cima concordou com quase todas as minhas exigências. Vou forçar o pacote todo, inclusive que ele assuma todo o conserto do ar-condicionado. Talvez haja algo errado com esse negócio. Talvez exista algo que não vi. Ele nem argumentou." O* prospect *não assinou.*

Então voltei para o vendedor com a oferta original e contei a ele o que aconteceu. O proprietário fez uma contraproposta e me pediu para levar ao prospect*, e este fez uma contraproposta para a contraproposta. Em seguida recebi uma contraproposta para a contraproposta da contraproposta. Entende o que quero dizer?*

Em vez de correr de um lado para outro tão rápido, eu deveria ter esperado alguns dias antes de levar a contraproposta do proprietário para o prospect*. Isso o faria pensar que não seria fácil convencer o proprietário e faria o acordo parecer difícil. Acima de tudo, eu deveria ter me lembrado de usar uma técnica de venda maravilhosa chamada e se!*

Quando voltei ao prospect *com a anuência do proprietário em aceitar sua oferta com apenas uma condição, deveria ter esperado e guardado a aceitação do proprietário no bolso. Deveria ter dito, "Estou com muita dificuldade de convencer o proprietário a ao menos considerar sua oferta. Ele sabe que o preço do imóvel está bom. Pode baixar um pouco esse preço, mas não concorda em pagar pelos reparos. Se for muito inflexível em suas exigências, ele pode desistir da venda por completo.*

"Mas, Sr. Prospect, e se eu conseguir baixar o preço para $ 270 mil? E se eu conseguir que o proprietário assuma o custo do reparo do encanamento e do recapeamento e divida o do ar-condicionado? Não sei se consigo, mas caso consiga, aceita isso?

E se?

É claro, o tempo todo ele tinha a proposta exata assinada pelo proprietário no bolso.

Isso faz o comprador querer o acordo. Ele sente que pode perder uma oportunidade. Você está numa posição excelente como negociador experiente. O prospect deve confiar em você. Ele não só não pensa em pedir mais, como pensa que tem sorte se conseguir algo próximo do que ofereceu originalmente.

Portanto, ele provavelmente diria: "Sim, aceito esta proposta. Veja o que você pode fazer." Então espere um dia ou dois antes de levar a proposta do proprietário que tinha o tempo todo com você.

Quando o comprador assina, ele acha que é um sujeito inteligente que conduziu uma negociação difícil.

E se você usar essa simples técnica na próxima vez que ficar preso entre comprador e vendedor em qualquer ramo? Você fecha a venda, é isso!

Três Ferramentas Básicas da Negociação

Informação, tempo e poder são suas ferramentas básicas de negociação.

1. **Informação.** Sempre parece que a outra pessoa sabe mais do que você sabe sobre ela. Qualquer dos dois que possuir mais informação sai na frente.

2. **Tempo.** A outra pessoa sempre parece saber qual é seu prazo, e você esqueceu de perguntar qual é o dela. Portanto, a pessoa com prazo perde.

Os Chineses primam em bater o martelo em acordos com americanos. Eles *parecem* ter décadas para decidir. Os americanos freqüentemente trabalham contra o relógio. O grupo que *parece* ter prazo infinito dá as cartas (na verdade, pode ser que estejam sob restrições de tempo semelhantes).

3. **Poder.** Se você tem poder mas não sabe que o tem, então não tem poder. Se não tem poder mas acredita que tem, então tem *mesmo* poder.

Cuidado: Seu oponente pode ganhar jogando a carta da compaixão:

- "Meu irmão está no hospital e não tenho cabeça para comprar seguro agora."
- "Somos apenas uma pequena loja de varejo, e do jeito que os negócios estão este ano temos medo de investir dinheiro em seu plano, embora concordemos que poderia nos ajudar."

Negociação: O Fechamento Diplomático

Quantas vezes você sentiu pena de seu *prospect* e concordou em voltar daqui a algumas semanas? Se tem ou não noção disso, estão vendendo para *você*. Você está comprando a desculpa de seu *prospect*. Você perdeu a negociação. Seja durão.

Como Reverter Objeções em Benefícios

Negociações hábeis geralmente transformam objeções em fechamentos.

"Estou feliz que tenha mencionado o peso, Sr. Briggs. Nós *reforçamos* a estrutura. Insistimos num motor potente neste modelo. Certamente, pesa um pouco mais, mas essa estrutura lhe garante uma operação mais longa com menos despesa de manutenção."

Evite sugerir que o *prospect* já deveria ter entendido a vantagem. Dê a ele crédito por entender isso o tempo todo.

Objeções *expressas* freqüentemente escondem objeções *reais*. "Seu preço é muito alto," normalmente significa "Meu desejo está muito baixo." Quando isso acontecer, você deve apresentar mais benefícios do que discutir o preço. Analise cada objeção. Enquanto não descobre a verdadeira objeção, você não consegue concluir a venda.

Evite ir às vias de fato. Fazer isso não decide nada e freqüentemente antagoniza o *prospect*. Traga um terceiro neutro para dar a resposta, isso a torna mais branda e impessoal:

"Entendo como se sente, Sr. Kelso. Bill Jones, da *National Foods,* no início achou que o sistema não funcionaria para ele. Mas deixe-me mostrar uma carta que ele escreveu depois de usar o sistema por um ano." Bill Jones respondendo à objeção, não você. Afinal, o *prospect* espera que você carregue uma inclinação saudável a favor de seu produto.

Tenha um suprimento de referências de reserva.

Às vezes a objeção não lhe dá informação suficiente para armar numa resposta inteligente. Quando isso acontecer, use o eco. Repita as palavras-chave "Preço muito alto?" – para estimular mais feedback como: "Sim, mais do que alocamos." Ou você pode dizer: "Por que diz isso?" Ou divida o objetivo para torná-lo mais palatável.

1. *Prospect*: "Trezentos e cinqüenta dólares é mais do que eu queria pagar por uma cadeira."
   Vendedor: "Quanto tempo vai aproveitar esta cadeira de marca? No mínimo vinte anos, tenho certeza. Mas vamos ser conservadores e dizer dez anos. Isso significa que vai lhe custar menos que vinte e cinco centavos por semana para desfrutar seu lindo estilo e conforto. Só o prazer já vale

mais que isso, concorda? Isso significa que o conforto e a utilidade são um bônus!"
2. *Prospect*: "Mas este carro só faz 27 milhas por galão, e o outro faz trinta."
Vendedor: "É verdade, os testes de fato mostram isso. Mas você me disse que roda cerca de 15 mil milhas por ano. Isso é quase um galão a mais por semana. Você precisa decidir se quer [cite os benefícios adicionais] durante a semana ou economizar um galão de combustível?"

Um filósofo certa vez disse: "Nada é difícil se for dividido em várias partes." Isso é a pura verdade na negociação do fechamento!

O Longo e o Curto da Negociação

Pensamos na negociação sempre como um processo longo. Conversações de paz que se seguem a uma guerra nos vêm à mente. Mas é tudo relativo. As negociações que finalmente concluíram a Guerra dos Cem Anos fazem os acordos modernos parecerem rápidos.

Negociações de fechamento, às vezes, *são* longas. A Carrier Corporation certa vez negociou durante dez anos para instalar um equipamento de ar-condicionado num importante prédio de escritórios em Chicago ("Mantenha muitos caldeirões no fogo – trabalhe a média."). Mas, geralmente, um fechamento bem-sucedido pode ser negociado em uma única reunião. A forma e o estilo quase sempre vencem na hora. A saber:

- "Se conseguirmos um valor maior pela troca, podemos fechar hoje?"
- "Se eu conseguir um financiamento que não prejudique seu fluxo de caixa, pode aprovar isso hoje?"
- "Se meu chefe conseguir emitir seu pedido com o preço antigo, pode aprovar isso hoje?"
- "Se conseguirmos encaixar isso em nosso cronograma de produção para a semana que vem, pode nos dar seu aval para montar o protótipo?"
- "Se estendermos nossa garantia para incluir reposição de peças, aprovará este pedido?"

Note quantas vezes a palavra *se* ganha o dia (outra vez, agradeça a Bob Baxter!)

Outra palavra cavalo de batalha é *suponha*, visto que as negociações geralmente ocorrem em torno de condições. Controle as condições para fechar a venda.

- "Suponha que nossa matriz aprove seus termos. Pode pagar a entrada hoje?"
- "Suponha que o treinamento de seu operador e os custos de despacho fiquem por nossa conta. Podemos dar início ao processo?"
- "Suponha que a fatura seja postergada para daqui a 60 dias. Fechamos negócio?"
- "Suponha que o primeiro pedido seja enviado por esse preço extremamente baixo. Comprará de nós, nos meses seguintes, por nosso preço baixo regular – certo?"

Combatendo seu Concorrente de Marca

Gayle Freeland, uma gerente de vendas do *World Book* de Memphis, adepta da negociação, adora ouvir *prospects* perguntar como seu produto se compara à *Enciclopédia Britânica*, seu famoso concorrente. A estratégia é *nunca* desmerecer a reputação do concorrente.

Um empresário conhecido pediu a Freeland para explicar por que seu produto era melhor que a *Britânica*. "Sr. Dixon," ela disse, "a *World Book* é famosa por seu valor em educação infantil. Neste aspecto não tem par, portanto, suponho que sua dúvida seja por que a *World Book* é melhor para *adultos*."

Dixon acenou com a cabeça.

"Bem, Sr. Dixon," disse, "quando procura algo na *Britânica*, sempre está lá. Jamais afirmaria o contrário. Mas é difícil de encontrar. Por que precisa ter tanto trabalho para encontrar o que quer? Afinal, seu tempo é valioso. A *World Book* facilita isso. É por isso que a *World Book* é melhor.

"Afinal, a *World Book* domina 60% do mercado global de enciclopédias. Os outros 40% estão divididos entre todas as demais. Deve haver uma razão.

"Existe também uma razão para eu vender a *World Book*. Eu poderia estar vendendo a *Britânica*, mas sempre tive a *World Book* quando pequena. Não poderia ter ficado sem ela. Eu acredito na *World Book*."

É isso. Um poderoso resumo comparativo. Certamente o concorrente é famoso. Certamente tem qualidade. Mas existem pessoas que acreditam na *World Book*. Talvez a facilidade de encontrar o que se busca rapidamente seja a explicação.

Dixon comprou. O fechamento depende do vendedor, não da fama do produto. Gayle Freeland provou isso.

P.S.: Ela fechou a venda sem mencionar preço uma única vez, embora seu produto custe a metade que o do concorrente. E ela estava falando com um *prospect* que podia comprar sem dificuldade qualquer produto que quisesse! A falta de ênfase no preço lhe dá uma pista? Deveria!

Negociando com Base em Sinais de Compra

Uma objeção real é um forte sinal de compra, então você naturalmente devolve a bola. Peça ao *prospect* para esclarecer, explicar e justificar. Aceite qualquer lógica que obtiver e pergunte: "Se eu solucionar este problema, você comprará?" Isso coloca você na negociação.

Tudo na vida é negociável. Cedo ou tarde, até mesmo preços fixos mudam. Com poder suficiente (ou ímpeto ou autoridade), regras e preços fixos podem ser flexibilizados. Mas o *timing* na negociação é fundamental. Cada pessoa que compra de você quer sentir que está negociando no momento exatamente *certo* para obter o melhor da autoridade *certa,* para flexibilizar as regras a favor dela. Como você já viu, dois elementos, *tempo e poder,* associados a um terceiro – *informação* –, levam ao sucesso ou arruínam negociações. Negociações formais freqüentemente giram em torno do lado que controla mais desses elementos.

Georgia Bates não tenta fechar enquanto não tem certeza de que o desejo aumentou. Ela nunca está com pressa, e deixa a pressão aumentar para o *prospect* não para ela. Ela simplesmente continua inquirindo-os sobre o que eles acham de A, B ou C. Quando está certa de que toda a informação motivacional está disponível, ela a revê com o *prospect* e solicita o pedido. Ela mais consegue do que fracassa.

Boa negociação significa enfatizar a *urgência* que os clientes já sentem. Parte de sua negociação é dramatizar para os clientes o que acontecerá se eles não fizerem *nada*. Então mude para os benefícios do uso imediato da nova aquisição deles. Impaciência é um motivador comum. Por que a maioria dos carros é vendida nos modelos padrão de fábrica e não encomendada numa base personalizada? Os compradores querem gratificação instantânea!

Informações e perguntas que amarram são essenciais. Use o clássico. "Se eu lhe mostrar uma maneira de... pode tomar a decisão hoje?" busca mais informação, pede um compromisso e direciona a conversa para seu objetivo.

Prospect: Não estou interessado.

Negociação: O Fechamento Diplomático

Vendedor: Certamente que não. Mas consegue prever quando XYZ pode ocorrer?

Você então passa a fazer perguntas. Sua missão é descobrir mais e se prender ao ciclo de compra.

O *prospect* diz: "Não é o certo." Responda o seguinte:

"Vejo que o uso que deseja certamente é incomum, mas talvez possa me esclarecer por que meu produto não é o certo." Não deixe esta pergunta arrastá-lo para um discurso de besteirol defensivo. Faça o *prospect* definir do *que* não gosta. Somente reunindo informações e aplicando-as para um compromisso do *prospect* você estará trabalhando em direção a "Se eu solucionar isso, você comprará?"

Oito Maneiras de Vencer Objeções

O preço é a maior objeção e a mais recorrente. Mesmo ao comprar uma commodity fixada num mercado de futuros do outro lado do mundo, as pessoas ainda regulam no preço. Os compradores sabem que normalmente existem vários preços. Como as pessoas desconfiam de que estão sendo enganadas, a auto-estima e o ego estimulam objeções de preço. Tendo conhecimento do que induz à objeção, você pode preparar um contra-ataque. Escolha um desses:

1. **Aumente a sensação de segurança do *prospect* oferecendo um prazo.** Alguns oferecem 30 dias de experimentação grátis. A American Express oferece um ano de garantia "sem questionamentos" para tudo adquirido com seu cartão. O que você pode fazer para criar confiança? Deixe que os clientes digam, "Se eu não gostar ou se não funcionar, posso devolver. O que pode dar errado?" Preço nem sempre é o problema. Às vezes, é o risco compra-dinheiro.

2. **Elimine o problema do preço associando o custo à necessidade principal do cliente.** Quando o *prospect* diz, "Dez mil dólares é demais," sua resposta é "Claro, sem problema. Esta é a lista que nos pediu. O que podemos eliminar para reduzir o orçamento?" Esta é uma abordagem excelente quando as objeções estão associadas ao desejo de escapar da humilhação ou parecer um negociador competente e experiente.

Estas respostas redefinem o problema. Você elimina a definição de preço do cliente (geralmente, uma reação imediata). Em vez disso, você foca nas necessidades dele.

3. **Tire a culpa do *prospect*.** "Me desculpe por não ter deixado este ponto claro." Ou "Tem toda razão de se sentir assim. Mas deixe-me mostrar como outra empresa pôde economizar muitas horas de mão-de-obra com este equipamento."

4. **Faça uma concessão conversacional.** "Sim, o preço é maior do que está pagando agora, mas está recebendo [cite benefícios] adicionais". Ou "Normalmente o que está dizendo é verdade, mas com nosso serviço eliminamos este problema."

5. **Concorde que os outros se sentiram da mesma maneira.** "O superintendente da Universal Plumbing disse a mesma coisa, a princípio. Mas deixe-me lhe mostrar uma foto da instalação que eles têm atualmente. Economizou 70 horas de mão-de-obra na primeira semana."

6. **Elogie a idéia do *prospect*.** "Admiro sua preocupação com segurança e concordo que é um fator importante. Vejamos como nosso serviço pode agilizar sua operação e continuar a oferecer segurança aos funcionários."

7. **Culpe a falta de informações.** "Posso entender que se sinta assim por causa do que já experimentou com produtos semelhantes, mas nosso pessoal de atendimento talvez não tenha lhe fornecido todas as explicações."

8. **Ponha-se no lugar dele.** "Entendo o que quer dizer. Isso parece *de fato* ser um problema. Vejamos como é possível resolver." Quando você mostra que é honesto e prestativo, o *prospect* mostra-se mais disposto a ouvir como você pode resolver o problema (P.S.: Você precisa sugerir uma solução *realmente* concreta!).

Quando advogava, Abraham Lincoln ouvia cuidadosamente tudo o que seu oponente dizia. Então começava dizendo ao júri que pessoa distinta e brilhante seu oponente era – e como havia feito argumentações válidas.

"Entretanto," ele acrescentava gentilmente, "existem outros fatos que devem ser considerados antes que tomem uma decisão." Em seguida, ele enumerava habilmente todas as razões pelas quais o júri devia decidir a favor de seu cliente. Os jurados sentiam que o velho Abe estava se esforçando para ajudá-los a chegar a um veredicto honesto, como se estivessem do mesmo lado do problema.

Seu *prospect* confiará em você quando notar que você o está ajudando a conseguir o que ele quer.

Negociação: O Fechamento Diplomático

Como Vencer com Negociação Topo-base

Negociadores do varejo sempre acham que o melhor lugar para iniciar uma negociação é o topo, isto é: "Para avaliar os benefícios de um colchão de qualidade, deixe-me começar mostrando o que *existe de melhor*."

Todo comprador está interessado em ver o melhor e, possivelmente, considerar o melhor. Isso o deixa lisonjeado. Você prepara o cenário para vender o melhor ou, no mínimo, algo melhor do que conseguiria de outra forma.

Usando a expressão "existe de melhor," você não afirma nem infere que este é o único a ser comprado ou que se o cliente não comprá-lo estará cometendo um erro. (Com esta abordagem, você corre o risco de ou vender o melhor ou nada.)

Em vez disso, sua mensagem é: "Você é um comprador com discernimento. Este produto tem um papel importante em sua vida. Compensa reservar alguns minutos para considerar o melhor. Vai ajudá-lo a determinar qual qualidade lhe atende melhor."

Depois de demonstrar o melhor, faça o orçamento de uma maneira positiva e objetiva. Nunca tenha medo de orçar. O cliente não vai desmaiar nem sair correndo. Você já estabeleceu o valor. Diga: "Você pode ter tudo isso por apenas US$ ____."

Neste ponto, feche. Se não puder, desça para o produto inferior seguinte.

Orce um preço menor para benefícios reduzidos. Tendo mostrado o melhor, tudo abaixo é vendido por menos. Você está economizando o dinheiro do cliente à medida que desce.

O cliente pode sentir: "Verdade, estou pagando menos, mas também estou levando menos. Posso renunciar aos benefícios do melhor?" Isso pode retomar o caminho para cima!

Por outro lado, ao começar pela base e avançar para cima, você pede o tempo todo ao cliente que gaste mais dinheiro por algo melhor. Isso cria uma dúvida cruel na mente do cliente: "Os benefícios *extras* realmente valem o custo *adicional*?"

Gastar o dinheiro do cliente *adicionando* valor é mais difícil do que *economizar* o dinheiro do cliente *reduzindo* benefícios. Quando você começa pelo topo, pode facilmente voltar para cima sem confundir o cliente.

Negociando Passo a Passo

O momento mais poderoso para iniciar negociações formais é imediatamente após o cliente ter expressado aprovação por um benefício. Quando você ouvir o cliente expressar satisfação, simplesmente pergunte: "Existe alguma coisa que o impediria de ir adiante?"

Então pare!

Esta pergunta abre negociações. Sincera e honesta, vai direto ao ponto. Não é de forma alguma ofensiva. Espere o *prospect* responder (o silêncio trabalha *para* você!); então ouça-o com atenção. Se a resposta for, "Não vejo razão para *não* irmos adiante," você acaba de entrar na etapa *amarrar-a-venda*. Comece escrevendo.

E se o *prospect* ainda se mostrar hesitante? "Não sei! Isso é muito dinheiro! Gostaria de um modelo mais avançado."

Não comece a martelar razões pelas quais a objeção do cliente não deve vetar a venda. Isso é grosseiro, demonstra falta de atenção e ainda insulta a inteligência dele. Perceba que as objeções são sempre uma névoa que encobrem sentimentos mais profundos de incerteza. Sonde novamente para pôr as cartas na mesa:

- "Esta é a única razão por que hesita em ir adiante?"
- "Se eu puder lhe mostrar como resolver o problema, estaria pronto para ir adiante?"

Traga as verdadeiras condições à tona. Então reafirme:

"Deixe-me ver se entendi. Está hesitante sobre um gasto dessa magnitude agora e prefere um cronograma adequado. É isso?"

Tenha à Mão uma Lista de Barganha

Se a negociação for um bate-e-volta de argumentações, lance uma lista de barganhas no jogo. Considere os seguintes ativadores:

- *Aumentar o volume*: "Posso reduzir o preço em um por cento o quilo se aumentar seu pedido para um milhão de quilos. Faria isso?"
- *Mudar especificações*: Peça permissão para omitir algo nas especificações. "Se estiver disposto a imprimir a capa em duas cores em vez de quatro, podemos reduzir o preço para US$ 325."
- *Pedir ao comprador para aumentar o total da compra*: "Se concordar em fazer um contrato de manutenção de dois anos, posso reduzir o preço em 5%."
- *Estender o período do contrato*: "Se concordar com um contrato de manutenção de dois anos em vez de um, posso dar um mês adicional de manutenção grátis."
- *Oferecer uma embalagem mais barata*: "Como vende grandes quantidades deste item em sua loja, talvez não precise de embalagens individuais. Se

Negociação: O Fechamento Diplomático

pudermos enviar caixas com 25 unidades, podemos diminuir o preço em cinco centavos por unidade."
- *Pedir ao comprador para absorver os custos de remessa*: "Se puder pegar os móveis em nosso depósito, posso diminuir o preço em US$ 75."
- *Pedir ao comprador para montar a mercadoria*: "Se entregarmos na embalagem de fábrica e você desembalar e montar, podemos tirar 5% do preço."
- *Peça pagamento antecipado*: Dinheiro que entra antes da data prevista é dinheiro que não precisa ser emprestado.

Ser um bom negociador de vendas exige tempo e esforço. Independentemente de seu produto ser rápido ou necessitar de meses de negociação, negociar o fechamento pode dobrar suas retiradas. Uma negociação eficiente também lhe proporciona o reconhecimento e a satisfação pessoal atribuíveis a um vendedor craque em venda diplomática.

VINTE E CINCO

Fechando com Grupos

George Vigorito, o melhor vendedor do mundo de pianos e órgãos eletrônicos, vive, como todos nós, na era dos superlativos. A maior audiência na TV, o carro de corrida mais potente, o maior seio, o cavalo de corrida mais veloz – a lista continua. Acrescente à lista o recordista mundial de vendas de pianos e órgãos para famílias, pois George Vigorito detém o troféu neste ramo. Veja as provas:

- Arnold Schwarzenegger não parecia um governador, no entanto, venceu o candidato à reeleição em seu estado. A segunda pessoa a conseguir isso na história dos Estados Unidos.
- Vigorito não parecia um campeão em vendas de pianos e teclados. Esqueça as aparências. Ele ganhou com bom desempenho (muito como Schwarzenegger na Califórnia).

Vigorito produz uma sombra de 1,65m – tipicamente italiano. Ele era vice-presidente da Wurlitzer e visitava lojas pelos Estados Unidos. Seu trabalho era mostrar aos revendedores como trazer a música para a vida de seus clientes. A venda é para o grupo quando o grupo não está reunido, mas sua influência é vital para o fechamento.

Para um diretor de casting visual, George era um candidato certo à lista D. Entretanto, Vigorito vendia mais pianos e órgãos do que qualquer um no setor.

Em 40 anos, Vigorito vendeu mais que 5 mil instrumentos. Uma vez que começasse a falar com o *prospect*, nunca deixava de fechar. Leia isto novamente: nunca deixava de fechar. A única coisa que não admitia é que alguém chamasse isso de *venda*.

Ele fechava com *todos* os *prospects*. *Todos*, não a maioria – todos os *prospects* com quem engatava uma conversa de compra.

Fechando com Grupos

Acompanhe o intrépido George Vigorito:

George: (Para um cliente entrando na loja) Posso ajudá-lo?
Cliente: Sim.
George: Está procurando um piano ou um órgão?
Cliente: Órgão.
George: Planeja colocá-lo na sala de estar ou na sala de visitas?
Cliente: Na sala de visitas.
George: Sua família...?
Cliente: Três: duas meninas e um menino.
George: Eles preferem piano ou órgão? (A esta altura o grupo já é um comprador, quer ela saiba ou não.)
Cliente: Órgão.
George: Então seu filho logo vai receber os amigos para uma cantoria?
Cliente: Como você sabe? Eles virão no próximo sábado!
George: (Nunca quebrando o ritmo.) Seu órgão estará lá na manhã do evento! A propósito, qual é a música favorita de sua filha?
Cliente: "God Bless America!"
George: (Vigorito foi até um dos órgãos, sentou-se e começou a tocar a melodia famosa.) Sua filha toca o instrumento?
Cliente: Não, mas quer aprender.
George: Vou indicar uma ótima professora para ela. Em um mês estará tocando.
Vigorito troca a marcha.
George: (A esta altura já sabe o nome da cliente.) Que cor prefere para o órgão, Sra. Ciber? Muitas pessoas gostam de preto. Acho que a senhora não vai atrás dos outros. Que tal marrom?
Sra. Ciber: Você leu meu pensamento. Não somos igreja. O marrom combina com meus móveis.
George: Estou com a senhora! (Ele não disse, mas já sabíamos o tempo todo.)

Isso é comum? É. O cliente quis dissuadir George? Não. Nunca. Ele fechava com todo *prospect* qualificado – e em tudo.

George Vigorito nunca esqueceu de uma venda, entretanto nunca admitiu que estivesse vendendo. "Simplesmente pondo a alegria da música num lar feliz."

P.S.: Após 30 anos de serviço, a Wurlitzer aclamou George numa convenção anual de vendas como "o melhor vendedor do mundo." Eles chamaram George ao palco. A platéia ficou perplexa com a cena. George estava chorando copiosamente.

Analisando seus Adversários

O distinto conselho estava considerando a proposta de James Hyatt, a qual requeria um investimento de 100 mil dólares.

Havia conflitos. Um membro queria. Outro disse não. Um disse apra esperar. E assim foi por meia hora até que Hyatt decidiu que era hora de fechar. "Senhores, todos já deram seu parecer," ele disse. "Muito já foi articulado. Agora é hora de agir. Quero sua aprovação para este serviço, e quero já. Vocês dão seu aval para iniciarmos o projeto?" O presidente disse: "Sim." Hyatt perguntou pelo pedido e conseguiu.

Que raro! Acontecerá ocasionalmente. Então pergunte. Mas na ocasiões em que isso não acontecer, você precisará de uma boa munição para prosseguir na venda para grupos imediatamente.

Psicologicamente, quando está frente a vários compradores, o vencedor geralmente teme (1) estar em minoria, (2) não obter *feedback* (você costuma ter menos resposta de um grupo) e (3) ser interrogado e com isso perder a iniciativa.

Este cenário desfavorável deve ser mudado se você quiser controlar a reunião. Elimine a ordem formal dos ugares na sala, procedimentos parlamentares, uma abordagem hierárquica e discursos. Em vez disso, integre-se com o grupo. Um forasteiro deve se tornar um local e, o mais rápido possível, um líder.

Avalie de antemão os resultados que você *quer* e os resultados que você pode *obter* via reunião. Que argumentos e apelos ajudarão? Como você pode se integrar ao grupo e tornar-se seu líder?

Analise os participantes:

- Quem estará lá?
- Que pode ser influenciado a participar ou a ficar de fora?
- Quem é um provável aliado? Oponente: Neutro ou indiferente?
- Como contatos individuais antes da reunião geralmente decidem a venda, quem deve ser influenciado? Como?
- Quem não abrirá a boca na reunião?
- A reunião pode ser transferida para um local menor?
- A ordem dos assentos pode ser melhorada?

- Como você pode transformar a reunião num evento informal, que é mais fácil para você se integrar?
- Como será tomada a decisão de compra? Política? Fatos concretos?

Tente isto: Faça um esboço do perfil unidade de tomada de decisão para rever na noite anterior.

Peça a *Prospect* para Ajudar na Apresentação

Uma agência de publicidade inteligente pediu ao gerente de vendas do *prospect*, John Beatty, para ajudar na apresentação "para que nada que dissermos seja contrário a suas políticas".

Uma iniciativa ousada quando o contato é próximo. Mas o cliente Beatty sentiu-se lisonjeado, ofereceu generosamente seu tempo e informações e apoiou solidamente o grupo do vendedor.

Essa é não só uma estratégia inteligente como também um procedimento consistente. Às vezes, você pode recrutar esta ajuda inestimável se o representante do cliente estiver convencido de que você está pedindo uma opinião honestamente e não apenas o bajulando. Sinceridade comprensa. Se você está apenas adulando, esqueça. Um tiro pela culatra é pior do que nenhum tiro.

Suponha que você não seja o único apresentador – mas um de três! Isso coloca você no *fio da navalha*. A equipe de vendas cuja apresentação for considerada a melhor vencerá. Ensaiar é obrigatório! Marque uma reunião com todos os membros da equipe *antes* da apresentação. Peça sugestões e aceite-as.

Ao longo da reunião, mantenha a iniciativa: desarme objeções, neutralize conflitos, demonstre empatia e conhecimento, evite objeções. Então resuma as decisões alcançadas e estimule soluções de ação. Dê uma *terceira dimensão* a sua abordagem: detecte pontos cegos do cliente.

Diretrizes para Equipes

Para organizar e preparar suas equipes:

1. Planejem e pratiquem juntos. Isso é negócio sério, não hora do recreio.

2. Designe tarefas:
   - Identifique o líder de sua equipe.
   - Faça um esboço do que vai abordar e das perguntas previstas.
3. Discuta sobre o grupo alvo do cliente:
   - Identifique os players do cliente e seus papéis.
   - Reveja informações interpessoais, características pessoais, histórico e produto e/ou situação.
4. Defina seu objetivo de vendas.
5. Chegue a um consenso sobre papéis na apresentação, informações a serem pesquisadas e materiais necessários.
6. Elimine participantes desnecessários:
   - Decida quem fará o quê.
   - Determine quem e como fará a abertura e o fechamento.
   - Concordem em apoiar um ao outro 100% durante a apresentação de vendas.
   - Inclua recursos visuais na apresentação; comunique-se com seu departamento gráfico.
7. Ensaie:
   - Avalie suas habilidades de apresentação.
   - Identifique aprimoramentos necessários.
   - Prepare-se para objeções e para desempenhar papéis.
   - Cheque seu timing.
   - Determine os aprimoramentos necessários e *faça-os*!
   - Vocês são uma equipe. Apóiem, mostrem interesse e ajudem uns aos outros.

Preparando sua Equipe para Vencer

Coordenar só no avião, no táxi ou no elevador não é suficiente, sua equipe precisa concordar com uma estratégia, cooperar em seu objetivo e definir funções e papéis.

Coordene os papéis da equipe, principalmente para os técnicos. Os generalistas normalmente conhecem o cliente, e os técnicos conhecem o produto. Combine os dois.

- Peça a sua equipe para contribuir com o básico.
- Quem fará a abertura?
- Quanto tempo vai durar?
- Quem será o líder e fará as explicações iniciais?
- Quem irá apresentar as informações técnicas?
- Quem fará o fechamento?
- Quem tomará notas? (não é responsabilidade do principal apresentador)
- Onde cada membro da equipe ficará sentado ou de pé?
- Como as decisões serão tomadas?
- Como andam seus concorrentes? Quais você observa feito uma águia?

Aplique a tese da argumentação: busque os fatos primeiro. Um auditor de investimentos – o "incógnito" Don Kramer – competia contra duas empresas de primeiro escalão. A proposta dele era a única que proporcionava ao cliente a liquidez necessária para expandir uma divisão problemática. (Segredo: Kramer fez uma pergunta extra após discussões detalhadas com o cliente: "O que sua solução ideal deveria incluir?") Kramer extraiu a informação desejada antecipadamente.

Coloque-se no Lugar de seu *Prospect* – Literalmente

Ao trabalhar com um gênio/personalidade, esteja preparado para mudanças repentinas no fechamento em grupo e aprenda a se recuperar rapidamente. Walter H. Johnson Jr. descobriu isso ao trabalhar para o lendário Marion Harper.

Harper brilhava no horizonte corporativo como CEO do Interpublic Group, um conglomerado publicitário. Ele tirou Walter Johnson da gerência de vendas numa empresa aérea para contratá-lo como seu vice-presidente executivo ("o sub-chefe, no jargão da Máfia," relembra Johnson, de atravessado).

Certo dia, Harper foi ao escritório de Walter no centro da cidade. "Vou fazer uma apresentação para a American Cyanamid amanhã de manhã em Nova Jersey. Você pode ficar por aqui hoje à noite e me ajudar na apresentação?"

Ninguém nunca havia dito não para Harper. Walter ligou para sua esposa para dizer que não voltaria para casa naquela noite. Então Walter descobriu que Marion não tinha nem *começado* a fazer a apresentação para a American Cyanamid. Os dois começaram a trabalhar às nove da noite. Dados dos computadores e planilhas preliminares do departamento de Gráficos começaram a jorrar, em alerta a noite inteira.

Por volta das quatro da manhã, a proposta ficou pronta. Os dois homens foram para hotéis próximos. Encontraram-se às oito e meia da manhã para a apresentação. Enquanto a limusine zunia pelo Tunel Lincoln, Harper disse: "Mudei de idéia. Você vai fazer a apresentação."

"Tudo bem," Johnson respondeu, imaginando a razão da mudança de última hora.

Chegando na Cyanamid, foram diretamente para a sala de reuniões. Seis executivos entraram e tomaram seus lugares na outra ponta. Em vez de sentar-se ao lado de Johnson, Harper sentou com o pessoal da Cyanamid e conversou sobre a política de Nova Jersey. Quando estavam todos reunidos, ele acenou para que Walter começasse.

À medida que a apresentação evoluía, surgiram perguntas – algumas importantes e difíceis de responder. Marion também fez perguntas – algumas das mais duras.

"Filho da mãe," pensou Walter. "Ele juntou-se aos cliente!"

A apresentação durou menos que uma hora. Após um breve silêncio, o presidente disse: "Importa-se de nos deixar a sós por alguns minutos, Sr. Johnson, para que possamos discutir sua proposta entre nós?"

Johnson deixou a sala, mas Harper não se mexeu. Depois de 15 minutos Johnson foi chamado. Eles haviam fechado negócio. Harper tinha de fato se juntado ao cliente e os ajudado a tomar a decisão.

Isso é *realmente* colocar-se no lugar do cliente.

Refinando a Presença no Fechamento com Grupo

Presença, valiosa na venda individual, é mais importante ainda na venda para grupos. Enfrentar um *grupo* atormenta alguns vendedores. Eles concluem, em geral, inconscientemente, que um grupo requer que o apresentador seja alguém diferente do que ele ou ela é normalmente.

Na verdade, *é exatamente o contrário. Vender presença é sentir-se confortável consigo mesmo*, o que é particularmente vital para itens de alto valor. Os tomadores de decisão não estão escolhendo um fornecedor, estão buscando um parceiro.

Você está se reunindo com os diretores de uma empresa para vender uma instalação cara. Descubra antes quem é a pessoa dominante do grupo. Pode ser o presidente do conselho ou o presidente da empresa, mas nem sempre. As altas patentes podem ser observadores nesta questão.

Descubra quem domina. Quando fizer sua apresentação, dirija um pouco mais de sua atenção à Pessoa Dominante. Ela espera essa atenção. Por outro lado, não ignore nenhum membro do grupo, nem mesmo a secretária da ata. Mantenha todos os membros no cenário. Lance os olhos por toda a sala. Prenda momentaneamente o olhar de cada uma das pessoas enquanto fala, passando de uma para outra. Atenha-se um pouco mais à Pessoa Dominante. Mencione o nome de cada membro ao menos uma vez durante a apresentação (Pessoa Dominante *mais* de uma vez): "Este é um campo que o Sr. Jerery estudou a fundo."

Um vendedor que necessitava melhorar sua presença analisou um vídeo de sua apresentação. Viu-se olhando mais para o chão do que para o grupo. Sua voz não tinha vida. Ele tendia – horrores! – a se *afastar* o máximo possível do grupo! Quando começou a trabalhar na "presença", suas vendas para grupos melhoraram drasticamente.

Filmar ajuda a checar contato visual, aparência, voz e linguagem corporal. Reveja seus vídeos de apresentação com um orientador. Não busque elogios, busque objetividade em seus pontos fracos.

Ah, sim. Carisma, às vezes, é chamado de presença. É difícil de definir o carisma, mas seu efeito é poderoso. Jack Kennedy tinha. Assim como Martin Luther King Jr. e Franklin D. Roosevelt. Tony Blair também. Bill Clinton desenvolveu um formato de reunião e aumentava sua presença. George W. Bush mistura caipira (80%) com um pouco de refinamento de Yale (20%). Funciona!

Se você é bom no fechamento individual, estenda esta imagem para uma platéia mais ampla. No teatro, isso é chamado de "encenar para a os lugares baratos" – a galeria.

Intensificando Seu Contato Visual

O contato visual diz que você está *confiante*, *no controle* e *interessado*. Intensifique seu contato visual:

- olhando para uma pessoa do grupo – não para o chão, o teto, um mar de rostos ou suas unhas;
- prestando atenção ligeiramente maior aos tomadores de decisão, sem ignorar ou ofender os outros;
- olhando para as pessoas imediatamente a sua direita e esquerda (freqüentemente fora de sua visão direta normal);
- movendo sua cabeça e olhos ao redor da sala;
- quando estiver sentado, desencoste na cadeira quando falar de preço, isso mostra confiança. Mas recoste quando o cliente fizer objeções, indicando: "Estou aberto para feedback."

Refine Sua Apresentação

Dê *vida* a sua voz (torna a apresentação interessante). *Não leia para o grupo.* Não decore (fica enfadonho). Use como referência uma imagem gráfica que *não possa* ser lida.

Assegure-se de que sua voz não seja moderada – no máximo persuasiva. Tons estridentes, masculinos ou femininos, irritam os ouvintes. Sotaques regionais podem ser fatais. Pessoas de Nova York sempre perdem pontos por não saber que soam regionais.

A forma como você pronuncia nomes de lugares é importante. Se você estiver vendendo em Des Moines e pronunciar o *s*, o grupo pensará que você é um "Pateta." Mas será pateta em Des Plaines se não falar o *s*. Esqueça este *s* final em Illinois.

Varie seu ritmo. Pausas demonstram significância. Aborde um aspecto importante, observe o grupo e espere dez segundos. É a pausa que refresca.

O Que Fazer e o Que Não Fazer na Apresentação para Grupo

Em sua apresentação para grupo, quando juntar palavras e ação, lembre-se:

- *Mostre entusiasmo.* Uma apresentação indiferente desanima o *prospect*. O entusiasmo – ou sua falta – é contagioso.
- *Use um tom de conversa.* Estimule os *prospects* a falar com perguntas. As reações da platéia esclarecerão mal-entendidos e ajudarão você a enfatizar os benefícios.
- *Seja detalhado.* Assuma que o *prospect* não sabe *nada*. O menor aspecto que você omitir pode ser o fechamento da venda.

Ao dirigir-se a um grupo, assegure-se do seguinte:

- *Conheça seu público.* Pergunte com antecedência sobre o histórico da organização, associados e comparecimento esperado.
- *Prenda-os na abertura.* Uma declaração ousada, como "Vou contar a vocês por que penso que X é a coisa certa a fazer," é mais instigante do que "É um prazer estar aqui." Histórias pessoais, comentários sobre esportes e eventos atuais *só* funcionam se forem interessantes e tiverem *ligação* com seu tema principal. Seja louco como a raposa com idéias ousadas sobre o galinheiro.

- *Refine sua mensagem*. Para uma apresentação de 20 minutos, defina um tema e não use mais que quatro argumentações importantes para respaldá-lo. Atenha-se ao tempo programado.
- *Não fale usando sentenças longas e cansativas*. O ouvido precisa de brevidade e simplicidade. Use a palavra simples mesmo que pense que a palavra elaborada impressiona mais (provavelmente não impressiona.)
- *Se gosta de humor, use*. Mas se você não for um tipo engraçado, não tente ser. Você não pode refinar um senso de humor que antes de tudo não existe.
- *Use números parcimoniosamente*. Consolide e arredonde-os.
- *Cuidado com palavras de duplo sentido*. Você quer risadas, mas nunca sarcasmo.
- *Evite "isso me lembra a história..." e "concluindo..."* Se quer contar uma história, conte. Se for hora de concluir um discurso, conclua. Ponto final.

O Que Dizer e Como Dizer

Os idiomas são ricos em palavras. Ofereça a seu público o inesperado. Como disse Mark Twain: "A diferença entre usar a palavra *quase* certa e a palavra *exatamente* certa é a diferença entre um vaga-lume e um raio!" Outras observações cáusticas:

- *Feche com estilo*. Considere uma citação concisa, mas memorável. Diminua um pouco o ritmo para sinalizar a frase final. Torne sua finalização suave, vigorosa e positiva.
- *Uma apresentação para grupo é mais do que uma transferência de pensamento*. É uma performance. Organize-a bem. Mantenha o conteúdo simples e honesto. Pergunte-se *antes* da apresentação: "O que quero que os clientes façam ao final da apresentação?"
- *Pratique, pratique, pratique*. O melhor texto do mundo não funcionará sem ensaio. Pratique falando alto. Obtenha uma reação franca, não bajuladora. Um vendedor para grupos gravava e ouvia sua apresentação no carro durante cinco dias. Ele apresentava para o grupo de maneira tranqüila e convincente no sexto dia.
- *Jogue o script fora*. Trabalhe a partir de uma palavra-chave ou um resumo gráfico.
- *Diga para os membros da platéia que gosta deles*. Diga com os olhos, a voz e gestos. Isso não é uma suprema corte. São rostos amistosos e ouvidos ávidos. Quanto mais você ensaia, mais confiante você se sentirá, parecerá e soará.

- *Parar na hora certa é tão importante quanto começar na hora.* Se estiver perto da hora do almoço, você perderá pontos estendendo-se demais. Nunca ultrapasse o tempo designado sem a anuência do grupo.

Uma vendedora do ramo de telecomunicações perdeu um contrato importante porque o horário limite era 11h da manhã e às 11h30 ela ainda não havia terminado. O tomador de decisão sênior disse: "Ela sabia que precisávamos sair às 11h30. Não foi sensível às nossas necessidades!" Saber quando parar é importante. (Mona Lisa não teria aquele olhar caso seu mestre esquecesse quando largar o pincel!)

Pego de Surpresa por um Grupo? Fique Frio

Já teve certeza de que faria uma apresentação individual e encontra um grupo de estranhos? Acontece. Não demonstre sua surpresa. Comece escrevendo os nomes e os cargos dos presentes. Não se sinta desconfortável em perguntar. Afinal, você precisa conhecer as áreas de responsabilidade.

Aja como se estivesse totalmente preparado para um grupo. Se *você* não demonstrar surpresa, eles nunca saberão. Lembre-se, é a primeira vez que estão ouvindo sua apresentação.

Não suponha que todos os membros do grupo sabem por que você está lá. Muitas vezes as pessoas são convidadas de última hora. ("Harry, tem um minuto? Talvez você queira ouvir isso.") Portanto, comece pelo começo. Explique tudo como se fosse a primeira vez.

Se você foi à apresentação para fechar o pedido, faça isso com o grupo. Como? Cinco pessoas sentadas ao redor da mesa olhando para você? Assuma que a venda já foi feita. Passe o formulário do pedido para o tomador de decisão e diga decididamente: "Só preciso que assine aqui." Geralmente, ele ou ela assina!

Se eles quiserem discutir mais, faça tudo que estiver a seu alcance para estimular a discussão, como fazer perguntas preparadas: "Nesta altura todos querem saber como nossa empresa pode fornecer tal produto a esse preço e ainda oferecer um excelente suporte. Boa pergunta!" Em seguida, responda.

Estimule o grupo a realizar um debate aberto, realista. Quando estiverem envolvidos na discussão, permaneça como uma pessoa invisível. Deixe que eles falem, mesmo que não goste do que estão dizendo! Se o grupo sentir que a decisão é em parte deles, a chance de sucesso é bem maior.

Se eles se fecharem, deixe seu material exatamente onde está e vá para a porta. Diga cordialmente: "Certamente vocês precisam discutir isso em particular. Ficarei aguardando lá fora até terminarem."

Não espere por uma resposta. Simplesmente feche a porta quando sair. O grupo ficará pasmo! Você está forçando uma decisão sem dar a eles a chance de dizer: "Por que não liga mais tarde quando tivermos analisado tudo?"

Funciona!

Responda Perguntas com *Finesse*

Porém, mais provavelmente você lidará com perguntas de grupo, seja deles ou suas, usadas para alimentar o motor/pôr lenha na fogueira. Como sua resposta é vital, então:

- *Evite a defensiva!* Isso é, inclusive, mais importante na venda para grupo. Se você deixar um membro desconfortável, pode vencer a batalha, mas perder a guerra.
- *Não desvalorize perguntas.* Você pode fazer isso com: "Não, isso não é realmente válido..." ou, "Bem, você *pode* ter um argumento para isso, *mas...*" ou Não, isso não está correto." Tais comentários desmerecem a pergunta e o inquiridor. Diminuir não estimula fechamentos.
- *Trate da pergunta específica.* Evite a tentação de fornecer informações adicionais. Use uma dica dos advogados de defesa a seus clientes: "Responda à pergunta específica, ponto!"
- *Não repita palavras negativas.* Se a pergunta contém palavras incitantes ou hostis, tais como *comissão exagerada* ou *antiético*, não as repita como um papagaio nem as enfatize. Em vez disso, diga: "Posso entender sua preocupação. O que especificamente...?"
- *Tenha embasamento em seu assunto.* Se você não conhece uma determinada área a fundo, leve um especialista junto. Uma equipe de vendas americana que precisava de informação de mercado atualizada do Euromart europeu levou junto um especialista suíço. Funcionou.
- *Adie a discussão.* Às vezes, é melhor deixar para responder mais tarde alguma pergunta que lhe fazem. Diga: "Se vocês concordarem, gostaria de responder daqui a alguns minutos. É importante e quero abordá-la no contexto de..." Isto é perfeitamente aceitável na maioria das situações.

Vendendo Quando Você É Parte do Grupo

Representantes de fabricantes normalmente são especialistas em vendas para grupos, particularmente quando o grupo está no lado *vendedor* da mesa. Isto ocorre quando o fabricante vai à região de seu representante "para fazer algumas visitas," diz Max Robinson, da Maximum Marketing, Inc., de Bloomington, Minnesota.

"Alguns compradores sentem-se honrados quando o fabricante reserva tempo para uma visita. Conseqüentemente, terá um entendimento melhor das necessidades do cliente," afirma Robinson.

Bill Alexander, da Southeast Sales, em Bryson City, Carolina do Norte, adora visitas conjuntas. "Planeje sua visita e divida igualmente o tempo de conversa – como se fossem parceiros," ele diz. "Muitos donos querem parecer importantes e dar a impressão que trouxeram junto 'o cara que cobre a região.'"

Do Dobesh, da Productivity Development Associates, Inc., de Sioux Falls, Dakota do Sul, só quer visitas conjuntas "quando o dirigente pode ajudar a fechar a venda. Devem ser estabelecidos objetivos específicos e o dirigente deve estar bem preparado para a visita."

Walter Brown, da Brown Sales Associates, Inc., de Southampton, Massachussets, diz: "Quando um fabricante quer fazer uma visita junto comigo, eu aceito a ajuda. Especialmente quando é um técnico que ensina novas tecnologias. Eu aprendo quando ele ensina aos clientes."

Edward McKeown, da Costec, Inc., de Palatine, Illinois, diz: "Represento cinco fabricantes e fazemos muitas visitas conjuntas." McKeown vê os seguintes benefícios em visitas conjuntas:

- Comunica um suporte à venda para um comprador que não pode ser transmitido de outra maneira.
- Instrui tanto o vendedor quanto o cliente.
- Cria oportunidades que, de outra maneira, simplesmente não aconteceriam.
- Demonstra para o cliente investimento e compromisso.

Venda Invertida para Grupos: Derrotando Especialistas Que Subestimaram o Poder de Saber Ouvir de um Consultor

Adivinhe quem veio para um jantar em Manhattan em que estava Diana Menaker, consultora financeira de uma empresa de primeira classe de Wall Street. Ninguém mais nem menos que a milionária sexagenária, Evelyn Swanson. Diana soube que o pai de Evelyn morreu repentinamente e deixou milhões de dólares para a filha administrar.

Para Evelyn, era um momento de histeria. Ela precisava de ajuda nos investimentos. Ela impressionou Diana com sua extrema tristeza e medo de suas novas responsabilidades. Diana identificou a situação como seu campo de ação e sugeriu uma reunião com Evelyn na semana seguinte para explicar o básico.

"Eu sabia que Evelyn poderia perder tudo se acabasse nas mãos erradas," disse Diana. "Estávamos no auge de um mercado em baixa, com alta volatilidade."

Evelyn entrou na reunião nervosa, frustrada, um forasteiro numa terra estranha. Ela já havia conversado com outros três concorrentes de Diana. Todos investidores experientes. Ela estava sozinha no mundo com um milhão de dólares, atrapalhada e assustada.

A juventude de Diana (20 anos) não ajudou, ela admite. O primeiro passo para criar confiança era convencer Evelyn de sua competência. Diana sugeriu a Evelyn que começasse fazendo perguntas. Processo de investimento? Escolaridade? Experiência? Distinção na área?

"Minhas credenciais na Escola de Administração de Albany (finanças/marketing) e meus contatos internacionais penderam a balança para meu lado," disse Diana (os outros três disseram a Evelyn como eram maravilhosos. Não abordaram seus medos e anseios).

"Qual é seu diferencial?"

"Sinergia de especialistas," Diana explicou. "Depois de analisar a situação financeira e o perfil psicológico de nosso *prospect*, criamos um programa *personalizado* – mas somente depois de explorarmos completamente os *fatores psicológicos* do cliente," ela diz.

Seus competidores começaram dizendo a Evelyn o que achavam que ela precisava *antes* de saber *quem* ela era e quais eram suas preocupações. A confiança é estabelecida *ouvindo* o cliente. Escutando meticulosamente, Diana soube que Evelyn queria a garantia de uma renda estável para o resto da vida. Pessoalmente, Evelyn também queria recuperar o tempo perdido. Ela desejava ir a Paris e comprar um apartamento na Flórida, por exemplo. Livre da superproteção paterna, a mulher estava pronta para curtir sua nova juventude!

Mas Diana descobriu que Evelyn tinha outras questões iminentes a resolver: tinha dívidas, ainda não tinha bens concretos e era financeiramente ingênua.

Na segunda reunião, Diana havia feito sua lição de casa. Evelyn já era sua cliente, efetivamente, embora nada havia sido assinado ainda. A alocação de ativos personalizada e o plano financeiro estavam ganhando forma à medida que conversavam.

O segredo de Diana é que ela falava com Evelyn como se já estivesse agindo e tomando as medidas necessárias. Mas Evelyn ainda não tinha descartado os outros três concorrentes. Diana a alertou sobre planejamento presuntivo. Mas como retorno dos outros três, Evelyn recebia comentários sobre "o quanto estamos fazendo pela senhora," *não* uma reação aos temores e necessidades dela.

Veja como os três concorrentes se comparam:

1. Karen Tyler sugeriu um adiantamento de US$ 8 mil para fazer um planejamento financeiro. Ela ligava sem parar e era muito irritante. Não há dúvida de que segurou a mão de Evelyn e tentou acalmá-la, mas seu honorário era alto e trabalhava em seu mundo particular.
2. A equipe de George Johnson e Sorrel Brown, dois especialistas em diversificação, vieram com uma abordagem "tamanho único para mulher madura." Usavam uma linguagem técnica e soavam assim. E, para completar, não existia empatia.
3. Jim Tumulty, o mais ferrenho dos concorrentes, era amigo e consultor da família Swanson. Sua intimidade lhe deu *licença* para ser agressivo e exageradamente especulativo. Trabalhou muito pouco o terreno. Supôs que Evelyn escolheria um contato da família. Romper com Jim era o mais difícil para Evelyn, embora estivesse recebendo conselhos inadequados para sua idade e experiência – ou conselhos que a agradassem.

Depois de muito conferenciar com especialistas de sua empresa, Diana marcou uma reunião decisiva. Era hora do *vai ou racha!* Estavam presentes Diana, Evelyn e a analista financeira mais experiente e talentosa da empresa. Ela havia trabalhado com Diana no plano personalizado, completado com 30 anos de cenários futuros.

Era como estrear na Broadway: estudo de amostragens, gráficos, tabelas e uma troca calorosa de idéias. Transformou Evelyn de uma adolescente numa mulher confiante, feliz com seu futuro financeiro.

Na verdade, Evelyn fez seu próprio fechamento. Quando Diana ouviu Evelyn perguntar: "Quais são os próximos passos?" era hora de fechar negócio. Diana conseguiu em duas semanas o que seus concorrentes não fizeram em quatro meses.

Contra esses três competidores, Diana – passo a passo através de uma analista experiente – permitiu a Evelyn eliminar a todos. Foi uma venda para grupo invertida. Diana diz que se soltar dos três concorrentes foi como três saltos de bungee jump em meio a um vendaval. Evelyn fechou com Diana.

Nos três anos seguintes, o valor do patrimônio de Evelyn aumentou 27%, apesar do mercado em baixa, por causa da assessoria de Diana.

Atualmente, Evelyn está extremamente feliz e fez muitas indicações para Diana. Ela foi a Paris? *Oui*, várias vezes, e também tem um apartamento em Palm Beach. Agora parece que as ilhas Fiji são seu próximo destino! Ela vai confiante de que sua carteira de investimentos está fazendo seu trabalho tranqüila e eficientemente em casa.

Como o Fechamento Funciona no Marketing de Rede

Joyce M. Ross, uma especialista em vendas para grupos de Vancouver, Canadá, é cofundadora da Camelion Hosiery. Ela organiza reuniões de demonstração de marketing de rede em residências. Anteriormente, ela já havia trabalhado para a Tupperware e para a Mary Kay. Na venda direta para grupos, o conselho de Ross é um insight para marketing de rede para o fechamento de vendas com grupos em geral.

Ross diz que demonstrações de marketing de rede devem incluir um agradecimento ao anfitrião e uma recepção calorosa aos convidados, prêmios que o anfitrião pode ganhar, uma prévia da apresentação que será feita, um *breve* histórico da empresa e uma demonstração dos benefícios proporcionados pelos produtos e serviços. Em seguida, passe para uma etapa de perguntas e respostas, fechamento em grupo e um fechamento individual com cada convidado.

O conselho dela para organizadores de grupos é cumprimentar cada convidado juntamente com o anfitrião. Na porta, dê a mão e pergunte o primeiro nome. Se tiver dúvida sobre um nome, pergunte: "Marion ou Mariane?" É um lisonjeio perguntar agora, constrangedor mais tarde. Memorize os nomes. Então, durante a demonstração, relacione os nomes que já sabe às pessoas.

Em seguida, Ross sugere que se sigam estes passos:

Agradeço à nossa anfitriã, Susanne, por me permitir vir a sua casa e apresentar a todas vocês as meias de seda que não desfiam da Camelion e nossa nova linha de jóias de prata.

Como agradecimento por me receber em sua casa, trouxe um presente para Susanne, que também terá a oportunidade de ganhar um vale de US$150 em produtos quando duas de suas convidadas agendarem uma demonstração própria e para venda em grupo acima de US$375. Como seu presente desta demonstração, Susanne escolheu um conjunto de gargantilha e pulseira.

Começar com o que sua anfitriã pode ganhar não é pressionar. É uma maneira de dizer a todos que você está grato a ela. As convidadas querem que sua anfitriã ganhe um presente. Cuide para que o presente esteja embalado com bom gosto. Entregue o presente com um sorriso e um muito obrigada!

Nesta noite, após uma breve história de nossa empresa, vou ensiná-las como usar a lingerie como um acessório. E mostrarei a vocês que tipos de brincos e de correntes devem usar para valorizar o formato de seu rosto e o comprimento do pescoço. Precisarei da ajuda de nossa anfitriã e de algumas voluntárias. É claro que teremos uma parte de perguntas e respostas. Depois gostaria de conversar com cada uma de vocês para responder a dúvidas pessoais. Enquanto isso, Susanne vai nos oferecer aperitivos e vinho.

Diga a seu público por que começou seu próprio negócio de venda direta. Ressalte os benefícios de ter um negócio próprio: controle sobre seu próprio tempo, possibilidade de definir seu nível de renda, vantagens tributárias, potencial de ganhos maiores. Conte sua história de sucesso. Torne-a interessante. Para mães jovens: fale sobre conciliar o trabalho com a família. Para executivas: enfatize as oportunidades de gerência em sua empresa.

Dedico uma ou duas noites por semana a minha empresa Camelion. Nos últimos seis meses, comprei um home theater novo e comecei a fazer uma poupança para comprar uma casa. Tenho mais de 150 clientes felizes. Quando tiver 300 clientes, vou deixar meu emprego como secretária e me dedicar em tempo integral a meu negócio. O único empregador que vai lhes pagar o que realmente merecem são vocês mesmas!

Até agora já ajudei cinco moças a começarem seu próprio negócio.

Na demonstração em grupo, estimule a participação do público. Ross sempre pergunta se alguma vez já tiveram uma meia que desfiou num momento crítico ou num daqueles dias em que tudo dá errado.

"Todas acenam afirmativamente com a cabeça," conta Ross.

Fechando com Grupos

Peça que façam perguntas.

Sempre repita a pergunta para assegurar que você e o público entenderam bem. Então responda completamente antes de prosseguir. Assegure-se de que sua resposta satisfez quem perguntou.

Em seu fechamento com grupo, sua missão é:

- Reforçar as credenciais de sua empresa e por que você acha que todos devem usar seus produtos ou serviços.
- Mencionar quantidades que a maioria dos novos clientes compra (as pessoas geralmente fazem o que consideram normal.)
- Informar aos convidados quando entregará os produtos e incluir o custo.

Fechamentos Individuais em Reunião de Grupo

Peça aos convidados que precisam sair cedo para conversarem com você primeiro. Diga:

- "Phyllis, você gostaria de começar escolhendo as peças de prata ou os tons de meia que prefere?"
- "Charlotte, espero que tenha gostado. O que decidiu levar para casa nesta noite?"
- "Lorelei, por US$ 8 adicionais você pode levar dois pares extras. Existe alguma razão por que não pode levar para casa todos os seis pares e aproveitar essa economia?"
- "Lucy, o bracelete fica lindo com esta corrente. Você pode levar o conjunto por apenas US$ 38 adicionais!"
- "Ótimo! Escreva seu nome completo, endereço e telefone na parte de cima desta nota."

Agendando Múltiplas Demonstrações

Joyce: Ligarei para você dentro de dois dias para checar se você ama de verdade o luxo de usar meias que não desfiam. A cada demonstração em grupo eu escolho uma ou duas pessoas que vejo como futuras anfitriãs. Você se sairia muito bem! Todos admiram você. Como anfitriã você pode ganhar $50 em produtos! Existe alguma razão para que você não possa convidar algumas amigas e fazer sua própria demonstração? Acho que você seria ótima!

Jolee: Eu adoraria ser anfitriã, mas todo mundo que conheço está aqui hoje.

Joyce: A maioria delas não conseguiu escolher tudo o que queria hoje e gostaria de uma outra oportunidade. E poderíamos pedir a suas amigas para trazerem alguém que não veio hoje... o que seria melhor para você, daqui a duas ou três semanas?

Jolee: Daqui a três semanas seria melhor.

Joyce: Terça ou quarta-feira à noite?

Jolee: Quarta.

Joyce: Então, ficamos combinadas na quarta. Às 19h30 ou às 20h?

Jolee: 20h.

Assim, o fechamento foi concluído. E o ciclo de marketing de rede recomeça.

VINTE E SEIS

O Mestre do Fechamento em Plena Forma

O propósito de *Segredos do fechamento de vendas* é tornar seu trabalho mais fácil, produtivo e lucrativo, e – talvez o mais importante de tudo – mais divertido. Agora você tem as ferramentas para fazer exatamente isso. Boas vendas! E lembre-se: bons vendedores criam sua própria sorte.

Artistas competentes baseiam-se em técnicas comprovadas para mobilizar a platéia da mesma maneira que tocam um instrumento. Mestres em vendas, assim como os artistas, usam técnicas clássicas repetidamente. Aprenda as chaves ou técnicas de fechamento deste livro até que se tornem intuitivas. Logo, o fechamento será um reflexo. Com o tempo, à medida que avança para o fechamento, as técnicas corretas surgirão quase que automaticamente (um especialista chama isso de "colocar-se em 5ª marcha"). Quando as chaves de fechamento tornam-se parte de sua personalidade de negócios, elas emergem na hora certa, com o impacto certo.

Joseph R. Alexander, o especialista em imóveis do Tennessee, acredita que o vendedor competente combina muitas chaves primordiais e secundárias numa *atitude geral*. O fechamento faz a diferença fundamental entre o profissional treinado e o tomador de pedidos, ele diz. Um vendedor experiente planeja com antecedência para ter controle da venda.

"Ao vender uma casa, reserve algo que *eles* possam vender para *você*," ele diz. "Quando eles começarem a vender para você, comece a escrever as condições da venda. Faça isso na sala de estar, caso o proprietário não esteja em casa. Ou escreva sobre seu carro ou no balcão do bar mais próximo. Não faça todo o caminho de volta até o escritório só para descobrir que alguém vendeu a propriedade dez minutos antes."

O fechamento do contrato é a coisa mais básica de todas. Simplesmente faça perguntas e comece a preencher o contrato. Quando tiver terminado, peça ao *prospect* para vistar e terá fechado a venda.

Se o comprador ainda não estiver convencido o suficiente para ir diretamente ao contrato, use o fechamento balancete. Eles gostam da propriedade, mas você não consegue bater o martelo. Diga: "Tom e Mary, quero que façam algo inteligente. É o que investidores inteligentes fazem antes de tomar decisões."

Os *prospects* pensam: "Compradores inteligentes fazem isso, queremos ser compradores inteligentes. Faremos isso."

Transforme todas as objeções *gerais* em *específicas*. Geral: "Quero dar uma pensada." "Que aspectos lhe preocupam?" Faça o *prospect* dizer: "Estou preocupado com a falta do segundo quarto." Essa é uma objeção sobre a qual você pode trabalhar.

Mantenha Seu Bem Congelado

Agora suponha que você não possa fechar na casa hoje. O comprador fez uma pergunta justificada. Você pode responder amanhã, mas não hoje. São duas da tarde. Você não quer que Tom e Mary vejam nenhuma outra propriedade hoje. Alguém pode vender para eles. Você quer que eles vão direto para casa.

Se vocês voltarem para o escritório e os *prospects* estiverem estacionados atrás, estacione na *frente* para que eles tenham que passar pelo escritório. Faça com que entrem e tente fechar novamente. Se você parar perto do carro deles, eles vão entrar no carro e dar no pé. Planeje antecipadamente como um bom vendedor.

No caminho de volta, pare e compre sorvete. Diga: "As crianças[1] foram ótimas. Elas gostarão disso."

Agora há sorvete no carro. Eles *precisam* voltar para casa antes que derreta. Quando chegarem em casa e derem o sorvete aos pimpolhos, provavelmente não terão vontade de sair de novo. Ficarão fora do mercado até o dia seguinte. Bens congelados podem ser um problema nas finanças. No fechamento, eles são a maneira de dar uma esfriada em seu concorrente.

Bons vendedores não são inatos, eles se desenvolvem. É isso que torna alguém um profissional: aperfeiçoar sua arte. Mas não importa o que você venda, irá se beneficiar com a exposição ao fechamento experiente. Aplique isso a seu produto ou serviço.

---

[1] Sempre *crianças*, nunca *garotos*.

O Mestre do Fechamento em Plena Forma

Coloque os conselhos de fechamento sob a lente de um microscópio e as técnicas começarão a aparecer. Examine o caso que acabou de ver. Note como as técnicas de fechamento estão tão integradas que ficaram praticamente invisíveis – porém muito mais eficientes. Vamos recapitular:

- *Faça alguma coisa*. O vendedor faz com que o *prospect* escreva as vantagens e desvantagens e, em seguida, faça o julgamento final.
- *Endosso de terceiros*. Quem melhor do que os próprios *prospects*? Deixe que *eles* lhe digam o quão maravilhoso é o objeto da compra.

Técnicas de fechamento, quando bem costuradas, são mais poderosas porque as emendas somem. São técnicas de fechamento para você, mas para o comprador são um conselho tranqüilizador ou uma informação útil ou uma solução real para o problema. Quando suas técnicas de fechamento se tornarem intuitivas, estarão entrelaçadas de maneira igual, independentemente do produto ou serviço em questão.

É claro que, em algumas situações, as técnicas são mais evidentes, como ilustra o fechamento clássico de David Boue.

Técnicas de Fechamento Evidentes de David Boue

David Boue chega ao local da venda totalmente preparado para usar qualquer de suas técnicas de fechamento cuidadosamente orquestradas.

"O que uso depende do que o *prospect* diz ou faz," diz Boue. Isso significa que Boue ignora o dever de casa e toca de ouvido? Absolutamente não. Ele vende serviços comerciais complexos num volume perto de seis milhões ao ano. Isso requer uma forte preparação. Ele deve conhecer seus serviços a fundo, conhecer o negócio do cliente e saber suas chaves de fechamento.

"Estou preparado para lançar mão de 25 respostas," diz. "Não sei de qual vou precisar, mas qualquer que seja, estou pronto."

Isso não parece dar muito trabalho? Parece. Mas vale a pena, mais precisamente, dinheiro. Observe David Boue numa visita a Whitlaw Chambers, gerente-geral de uma empresa que fabrica equipamentos residenciais de energia solar. Boue vende um serviço especializado que potencializa os benefícios para o público. É intangível, novo para muitos *prospects*, e difícil de entender.

Esta é a segunda visita de Boue. Em sua primeira visita, ele deixou uma proposta e um orçamento para Chambers.

Boue chega ao escritório de Chambers às 8h45. "O dia vai ficando complicado nessa empresa à medida que as horas avançam." (Antes de encontrar o gerente, Boue deu uma passada para ver o chefe de Chambers, Vickors Reilly, para fazer uma sugestão valiosa sobre um assunto *totalmente sem relação*.) Agora ele está sentado com Chambers.

"Café?", Chambers pergunta.

"Não, obrigado," diz Boue. "Trouxe meu próprio." Tira da maleta uma pequena cafeteira portátil e uma xícara. "Tenho uma seleção de grãos especial feita no Brasil. Quer experimentar?"

Curioso, Chambers experimenta.

Parece um comercial de TV? Boas idéias logo são adaptadas!

"Veio bem a calhar nossa conversa hoje sobre energia solar, Whit," diz Boue. "Acabei de ler este artigo no *New York Times* que diz respeito exatamente ao futuro de seu negócio."

Naturalmente, Chambers está interessado. ("É surpreendente como muitos executivos corporativos *não* lêem artigos importantes," diz Boue. "Tire proveito deste fato.")

Boue resume os comentários do *Times*. A energia solar, antes considerada uma novidade, agora é uma realidade para muitos consumidores. Quando se trata de economizar energia, as pessoas não se preocupam se vão ou não instalar um dispositivo alimentado por energia solar, se preocupam em *como* obtê-lo.

"Portanto, esta é a era da energia solar," Boue diz. "Mas como você sabe melhor do que eu, você está num ramo fácil de entrar. Praticamente qualquer um pode montar uma empresa de fundo de quintal e se denominar um centro de equipamentos de energia solar. O número de empresas neste ramo cresceu 700% no último ano. Existe uma briga por poder de liderança sendo travada neste momento. Poucos surgirão como líderes. Muitos ficarão à margem e fecharão."

Chambers concorda. O que Boue está dizendo é instigador.

"Para estabelecer a liderança, sua empresa deve tomar uma atitude drástica, porém justificada," diz Boue. "É verdade que fez uma demonstração para o público há cerca de 18 meses quando o setor era relativamente jovem, e se beneficiou com isso. Mas você deve decidir quando pode estar no lado *dar* e quando pode estar no lado *levar*."

Dar? Levar? Como isso funciona? Chambers quer saber.

Nessa hora, Boue interrompe a ação (aparentemente) para contar uma história para Chambers. Quando Michael Bloomberg era candidato a prefeito de Nova York, seus inimigos políticos circularam rumores de que ele estava no lado *dar* – que estava dando dinheiro a certos grupos para que conquistassem votos para ele até as eleições.

O Mestre do Fechamento em Plena Forma

"Isso contrasta com a acusação política usual de estar *levando*," diz Boue. "Naturalmente, seria inverossímil acusar Bloomberg de estar *levando*. Quem poderia estar lhe oferecendo um dinheiro que ele ainda não tinha? Então o acusaram de estar *dando*."

Chambers, que acompanha a política, achou divertido.

"*Dando*," ele diz. "Essa é boa."

Mas existe uma moral aqui, diz Boue, que se aplica a produtos de energia solar (de uma tacada, ele volta ao fechamento). "Quando fez aquela demonstração há 18 meses," diz Boue, "estava no lado *dar* – dando ao público informações e instruções para ajudar o comprador a tomar decisões sobre residências com energia solar. As pessoas gostam disso. Quando estão prontas para comprar, muitas vezes recorrem àquela empresa prestativa que fez a demonstração."

Desde aquela época, Boue diz a Chambers, sua empresa está no lado *levar*.

"Você vem colhendo os benefícios da demonstração," diz Boue. "Mas não consegue ficar neste lado eternamente. Agora precisa voltar para o *dar*. Esta demonstração para o público é a maneira dramática justificada de continuar no *levar*."

Chambers está quase convencido, no entanto, existe a questão custo.

"Deixe-me lhe servir outra xícara de café," diz Boue, "e vou contar como podemos criar um plano para você economizar dinheiro em relação à cotação anterior."

Boue detalha um plano em que Chambers pode alugar um espaço para convenções com um desembolso menor, negociando alguns de seus produtos por espaço.

"Isso reduzirá sua despesa em US$ 2 mil," diz Boue.

Exatamente nesse momento, Reilly entra na sala de Chambers.

"Desculpem-me pela interrupção," diz Reilly. "Só queria pegar Dave antes que fosse embora. Dave, a sugestão que fez hoje foi muito boa. Vamos usá-la. Muito obrigada."

Naturalmente, Boue diz que está feliz em ajudar.

"A propósito, Vickors," Chambers diz, "quero falar com você daqui a pouco sobre um novo plano de demonstração ao público. Temos que decidir sobre isso rápido."

Vickors concorda e sai. Boue pede a Chambers para decidir *quais* produtos quer negociar. Então faz Chambers vistar o contrato. A venda está fechada.

Como Boue Apertou os Botões Certos

Por acaso? Longe disso. David Boue foi munido. Apresentação enlatada? Não. Boue armazenou na mente um número de *elementos preparados*, mas a apresentação fluiu como um ator habilidoso num programa de entrevistas. Boue recorreu a componentes ensaiados. Ele preencheu o espaço entre os tijolos com cimento agradável e convincente.

Você está disposto a se preparar desse jeito? Você conhece suas técnicas de fechamento tão bem que elas vêm à tona quando necessário – quase que como um reflexo? Bem, mestres em fechamento *sim*. Examine as chaves de fechamento que Boue tirou de seu arquivo mental.

Primeiro, ele marcou um horário bom para o humor do comprador (neste caso, na parte da manhã) para fechar no clima psicológico adequado. Levou consigo uma cafeteira diferente e ofereceu a seu cliente uma bebida numa xícara de prata (chave *faça alguma coisa*). Isso garantiu o interesse do cliente. Distinguiu Boue de outros 999 vendedores que talvez Chambers conhecesse.

Boue estava vendendo um evento, portanto sua chave *Evento Iminente* foi incluída. Seu modo bem-preparado assumiu que ele conseguiria o pedido (chave *Acima de Qualquer Dúvida*). Ele usou o próprio chefe de Chambers para obter seu *Endosso de Terceiros*. É claro, a entrada de Reilly na sala de Chambers foi um golpe de sorte. (Ou não, bons vendedores criam a própria sorte!)

Boue também usou a chave *Próximo Evento* para falar sobre a virada no setor e como algumas empresas serão marginalizadas. A maneira como ele pesquisou uma maneira menos onerosa para Chambers comprar estava realmente oferecendo *Algo por Nada*.

Boue explorou inclusive a chave *Pergunta Menor*, perguntando a Chambers quais produtos queria negociar. Não *se*, mas *qual* – uma decisão muito mais fácil de tomar.

Obviamente, no final, Boue lançou *Pedir e Obter* – hora de Chambers assinar. Ele assinou.

Claramente, a jogada mais importante de Boue foi interromper a venda para contar uma história relacionada com Michael Bloomberg. Contar histórias é parte da chave *Endosso de Terceiros*. Mas após contar a história, Boue voltou imediatamente para o fechamento.

Ele começou com uma história verdadeira do *New York Times* sobre o setor de Chambers. Você não pode atingi-los com mais força do que isso.

Nesta venda, Boue combinou todas as principais chaves de fechamento em sua apresentação. Ele usou diversas chaves especiais – somadas ao bom senso e competência. Ele estava *totalmente preparado* – um verdadeiro profissional em ação.

O Mestre do Fechamento em Plena Forma

Arsenal de Fechamento na Ponta dos Dedos

As sete principais chaves de fechamento e outras dezenas de técnicas especiais agora são suas. Classifique-as em ordem de importância, adapte e adote, reforme e recrie. Aprimore e refine. Quando terminar, elas não parecerão as mesmas chaves de antes. Não importa. Use esses princípios – adaptados às suas necessidades – como sua base de lançamento. Para onde você vai além delas é tão amplo quanto o espaço sideral.

James A. Newman foi mestre em adaptar técnicas individuais para sua platéia. Quando era responsável pelo recrutamento de executivos da Booz Allen, Newman buscava um gerente-geral para uma fábrica de papel no Canadá. Contatou muitos executivos de fábricas de papel e celulose, chefes de empresas e membros de associações e consultou relatórios do setor.

De sua pesquisa resultaram quatro nomes – homens com o histórico adequado, treinamento adequado e de boa reputação – incluindo um homem de Quebec, chamado Brian McBrae. Newman, que já havia ouvido falar de McBrae, ligou para ele e disse: "Temos um problema no setor de papel e celulose, um tipo de problema peculiar. Achamos que você pode nos ajudar a resolvê-lo – se estiver disposto a dedicar seu tempo." McBrae concordou.

Pessoalmente, Newman contou a McBrae o problema: encontrar a pessoas mais capaz do Canadá para chefiar uma grande fábrica de papel. McBrae respondeu: "Meu primeiro objetivo é minha família. Quero fazer de tudo para que eles possam ter todas as oportunidades e serem muito felizes."

Na verdade, ele queria dizer o seguinte: não estava preocupado com um emprego melhor. Ele já era presidente e gerente-geral de uma empresa de papel. Mas estava muito preocupado com sua família.

"Meu segundo objetivo é saldar uma dívida que tenho com meu empregador, a Smith-Howard Paper Company. Esta empresa escocesa me promoveu do mais baixo escalão no setor de papel a gerente-geral. Sou grato por esta oportunidade.

"Já paguei grande parte desta dívida. Fiz esta empresa quintuplicar em tamanho. O lucro mais que dobrou. Tenho uma grande estrutura de gerentes jovens. Qualquer um deles pode assumir meu lugar."

Newman já sabia sobre o sucesso de McBrae, que foi uma das razões por seu nome ter surgido como principal candidato.

"Meu terceiro e talvez maior compromisso é tentar quebrar a contenda entre a Igreja Anglicana e a vertente United Church, duas excelentes e bem intencionadas organizações. Simplesmente não consigo entender esta animosidade que existe entre elas. Sei que isto acontece em muitas outras cidades do Canadá."

Newman, tendo descoberto o botão de acionamento do candidato, apertou imediatamente. "Na cidade para a qual queremos que mude como presidente," disse Newman, "é onde existe a mais ferrenha contenda religiosa do Canadá. A United Church criou reuniões para dramatizar os erros dos Anglicanos. Os Anglicanos estão reagindo da mesma maneira."

Rapaz, Brian McBrae reagiu! Não pelo modesto aumento na renda, nem por escalar a ladeira corporativa (ele já estava no topo), mas porque a nova posição oferecia a oportunidade de atingir um objetivo pessoal não satisfeito. Ele aceitou o novo trabalho e foi muito bem-sucedido em diminuir a contenda religiosa. Ele também se mostrou um CEO extraordinário.

Existem várias lições na história de Brian McBrae: (1) Um vendedor competente deve adequar sua técnica de persuasão às necessidades do *prospect* e (2) provavelmente você só conhecerá essas necessidades primordiais no momento de uma conversa direta. Quando identificá-las, aja rapidamente.

Faça uma revisão do que aprendeu neste livro. Você começou com a importância do fechamento. Muito simples, se não consegue fechar não consegue vender. Não existem fechadores natos. Fechamento se aprende. Aprenda com os mestres mundiais do fechamento.

Você aprendeu sobre a importância de construir fundações. Dave Boue começou trabalhando na sua quando leu o artigo do *New York Times* e decidiu usá-lo como sua munição. (Correção: ele começou seu fechamento mantendo-se informado antes de tudo!)

Seus fundamentos incluem ser capaz de falar com clareza, vivacidade e persuasão – ferramentas fundamentais do vendedor. Se não é um orador experiente, comece a estudar. Deve dominar a linguagem antes de fazer qualquer outra coisa.

Clássicos são clássicos porque podem ser vivenciados repetidamente com mais valor a cada vez. H. L. Mencken disse: "Todos que amam a boa música deveriam ouvir a Missa Menor em Si Menor no mínimo uma vez ao ano." O mesmo se aplica a esta coleção de técnicas de fechamento.

Use este livro como referência sempre que se deparar com um problema complexo. Não importa o que você precise, existe um conselho ou uma experiência aqui que irá ajudá-lo. Releia este livro e reforce seu conhecimento sobre fechamento.

Quando tornar as chaves de fechamento parte de sua natureza, fechará as vendas mais simples com facilidade, e as de dificuldade média automaticamente.

Índice Remissivo

abordagem (fechamento em Hollywood), 22-24
abordagem evitar-perda, 159-62
abordagem, 33
　baseada em fechamento, 4-5
ação, 149-58, 212
afirmação, 45, 56
agressividade, 37
Alexander, Bill, 344
Alexander, Bruce, 156
Alexander, Joseph R., 84, 352-53
Allard, Lloyd, 20-21, 182, 235, 259
almejar pouco, 13-14
alto conceito, 23
Amboy, Jeanette, 241-42
amostras, 198
analistas de setor, 17
ansiedade 235
Antiquo, Robin, 42-43
aparência 52, 87
apelo de celebridade, 196
Apelo venda por catálogo, 63-64
"apenas fatos" estilo, 94

apresentação, 33
　habilidade em, 257-58
　pulando, 195-96
Aproveitador Dedicado, O, 188-89
Aproveitador, O, 95, 188-89, 313
Aristóteles, 52
Armstrong, Warren, 99-100
arremesso em falso, 224-25
arrisque, 6-7
Ash, Mary Kay, 49
associação aprendida, 274
Assumir riscos, 6-7, 69-70, 218-20
atenção, 32, 34, 85-86
atitude negativa, 44-46, 193-94
atitude positiva, 45, 46, 49-51, 245
atitude, 60-61
atores, 246-49
auto-avaliação, 51-52
autocondicionamento, 32-33
auto-importância, 194
avidez, 238

Barry, Patricia, 222-23
Barton, Bruce, 247
Baskin, George, 220-21
Bates, Georgia, 323
Bate-Volta, 271
Baxter, Robert E., 316-18, 321
Beatty, John, 333-34
Bell, Hugh, 35, 121
Bellmore, Katrina, Laboratório de Fechamento, 115-19, 200-202, 361-63
benefícios vs. preço, 35-36
Benn, Johnson, 286
Benz, Glenn O., 77-78
Bermont, Hubert, 76-77, 147-48, 287-88
Bigelow, Charlie, 29
Bishop, Budd Harris e Julia, 72-73
Blaney, Bob, 127, 191-92
Bleier, Rocky, 28
Blessington, Mark 295-96
blitz, 206-7
Bolster, William E., 273
bom senso, 259-60, 312
Bostic, Sid, 165-66
Boue, Dave, 354-58
Bowlin, Joe, 54
Brady, Diamond Jim, 300
branding de serviço, 21-22
Braun, Millicent, 287
brevidade, 261-63
Brewer, Daniel, 67
brindes, 179-80
Brooks, J. D., 16-18
Broonzy, Big Bill, 302-3
Brown, Walter, 344
Browne, Stuart, 10-11

Brumbaugh, Frank, 63-64
Bryant, Patty, 296-97
Burnett, Fritz, 24-25
Burns, Robert, 9
buzzwords, 277

Cage, Nicholas, 267-68
Caladão, fazer falar, 112
carisma, 10
Carl, Robert E., 102-4
Carnegie, Dale, 273
Carrier Corporation, 321
carta na manga, 216-17
casos difíceis, 205-15
    abordagem blitz, 206-7
    ação física, 212
    Algo especial, 209
    ângulo agudo, 213
    dar uma pensada-, 211-12, 213-14
    demo filhote, 207-8
    dinheiro, 207
    escolhas, 206
    Fechamento
        Columbo, 208
        Direto, 206
        Ego/Lucro, 207
        Half Nelson, 207
        Silencioso, 214
        Sussurro, 212
    futuro, 209
    ganhar-ganhar, 208
    gerente de vendas honorário, 215
    leve a alta patente, 214-15
    orgulho, 208
    por que não, 212-13

Índice Remissivo

prós e contras, 210
puro lucro, 209
resumo, 211
retorno, 212
se o escritório aprovar, 210-11
silogismos, 210
soletrando o nome," 208
venda perdida, 213
CEO, 15-27
    abordagem, 22-24
    aconselhando sobre fechamento, 19
    analistas do setor, 17
    criando uma marca, 21-22
    de empresas médias, 16
    de empresas pequenas, 19-20
    fechamento visita única, 20-21
    fechamento vultoso para, 25-27
    gerentes empreendedores, 17
    na mesa vs. na estrada, 18
    pensando como, 16-18
    referências para, 24-25
    reunião individual, 26
    três chapéus do, 16-18
Chapin, John, 97
Chave Evento Iminente, 125, 159-68
    abordagem evitar perda, 159-62
    arranjos na, 167
    colapso nervoso, 167-68
    e necessidades futuras do cliente, 165-66
    gesto dramático, 163-64
    nunca foi, 164-65
    vendedores na, 163
Chave Faça Alguma Coisa, 125, 149-58, 209
Chave pergunta Menor, 124-25, 142-48

Chekhov, Anton, 258
Chesterfield, Lord, 71
Claridge, Denise, 110-11
Clayton, Carl E., 35
cliente
    cativo, 77-78
    conduzindo, 134-35
    hesitante, 147-48, 162, 211-12, 213-30
    hostil, 80
    medos do, 60-61, 66-67
    mudanças de atitude do, 60-61
    necessidades futuras do, 165-66
    necessidades ocultas do, 39-40, 54-55, 64-65
    nome do, 273-74
    tipos de, 57-59, 88-90
    trocando de lugar com, 97-99
clientes
    egocêntricos, 57-58
    heróis, 59
    manipuladores, 58
    Preocupados com Dinheiro, 94
    sociocêntricos, 58-59
    tribalistas, 57
Clube Livro do Mês, 154
coleta de dados, pré-visita, 33
Columbo, 78, 79, 208, 297-98
Complexo de bando, 55
complexo de ego, 55
complexo de sexo, 55
comprador, veja cliente
Compton, Sandra, 209
confiança, 47, 51, 56, 109, 244
conformistas, 58
conhecimento como poder, 46-47, 49, 56, 244

Connolly Robert, 145-46, 290
Connor e Tedmon, experimento, 171-72, 175-76
Conotação, 272-73
Conrad, Joseph, 274-75
conscientização de fechamento, 28-41
  autocondicionamento em, 32-33
  avaliação, 33
  benefício vs. preço em, 35-36
  como desenvolver, 30-31
  impulso em, 36-37
  modelos de papéis em, 38
  o que não é, 37-38
  oportunidade e, 34-35
  palavras de sign-up em, 40-41
  revelando necessidades ocultas do cliente, 39-40
  sentenças "para que " em, 31
  tática do empurrão, 28-29, 31
  timing de, 35
  traçando, 33-34
  treinamento, 32
Considine, Richard, 163-64
construir pontes, 298-99
contar histórias, 170, 174-76, 221-22, 251, 255-56
Contar mentiras, 31
contato visual, 257, 338
controle, 129
conversa, 292-310, 339
Cook, Tom, 121
Corbett, James J. "Gentleman Jim," 234
Covington, Don K., 82-83
Crawford, Bob, 18

Dale, Lois, 19-20
dar uma pensada, 211-12, 213-14, 296-97
Daughtery, Ivan, 207
Davis, Frank H., 38, 169, 174-76
Davis, Jack C., 21-22
Day, Joseph P., 68
Debronski, Nick, 219
Decker, Bill, 132-33
deixar de lado, 102-4
DeMille, Cecil B., 71
demo de filhote, 207-8
Demóstenes, 267
denotação, 272-73
departamento de compras, passando ao largo, 241-42
Depew, Chauncey, 159
descobrir erros, 34
desconfiança, 193
desejo, 13
desempenho, 10-11
Dewhurst, Colleen, 256
dinheiro
  linguagem universal do, 227
  menção casual de, 207
discurso, 249-51, 256
Dobesh, Do, 344
Downey, John, 20-21
Doyle, Lynn, 285-86
Drewson, John, 232-33
Drucker, Peter, 15, 302
du Pont, T Coleman, 97
Duvall, Robert, 248

Edison, Thomas, 11
Edwards, George, 12

Índice Remissivo

Edwards, Hugh, 186-87
ego, sentimento, 110-13
Egotista, O, 93-94
eloqüência, 250
empatia, 105-19
   abrindo, 112
   ego e, 110-13
   entendendo e, 109-10
   fator humano em, 113-14
   palavras de, 107-8
   pausa e, 115
   perguntas de, 111-12
   tagarela e, 113
empatia, 295-96
empreendedorismo, 17
Emsley, Harry, 101
Encantador, 247
encontro futuro, 209
endosso de terceiros, 24-25, 169-77
   de clientes repetidos, 291
   experimentos em, 171-72
   Fechamento Autoridade, 176-77
   histórias empresariais, 125, 170, 174-76
   listas de clientes, 173
   testemunhos, 172-73
entusiasmo, 37, 45, 56, 102, 251-52, 339
escolha ganhar-ganhar, 146-47, 208, 239, 311
escolha vs. oportunidade, 206
Esseks, Robert D., 273
estilo jornalístico, 258-59
estrutura "sim", 270
Evans, Bergen, 260, 266
exemplo, definindo, 56

existencialistas, 59
expressão, 244-45

Fakharzadeh, Mehdi, 139-41, 196-97, 240-41
falando negativamente, 84-85
família, referências a, 99
Farber, Jack, 96
Farmaghetti, Lori, 48-49
fator humano, 113-14, 199
"fator Seabiscuit," 282
Fears, Chuck, 225-26
Fechamente Soletrar Nome, 208
fechamento, 3-14
   abordagem baseada em, 4-5
   adequando o produto ao prospecto, 5-6
   ajustando, 87
   almejando pouco, 13-14
   amarrar, 139
   aplicação profissional para, 7-8, 14
   baseada na experiência do cliente, 6
   conscientização, veja conscientização de fechamento
   consultiva, 302
   conversacional *vs.* tradicional, 30-214
   desejo por, 13
   experimentação, 34, 73-75
   fórmula mestre para, 120-27
   para cada venda, 8-9
   performance, 10-11
   persistência em, 11-12
   sete chaves do, 123-27
   timing para, 30-31, 35, 71-72, 86, 121, 238

visita única, 20-21
vultosa, 25-27
Fechamento Acima de Qualquer Dúvida, 124, 131-41
    arrematar a venda, 139
    conseguir tudo, 138-39
    história de sucesso, 139-41
    levando seu prospecto a, 134-35
    pedindo mais, 137
    temos que ir, 136-37
Fechamento Algo por Nada, 125, 178-89
    aproveitadores, 188-89
    brinde de reserva, 179-80
    dando para receber, 183-84
    induzindo, 189
    pergunta suponha apenas, 186
    razão para assinar agora, 181-82
    sandbagging, 180-81
    técnica valor agregado em, 181, 182-83
Fechamento Ângulo Agudo, 213
Fechamento Lazarus Risen, 297
Fechamento pedir e conseguir, 125, 190-202
    clientes ocasionais, 193-94
    em visita surpresa, 198-99
    fechamento direto, 206
    natureza humana e, 199
    o que mais?, 196-97
    oportunidade para, 194-95
    pular a apresentação, 195-96
    quando usar, 199-200
Fechamento Pontos Menores, 143
Fechamento por Autoridade, 176-77
Fechamento Puro Lucro, 209
Fechamento Queijo Cottage, 155
Fechamento Retorno, 212
Fechamento Silencioso, 214
Fechamento sussurro, 212
Fechamento Venda Perdida, 213
Fechamentos vultosos, 25-27
Feldman, Ben, 252
Ferguson, Miriam Ma, 262-63
Ferraro, Geraldine, 268
Fink, Gary, 1555
Fletcher, Frank Irving, 97
Fletcher, Ron, 246
Flowers, Vincent S., 57
Ford, Henry 11, 251-52
Ford, Henry, 291
fórmula mestre, 120-27
formulário de pedido devolvido, 157
Fortune, Chuck, 33
Franklin, Ben, 210
fraquezas do competidor, 232-33
Freeland, Gayle, 322-23
Freeman, Morgan, 248
French, Court, 149
Função de marketing, 15
Funk, Wilfred J., 276

ganância, 59
Gardner, H. D., 5-6
Gardner, John W, 237
Garmus, George, 231-32
Gary, Elbert H., 68
Gary, Joe, 39
General Electric, 190
Gerenciando a você e seu trabalho, 9-10

Índice Remissivo

gesto dramático, 163-64
Gibb, Arnold, 6
Glade, Penn, 157
Glass, Lillian, 248
Goebel, Bill, 38
golden mean, 52
Gonzalez, Carlos, 6
Gow, Bob, 24-25
Grant, Cary, 256
Greeley, Horace, 250
Gregory, E. E, 136-37
Grossman, Jerry, 195

Haas, Kenneth B., 304-5
habilidade, 157-58, 257-58
Halbert, Jim, 237
Half Nelson Close, 207
Halyard, O. C., 46, 105-7, 313
    Laboratório de fechamento, 116-19
Handler, George, 32
Harper, Marion, 336-37
Harris, Art, 97-99
Harris, Sonny, 262
Harrow, Bryce, 142
Hawkins, Amos, 136
Hawkins, Robert, 218
Hay, Louise L., 45
Helms, Ben, 237-38
Higpen, George, 64
Hill, John, 23
Hobbson, Ellerbe, 221-22
Hockstein, Peter, 276
Hodge, Georgeson, 199
Hopkins, Barclay, 43

Hopkins, Claude, 184-85, 233
Horowitz, Samuel, 135
Hotten, John Camden, 261-62
Hughes, Charles C., 57
Hughes, Howard, 186
Hugo, Victor, 262
humor, 251, 340
Humphrey, Hubert H., 263
Hyatt, James, 332

Iden, Jay B., 114
improviso, 259
indução, 189
inovação, 15, 39-40
interesse, adicionando, 260-61
interrupções, 98
inversão de papel, 253-55
Ives, Burl, 224

"justo," uso da palavra, 273
Jacobs, Charlotte, 46
Johnson, Lyndon B., 263, 268
Johnson, Walter H., Jr., 13, 244, 336-37
Jordahl, Ellery, 288-89
Jordan, Harold, 152-54

Kahn, George N., 30
Kellar, Robert E., 312, 313
Kelly, Fred C., 182-83
Kempner, Walter, 256
Kennedy, John E., 256
Kinney Shoe Stores, 197
Kipling, Rudyard, 123, 205
Kroc, Ray A., 11

Laboratórios de Fechamento, 115-19, 200-202, 361-63
Laird, Donald, 56
Lanier, Chiffon, 3-4
Lasker, Albert D., 167-68
Lazar, Irving P Swifry, 226-27
Le Bon, Gustav, 56
lei da inércia, 79-80
Lei de Gresham, 46
Lei do menor esforço, 12
Lemmon, Jack, 39
Levenson, Sam, 256-57
Licht, James, 36-37
Lincoln, Abraham, 326
linguagem corporal, 75-76
linguagem
    como arma, 307
    de negociação, 313-14
    veja também palavras
linha na areia, 27
lisonjeio, 278-79
listas de clientes, 173
Locke, Chris, 272
lógicas, 12
Lowen, Walter A., 96
Lubin, Rock, 278-79

MacManus, Theodore E, 308
Mandel, Charles, 7-8, 138
Marble, John, 6-7
Marketing de rede, 348-50
Marshall, Thomas R., 137
Marx, Groucho, 255
Mary Kay Cosmetics, 49
Masters, Roger, 284

matriz sentir/sentiu/descobriu, 236
Mazursky, Paul, 23
McBrae, Brian, 360
McGee, Henry 1., 195
McKeown, Edward, 344
medo do pedido em branco, 69, 156-57
medo
    do cliente, 60-61, 66-67
    pedido em brando, 69, 156-57
    vencendo, 46
Mehrabian, Albert, 75
Meister, Chuck, 25-27
Menaker, Diana, 345-47
mestres em fechamento, 352-63
Meyer, Paul J., 108-9
Miller, Bill, 284
modelos de papéis, 38
modo carta, 98-99
Mok, Paul, 88-93, 94
Monroe, Marilyn, 248
Moore, Henry, 72-73
Morris, James, 137
Morrow, Barry, 23
Motley, Red, 15, 127
Mueller, Janice, 210-11

"não," significado de, 12
negociação, 311-29
    barganhas na, 328-29
    bom senso em, 312
    com o competidor, 322-23
    contra as probabilidades, 314-16
    do topo para a base, 326-27
    em objeções de preço, 324-26
    em sinais de compra, 323-24

Índice Remissivo

e-se, 316-18
ferramentas básicas, 318-19
linguagem da, 313-14
longa vs. curta, 321-22
objeções em benefícios, 319-20
passo a passo, 327-28
Negociador, 93
Newman, James A., x, 9-10, 358-59
Newport, Joanne, 223
Newton, W C., 164-65
Nicholson, Jack, 23, 24, 248
Nickerson, Jack, 122

"O que fiz de errado?", 217-18
objeções de preço, 230, 242-44, 324-26
objeções, 30, 31, 34, 228-45
    ação drástica, 231-32
    ansiedade, 235
    básico para lidar com, 229-30, 244-45
    culpando o comprador, 238-39
    diário de, 306
    eliminando, 230-31
    em benefícios, 319-20
    evitando o departamento de compras, 241-42
    expor como absurda, 237-38
    expressas vs. real, 319
    fechando em cada uma, 122
    fraquezas do competidor, 232-33
    mais uma rodada, 234
    pedindo ajuda ao cliente, 305-6
    perguntas ganhar-ganhar, 239
    persistência, 236-37
    preço, 230, 242-44, 324-26
    qualidade e, 240-41

sentir/sentiu/descobriu, 236
sinais de compra em, 323-24
vencendo, 233-34
O'Hara, John, 249
oportunidade, 34-35, 194-95
orgulho, apelo ao, 208
O'Ryan, Tom, 228-29
O'Toole, Liam, 190
ouvir, 17, 79, 99-100, 248, 276, 303, 304-5

Paceman, Robert, 4-5, 7
Pachter, Robert, 5, 210, 214, 222
palavras, 264-81
    como dizer, 266
    conotação/denotação, 272-73
    de empatia, 107-8
    domínio de, 276-78
    habilidades de linguagem, 267-68
    inflamatórias, 281
    o que dizer, 265-66
    poder de venda das, 40-41
    "por quê" 270-71
    prendem, 280
    rejeição, 279-80
    repetição, 268-69
    tranqüilizadoras, 274-76
Panetta, Frank, 18-19
paridade positiva, 274
Patton, George S., Jr., 219
Pearson, Pam, 227
peculiaridade da personalidade 93-96
Pendleton, Oxford, 192
Perdue, Frank, 21
perfil de necessidades, 302
Perkins, Jack B., 109-10

Perot, Ross, 313-14
persistência, I1-12, 45, 46, 123, 216-17, 236-37
persuasão, 251
Peterson, Lola, 146
Pickus, Morris L, 169-70
planejamento, 45
plano de reserva, 225-26
pôquer, fechamento comparado a, 124
"Por Que Não" Fechamento, 212-13
Por quê, perguntando, 270-71
postergadores dedicados, 59
preço, vs. benefícios, 35-36
preparação, 62, 239
presença de comando, 252
presença, 252, 337-38
processo de venda, 33-34
procrastinação, 179
profissionalismo, 7-8, 14, 52
prós e contras, 210
prospectando, 33
Psicologia de massa, 55-56

qualidade, 240-41
questionamento direto, 207
questionamento, 33
    consultivo, 302
    direto, 207
    em vendas para grupos, 343
    empatia no, 111- 12
    invertida, 81
    na negociação, 323-24
    pequena, 124-25, 142-48
    progresso, 299

suponha-apenas, 186
vendedores, 83-84

Reagan, Ronald, 267, 268
Reclamão, O, 95
Reed, Eldorado, 193
regateador, 95-96
rejeição, vencendo, 46
remorso do comprador, 61, 282-91
    como parar, 283-84
    comprador vende para si, 290
    congratulações, 285-86
    fechamento sem pressa, 288-89
    negligenciar e, 291
repetição, 56, 223, 268-69
resistência, 122
reuniões acidentais , 220
ridículo, 67
risada, 251, 340
Robinson, Max, 344
Rockefeller, John D., 51
Rogers, Claiborne, 312
Rogers, Will, 253
Roosevelt, Franklin D., 267
Roosevelt, Theodore, 7
Rosenthal, A. H., 205
Ross, Joyce M., 348-49
Ross, Richard e Elizabeth, 72-73
Russell, Al, 232
Russell, Mark, 263

sandbagging, 180-81
Sandler, David H., 78-82
Sarnoff, Dorothy, 267
Schapper, Henry, 285

Índice Remissivo

Schiffman, Bob, 94
Schlain, Bert, 52
Schlinkert, James, 219
Schwartz, Arnie, 33, 236
Sears, Phillip, 13
Sedick, John, 300-301
sentenças "de maneira que", 31
serviço excepcional, 96-97
Sheldon, Ron, 23
Shine, D. Bruce, 314-16
silogismos Socráticos, 210
Simons, Crayton, Laboratório de Fechamento, 115-16, 200-202, 361-63
Simpson, Norman L., 253
sinais de compra, 74, 75, 85-86, 323-24
Skinnerbaum, Joe, 217-18
slogans, 250-51
Snider, Tom, 302
"só olhando," 150-51
sorriso, 114, 284
sotaque, regional, 250, 256, 268
sound-bites, 263
Sr. Indecisão, 95
Sr. Irascível, 95
Sra. Temperamental, 95
Stanley, Lee, 252, 280
Steel, Holland, 173
Stengel, Casey, 282-83
Sterling, Ned, 154-55
Stone, Andrea, 51
Stone, W. Clement, 38, 39
Streep, Meryl, 248
Style-flex, 88-93
successo
    expectativa de, 43-44
    fórmula não se preocupe, 52-53
    padrão de, 38
Suchanek, Jan, 299
sumarização, 211, 298-99, 308-10
Susser, Samuel S., 37-38
Sweeney, Ben, 37

táctica do empurrão, 28-29, 31
tagarela, 113
Taggart, Phil, 24-25, 31, 194
Tally, Breakstone, 170
Tartikoff, Brandon, 23
técnica de fechamento presuntivo, 145-46
Telease, Jim, 267
teste PEP, 45
testemunhos, 172-73, 196
Thatcher, Neal Jere, 42-43
Thompson, Georgina, 112
Thompson, Steve, 303-4
Tierney, Tom, 167
Tiger, Lionel, 284
tipo feroz, 220-21
Tobin, Bill, 145
tranqüilizar, 61-62, 69-70, 274-76
tranqüilo, 100-101
Travis, William B., 25
Três chapéus, usando, 16-18
Truman, Harry, 233
Truque da Maçaneta, 196
Tunney, Gene, 34-35
Twain, Mark, 76, 100-101, 267, 340

Uso de "vamos", 272
vá adiante, 96-97

vaidade, 193
valor agregado, 181, 182-83
valor *vs.* preço, 35-36
venda consultiva, 203, 292
vendas para grupo, 330-51
    analisando o cliente, 332-33, 340
    apresentações múltiplas, 350-51
    contato visual em, 338
    individual em, 350
    invertida, 345-47
    marketing de rede, 348-50
    o que fazer e o que não, 339-41
    participação em, 333-34
    perguntas em, 343
    prática em equipe, 334-36
    presença em, 337-38
    surpresa, 341-42
    visitas conjuntas em, 344-45
Vendome, Pierce, 181-82
versatilidade, 88
videotape, 338
Vigorito, George, 330-32
Visita surpresa, 198-99
Visitas conjuntas, 344-45

visitas, vendas, 121
voz, 339

Wade, Stephen, 131-32
Walker, Peter, 261
Walters, Perry, 183-84
Wayne, John, 258
Wellington, Duke of, 210
West, Christine, 254-55
West, Gus, 214
Wheaton, Stone, 171-72
White, Al, 258
Whitman, Walt, 234
Wiggins, Kurt, 238-39
Wilde, Oscar, 5
Williams, Kathy, 150-51
Wister, Owen, 261
Woods, Paul, 292-95
Wrigley, William, Jr., 188

xadrez, venda comparada ao, 31
Xerox Corporation, 18-19

Young, James Webb, 307